U0617893

中华传世藏书

【图文珍藏版】

钦定古今圖書集成

精华本

〔清〕 陈梦雷 蒋廷锡⊙原著 刘宇庚⊙主编

第五册

线装书局

第三章　星命汇考三

《张果星宗》一

入门起例

六甲纳音属

甲子乙丑金，丙寅丁卯火，戊辰己巳木，庚午辛未土，壬申癸酉金。

甲戌乙亥火，丙子丁丑水，戊寅己卯土，庚辰辛巳金，壬午癸未木。

甲申乙酉水，丙戌丁亥土，戊子己丑火，庚寅辛卯木，壬辰癸巳水。

甲午乙未金，丙申丁酉火，戊戌己亥木，庚子辛丑土，壬寅癸卯金。

甲辰乙巳火，丙午丁未水，戊申己酉土，庚戌辛亥金，壬子癸丑木。

甲寅乙卯水，丙辰丁巳土，戊午己未火，庚申辛酉木，壬戌癸亥水。

天　干

甲阳　乙阴　丙阳　丁阴　戊阳　己阴　庚阳　辛阴　壬阳　癸阴

地　支

子　丑　寅　卯　辰　巳

午　未　申　酉　戌　亥

方　位

东方甲乙寅卯木，南方丙丁巳午火，中央戊己辰戌丑未土，西方庚辛申酉金，北方壬癸亥子水。

卦　宫

乾居戌亥坎子宫，艮立丑寅震卯中。巽在辰巳离午位，坤占未申兑酉同。

年上起月

甲己起丙寅，乙庚起戊寅，丙辛起庚寅，丁壬起壬寅，戊癸起甲寅。

如甲年五月生，即正月起丙寅，顺数五月，庚午是也。余仿此例。

日上起时

甲己起甲子，乙庚起丙子，丙辛起戊子，丁壬起庚子，戊癸起壬子。

如巳日卯时生，即子时起甲子，顺轮卯时。是丁卯也。余仿此推。

宫分所属

子土宝瓶齐青位，丑土摩羯越扬州。

寅木人马燕幽地，卯火天蝎宋豫求。

辰金天秤郑衮分，巳水双女楚荆丘。

午日三河周狮子，未月巨蟹秦雍留。

申水益魏阴阳位，酉金赵冀是金牛。

戌火白羊鲁徐郡，亥木双鱼卫幽收。

度数所属

角木蛟十二，亢金龙九度，氐土貉十六，房日兔五属六宿，心月狐十八，尾火

虎、箕水豹九分二十四，斗木獬、牛金牛亦六十数，女土蝠九度，虚日鼠、危月燕十五，室火猪十七，壁水貐九分十八，奎木狼、娄金狗十二，胃土雉十五，昴日鸡十止十六，毕月乌、觜火猴借半，参水猿数十，井木犴三十一二度，鬼金羊十二，柳土獐、星日马六度，张月鹿十六，翼火蛇十九，轸水蚓十七。

度数所在

角亢氐初总在辰，氐一房心尾卯存。

尾三箕斗在寅位，斗四牛女丑宫真。

女二虚危同在子，危十二度亥宫行。

室壁奎分都在亥，奎一娄胃戌宫亲。

胃三昴毕同躔酉，毕六觜参井在申。

井八鬼柳俱在未，柳三星张午位迎。

张十五分翼轸巳，轸十还归在于辰。

太阳行度

立春虚一起，雨水危九求。

惊蛰室六度，春分壁三游。

清明奎九下，谷雨娄六留。

立夏胃八边，小满昴八收。

芒种毕十一，夏至参九头。

小暑井十三，大暑井念九。

立秋柳十度，处暑张五有。

白露翼二立，秋分翼十七。

寒露轸十三，霜降角十及。

立冬氐二行，小雪房二至。

大雪尾六临，冬至箕四逼，

小寒斗十连，大寒牛二直。

太阴行度

欲识太阴行度时，正月之节起于危。

每日常行十三度，三日两宫次第移。

二奎三胃四从毕，五井六柳张居七。

八月翼宿以为初，龙角秋季任游历。

十月房宿作元辰，建子箕子细寻觅。

丑月牵牛切要知，周天之度无差忒。

晨昏度论

昏度者，酉宫也。凡初一至十五六日生，皆从酉上起，每一时挨一度，酉戌亥三时顺数，申未午巳辰卯寅丑子九时逆数。晨度者，卯宫也。凡十五六至三十日生，皆从卯宫起，每一时挨一度，卯辰巳午未申酉戌亥九时顺数，寅丑子三时逆数。

初一至初四日，月行最疾，一昼夜行十四度有余。

初五至初八日，月行平，一昼夜行十三度有余。

初九至十九日，月行迟，一昼夜行十二度有余。

二十至二十三日，月行小疾，一昼夜行十三度有余。

二十四至三十日，月行大疾，一昼夜行十四度有余。

星曜行度

太阳一日行一度，一月行一宫，一年行一周天。

太阴一日行十三度，两日半行一宫，一月行一周天。

岁星顺或五日行一度，大约一年一宫，十二年一周天。

荧惑顺或日半行一度，大约两月一宫，二年行一周天。

镇星顺或十日行一度，大约二十八月一宫，二十八年一周天。

太白顺或一日行一度，大约一月一宫，一年一周天。

辰星顺或一日行一度，大约一月一宫。一年一周天。

紫气二十九日行一度，大约二十九月一宫。二十九年一周天。

月孛九日行一度，九个月一宫，九年一周天。

罗睺十八日行一度，十八月一宫。十八年一周天。

计都十八日行一度，十八月一宫，十八年一周天。

已上日、月、木、火、土、金、水、炁、孛九星，顺行度，逆行宫也。惟罗、计二星，顺行宫，逆行度也。凡木、火、土、金、水，才有迟留，伏逆，晨夕次见之，论于中，太阴躔度，有朔后行昏度，望后行晨度，宜仔细推详。

安命度法

月为身星又月躔某度，即身之度主也。

以生时加太阳宫，顺数遇卯，即是命宫也。

如太阳在子宫，酉时生人，以酉时加在子宫，顺数到午遇卯，即是命宫也。盖日出在卯，故以卯为命宫。

以太阳之度对着命宫之度，即是命度也。

如太阳躔子宫虚六度，对着午宫星五度，即为命度。如日躔女三度，对着午宫柳四度是也。余同此例。

十二宫例

命宫、财帛、兄弟、田宅、男女、奴仆、妻妾、疾厄、迁移、官禄、福德、相貌。

凡定十二宫者，逆数轮转，如命宫在寅，财帛在丑，兄弟在子，田宅在亥，男女在戌，奴仆在酉，妻妾在申，疾厄在未。余同此。

定限度法

以命度在某宫第几行，则知某岁行限也。

如命躔星五度在星盘中午宫第五行上，则是十五岁行限。如命躔三四五度下，则是十一岁行限。如命躔张十一十二十三度，则是二十岁行限矣。大抵行限早以十一岁起，行限迟即二十岁止。以星盘度数上起限更便，以量天尺尤难。

年分诀

命宫十五貌宫十，福德妻宫十一详。

官禄十五最高位，迁移止有八年粮。

疾厄七兮共六六，财帛兄弟五年强，

田宅子孙并奴仆，四年之半定毫芒。

行度诀

命宫行度随浅深，相貌一年三度立。

官禄一年两度通，迁移三载共一十。

疾厄一年四度强，三年之上同加一。

福德妻妾三度移，三年减一为端的。

奴仆男女并田宅，一年七度三减一。

财帛兄弟各五年，一年六度行不失。

但能依此论行年，分明岁岁知凶吉。

已上限度年分之法，俱照前例，惟命宫十五年者乃古之法则，不可拘执此例。如十一岁起限者，命宫止管十年或零三度，以三年余行一度也。如二十岁起限者，命宫又管十九年约有二十六七度，以一年半行一度也。其余仿此推之。

定小限例

以生年支加在命宫，逆数至太岁宫是。

如甲子年是壬辰，太岁寅宫坐命，即以子年加在寅上，逆数至戌遇辰，是其年小限宫也。本人生于五月，就从戌上起五月，六月酉，七月申，八月未，九月午，十月巳，十一月辰，十二月卯，正月寅，二月丑，三月子，四月亥，所谓小限宫中起生月。

定童限例歌

一命二财三疾厄，四妻五福各宫值，六岁官禄顺行流，十五还归本命宅，十九起限住三年，二十行限四年毕。

以上小限童限二例，未闻果老言也。惟郑希诚兼诸家有五星大小二限之说，以此姑并存之，后学者但能精明限度限宫二主的当，兼流星往来生克，并太岁会合杀刃轻重何如，则吉凶验于此也。

入门看法

星　星者，谓日、月、木、火、土、金、水、炁、孛、罗、计，兼文魁、名甲、官印、经纬、驿马，三元、四元、催官、禄神、喜神、爵星、十干化曜等星。

煞　煞者，谓禄勋、岁驾、天乙、玉堂、斗杓、卦气、唐符、国印，并阳刃、剑锋、天雄、地雌、飞廉、的杀、劫杀、亡神、四耗、四符等煞。

宫　宫主者，谓子丑宫土，寅亥宫木，卯戌宫火，辰酉宫金，巳申宫水，午宫日，未宫月。

度　度主者，谓角斗奎井度木，亢牛娄鬼度金，氐女胃柳度土，房虚昴星度日，心危毕张度月，尾室觜翼度火，箕壁参珍度水。

强　强宫者，谓命宫、官禄、田宅、妻妾、男女、福德、财帛。又云：财帛次弱，与其命宫相违故耳。

弱　弱宫者，谓兄弟、奴仆、疾厄、相貌、迁移。又云：迁移近强，与其命宫相向故也。

体　体者，静也。又曰：原守星盘，排下七政、四余。原掌身命、官福、田财、妻嗣，及文魁、经纬、三元、四元等星。

用　用者，动也。又曰：流行周天行度，主大小二限，主流年十一曜太岁轮宫煞。

生　生者，相生也。谓木生火，火生土，土生金，金生水，水生木。如身命、官福、田财、妻嗣等星，须是他来生我者吉。

克　克者，相克也。谓木克土，土克水，水克火，火克金，金克木。如身命、田财、妻嗣、官福等主，切忌他来克我者也。

制　制者，乃相克也。谓金克木得火制，火克金得水制，水克火得土制，土克水得木制，木克土得金制云云。

化　化者，乃相生也。谓金克木得水化，水克火得木化，木克土得火化，火克金得土化，土克水得金化之类。

对　对者，对照也。如子午对照，丑未对照，寅申对照，卯辰对照，辰戌对照，巳亥对照。对照吉则吉，对照凶则凶。

合　合者，合拱也。申子辰合拱，寅午戌合拱，巳酉丑合拱，亥卯未合拱。合拱吉则吉，合拱凶则凶。

向　向者，诸星向朝也。如日月向朝，如官福向朝，如田财向朝，如文魁向朝，如经纬向朝，如三元满用向朝，如一主专权向朝。

背　背者，众曜背躔也。如计罗截诸星于东南，而命限历于西北，如罗计截众曜于西北，而命限在于东南，又日月背躔，诸星沉沦是也。

前　前后者，有二论。如子宫为中，以丑宫为前，以亥宫为后，乃宫之前后也。如角度为中，以亢度为前，轸度为后，乃度之前后也。论行限者，以宫之前后决吉凶，谈星格者，以度之前后定祸福。又有同宫前后之分，又有同度前后之论。

后　《经》云：日月同宫，月要占于日前。如月躔井，日躔毕是也。又曰：金水会垣，水忌退于金后。如水躔井，金躔毕是也。又有相克前后之分。如土在井，水在毕为祸轻。如土在毕，水在井则祸重。大抵生我之星宜在后，克我之星宜在前。余仿此推。

迎　迎者，星在前也。且如命限在寅，而卯上有星，谓之隔宫迎。如命限在箕，而尾度上有星，谓之隔度迎。隔宫者轻，隔度者重。

送　送者，星在后也。如命限在寅，丑上有星，谓曰隔宫送。如命限在箕，而斗度上有星，谓之隔度送。隔宫者远，隔度者近。

明　明者，昼生日木土水炁计孛，夜生月火金罗，谓之向明。为身命、田财、官福、经纬、驿马、三元禄等星为奇。

晦　晦者，夜生日木土水炁计孛，昼生月火金罗，谓之背曜。或掌身命、田财、官福，有文魁、名甲星等，俱失次也。

升　升者，日在东方，宜寅卯辰巳午未时生人。月在西方喜申酉戌亥子丑时生人。

沉　沉者，日在西方而夜生，月在东方而昼生，兼为官福、身命、田财、妻嗣等用者，谓曰失格。

顺　顺者，五星自北而西，自南而东，顺度相生，而无诸星驳杂为美。如木火土金水，次第相生则吉。

逆　逆者，五星自北而东，自南而西，逆度相克。又有众曜混杂为忌。如水火金木土，相逢克战则凶。

衰　衰者，春土、夏金、秋木、冬火、四季水。又衰病死绝胎养宫为衰，已上等星宫位，忌掌用神，坐衰地尤甚。

旺　旺者，春木、夏火、秋金、冬水、四季土。又长生、冠带、帝旺为旺，已上等星宫位，宜掌用神，临旺地尤切。

掩　掩者，罗计掩蔽也。或昼掩诸星于西北，或夜蔽众曜于东南也。

蚀　蚀者，日月同罗计也。以朔日昼生、望月夜诞，遇罗计则蚀，忌坐命安身于日月度也。

冲　冲者，对宫冲克也。如火在子，水在午。又如木在丑，金在未，对照冲克乃为不吉。余可类推也。

制　制者，用星受制也。如木为用星，被金所制。又土为用神，被木所制。用星者，即身命、官福、田财、妻嗣等主是也。受他星克制不吉。

朝　朝者，相向也。如众曜拱南，南方坐命。如群星朝北，北方坐命。又如计罗截诸星于东，命坐于东，截诸星于西，命坐于西，皆谓之朝也。

拱　拱者，三合也。如日月拱身命、拱官福、拱田财、拱妻子。又如福禄拱身命、拱官福、拱田财、拱妻子。又如田财拱身命、拱官福、拱妻子。

夹　夹者，两傍也。如日月夹身命、夹官福、夹田财、夹妻子。又如福禄夹身命、夹官福、夹田财、夹妻子。又如田财夹身命、夹官福、夹妻子。

辅　辅者，辅弼也。如身命主辅弼日月之前后，又官福星辅弼日月之左右，又田财、妻嗣等主得日月挈提者，皆为合格。

分　分者，罗计截诸星两路也。或分截文武两班，或分截文东武西，或分出日月并明，或分出官福清健。

会　会者，诸星聚一宫、一度也。如十一曜会聚身命，如十一曜会聚官福，或会聚田财，且诸星顺度相生，无克战为妙。

引　引者，在前也。引宜度远。如日月引从、官福引从、田财引从、妻嗣引从，或文魁引从、名甲引从、官印引从，得地者佳。

从　从者，在后也。从宜度近，如金水引从，宜水前金后，木火引从，要火前木后，土金引从，宜金前土后，盖后能生前也。前不能生后故耳。

截　截者，罗计拦截也。或截诸星于东南又昼生，或截众曜于西北又夜生，或罗计中分截出文东武西。

漏　漏者，截出吉星也。或昼生漏出日木土水炁计于阳宫阳度，或夜生漏出月火罗金于阴宫阴度。

守　守者，身命住宫也。所住之宫，与诸星相会以定贵贱。

歧　歧者，两岐隔界也。如尾二在卯，尾三过寅，乃隔宫同度岐界也。又如子上虚九与危初度，是同宫隔度岐界也。但凡身命、官福等星，坐度宜深，不宜躐两歧界之度也。

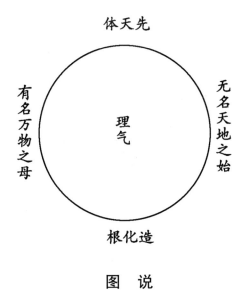

图判未蒙洪

体天先

无名天地之始

理气

有名万物之母

根化造

图　说

尝闻天地未判，其名混沌；乾坤未分，是名胚腪。且日月星辰未生也，阴阳寒暑未分也。在上则无雨露、无风云、无霜雪、无雷霆，不过杳杳冥冥。在下则无草木、无山川、无禽兽、无人民。不过昧昧昏昏，是一气盘结于中。

图判已极太

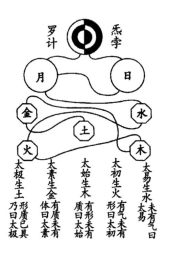

罗计　炁孛

月　日

金　水

土

火　木

太极生土
形质已具
乃曰太极

太素生金
有质无
体曰太素

太始生木
有形未有
质曰太始

太初生火
有气未有
形曰太初

太易生水
未有气
日太易

图曜两仪两

东南 满于 地不 西北 天倾

刻漏制度

　　黄帝创漏水制器以分昼夜，成周挈壶氏以百刻分昼夜。冬至昼漏四十刻，夜六十刻。夏至昼漏六十刻，夜四十刻。春秋二分，昼夜各五十刻。汉哀帝改为百二十刻。梁武帝大同十年，用一百八十刻，或增或减，类皆疏谬。至唐昼夜百刻，一遵古制，其法有四匮。一夜天池，二日天池，三平壶，四万分壶。又有水海，水海浮箭，四匮注水，始自夜天池，以入于日天池，自日天池以入于平壶，以次相入于水海，浮箭而上，以为刻分也。

　　宋朝所用之制，亦如于唐，而其法以昼夜百刻分十二时，每时有八刻二十分，每刻六十分，计水二斤八两，箭四十八，二箭当一气，岁统二百一十六万分，悉刻于箭上，铜乌引水而下注莲心，浮箭以上，登其二十四气。大凡每气差二分半，冬至日极短，春分日均平，冬至后行盈，夏至后行缩，乃阴阳升降之期也。

定太阳出没

正九出乙入庚方，

二八出兔入鸡肠。

三七发甲入辛地，

四六生寅入犬藏。

五月生艮归乾上，

仲冬出巽没坤方。

惟有十与十二月，

出辰入申仔细详。

昼夜辨时

半夜子　鸡鸣丑　平旦寅

日出卯　食时辰　禺中巳

日中午　日斜未　晡时申

日入酉　黄昏戌　眠定亥

图之短日永日刻百夜昼

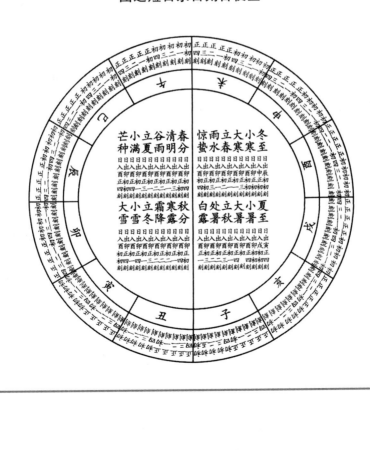

定寅时诀

正九五更二点彻，二八五更三点歇。

三七平光是寅时，四六日出寅无别。

五月日高三丈地，十月十二四更二。

仲冬才到四更初，便是寅时真口诀。

猫眼辨时

子午卯酉一条线，

寅申巳亥如镜圆。

辰戌丑未枣核尖，

秘诀君知莫乱传。

气候本始

《春秋内事》曰："伏羲建八节以文应候。"《晋·律历志》曰："炎帝分八节，以始农功。"《业巴议》曰："伏羲造八卦，作三昼以象二十四气。"《记月令法》曰："周公作时制，定二十四气，七十二候。则气之始于伏羲，而定于周公也。"鲍景翔云："五日一候者，一月六候，五六三十日也。三候一气者，十五日也。"

图之候二十七气四十二

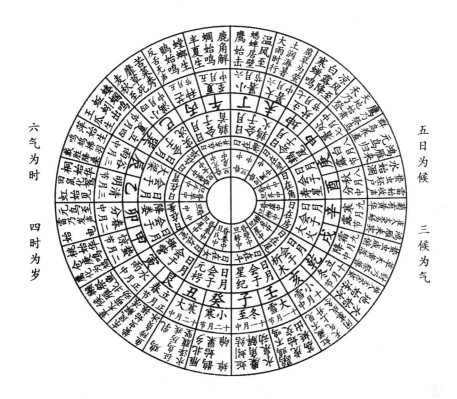

六气为时

四时为岁

五日为候

三候为气

置闰之法

《尧典》曰："期三百六旬有六日。"期者，一周年也。则是一年有三百六十六日，今一年只三百六十日，尚余六日。一年六个小尽，又余六日，则是一年共余十二日，积三年之余，有三十六日，于是置一闰月，以正其时。犹余六日，又两年后二十四日，并前六日，再置一闰。

东方七宿

角、亢、氐、房、心、尾、箕，　以应青龙之象。

北方七宿

斗、牛、女、虚、危、室、壁，　以应元武之象。

西方七宿

奎、娄、胃、昴、毕、觜、参，　以应白虎之象。

南方七宿

井、鬼、柳、星、张、翼、轸，　以应朱雀之象。

图之衡玉玑璇

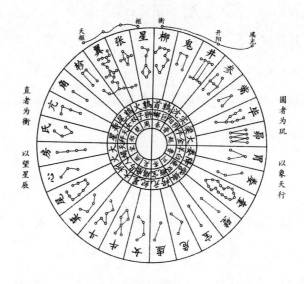

图　说

《隋·天文志》云："玑衡者，北斗魁四星为璇玑，杓三星为玉衡。"《正义》云："玑径八尺，圆周二丈五尺，以璇饰之而运乎上。衡为横箫，长八尺，孔径一寸，以玉为饰，下端望之以视星辰转移，窥衡是也。汉以来谓之浑天仪。"

图望弦朔晦

| 三辰五巳八午中，初十未上十三申。 |
| 十五酉时十八戌，二十亥位起精神。 |
| 二十三日子时出，二十六日丑时行。 |
| 二十八日寅上立，三十加来卯上轮。 |
| 月月常从卯位加，阴二阳三顺数排。 |
| 山茶甫正斜角没，太阴时刻定无差。 |

图　说

　　日有晦朔，月有弦望。初一为朔，十五为望。朔望中一日为上弦，望晦中一日为下弦。日属阳，月属阴，阴常为阳消剥。自月初月从右行，渐离于日而明，渐生至初七八，明半见如弓弦，故谓上弦。至十五，月去日最远，故得全其明，日月相望，谓之望。月半后则渐近日，左畔而明渐消。至二十二三，仅存半明，亦如弓弦，故谓之下弦。至三十日，日月相合，月为日消尽，谓之晦。

图主所行五

星即五星也。　卦即八卦也。　人即五常也。
脏即五脏也。　味即五味也。　方即五方也。
色即五色也。　气即五气也。　时即四时也。
神即六神也。　数即数目也。　音即五音也。

图之政七

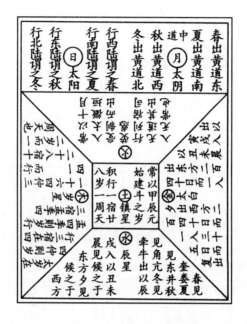

图时四地天

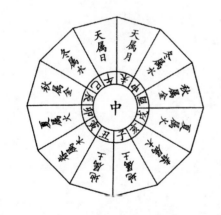

图 说

日月丽乎天，地势起于北，故日居午，月居未，子丑皆属土。天道左旋，寅配春属木，卯配夏属火，辰配秋属金，巳配冬属水。地道右转，亥配春属木，戌配夏属火，酉配秋属金，申配冬属水。逆顺之中，各有次序，行乎天地之间，乃先天之体也。

图宫过在所数度

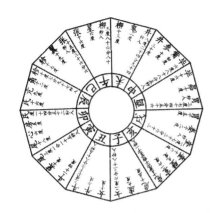

图 说

度数过宫，周天三百六十五度四分度之一，分配十二宫，其过宫分秒具于图中，百秒为一分，百分为一度。

图垣正偏度宫

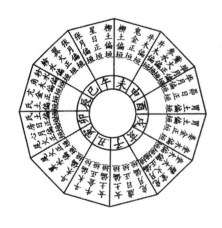

图 说

正垣者，论宫。偏垣者，论度。不论安命、行限，皆准此例。且如虚日坐命，度主是日，宫主是土。又如限行虚日，日为限度，土为限宫，二星皆是我之用神，岂可用一而废一也。

图垣入辰星

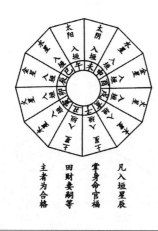

凡入垣星辰

掌身命官福

田财妻嗣等

主者为合格

图殿升辰星

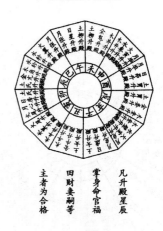

凡升殿星辰

掌身命官福

田财妻嗣等

主者为合格

图旺庙辰星

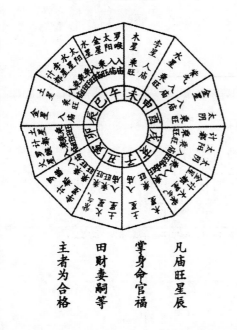

凡庙旺星辰

掌身命官福

田财妻嗣等

主者为合格

图乐喜辰星

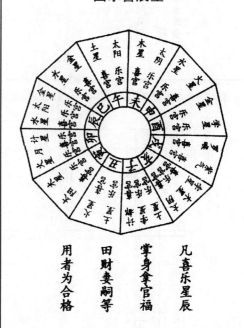

凡喜乐星辰

掌身拿官福

田财妻嗣等

用者为合格

图格贵辰星

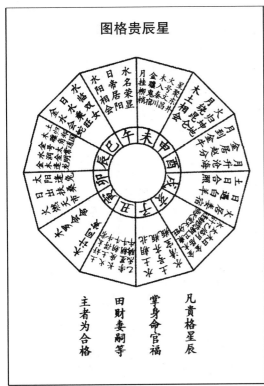

凡贵格星辰

掌身命官福

田财妻嗣等

主者为合格

图格贱辰星

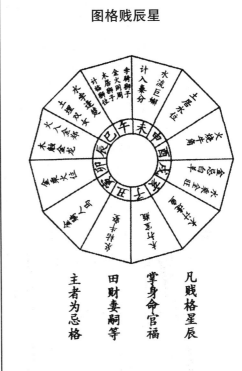

凡贱格星辰

掌身命官福

田财妻嗣等

主者为忌格

诸历黄道宿度

	壁	室	危	虚	女	牛	斗	箕	尾	心	房	氐	亢	角
统天	九度太	十八度半	十六度少	九度半	十一度	八度半	二十二度半	九度半	十八度少	六度太	五度半	十六度少	九度少	十二度
开禧	九度	十八度	十六度	九度少	十一度少	七度	二十二度	九度	十八度	六度	五度少	十六度	九度	十二度半
会天	九度	十八度	十六度	九度	十一度	七度	二十二度	九度	十八度	六度太	五度少	十六度	九度	十二度
授时	十四度	三十五度	九十五分	九度	十二度	六度	二十二度	十度	十七度	四十九分	五度	十六度四分	八十七分	十二度

	轸	翼	张	星	柳	鬼	井	参	觜	毕	昴	胃	娄	奎
统天	十九度	三十度半	十八度少	六度太	十五度少	三度	三十三度	九度	半度	十六度半	十一度半	十五度	十二度	十八度一分
开禧	十八度	二十度	十八度少	六度太	十三度	二度	三十三度	九度半	半度	十六度	十一度	十五度	十二度	十八度
会天	十八度	二十度	十八度	六度太	十三度少	二度半	三十三度	九度	半度	十六度	十一度	十五度	十二度	十八度
授时	十八度	二十度	十七度	六度	十一度	三度	三十度	十一度	十八分	十六度	十一度	十五度	十二度	八十七分

分野黃道宿度

	斗四度	女二度	危三度	奎二度	胃四度	毕七度	井九度	柳四度	张五度	轸十度	氐一度	尾三度
统天	三十五分三十四秒	九十五分	四十七分	三十七分	二十五分	一十九分	四十二分	三十七分	六十五分	空秒	七十四分	六十一分
开禧	三十分三十四秒	九十二分三十九秒	三十六分四十二秒	三十八分三十六秒	二十三分三十四秒	二十三分	八十九秒	九十六分	五十六分	七十七分	五十一分二十三秒	八十七分
会天	三十八秒	九十二分九十七秒	三十六分八十二秒	三十六分二十九秒	三十三分二十秒	七十三分	六十一分四十八秒	三十四分	四十四分	七十七分一十六秒	六十九分	九十七分
授时	三十八秒	九十八秒	四十八秒	二十九秒	二十秒	七十三秒	一秒	一十八秒	五十分七分	七秒	五十二分十四秒	六十七分
	斗十度八十九秒分	女十一度七十二秒分	危三度三十八秒	奎十一度七十二度秒分	胃三度五七二四度秒分	毕六度八分	井八度九十四度秒分	柳三度八十六度分秒	六秒	轸七度九十七秒分	氐一度五十二分十四秒	一十五秒
	入丑宫	入子宫	入亥宫	入戌宫	入酉宫	入申宫	入未宫	入午宫	入巳宫	入辰宫	入卯宫	入寅宫

表头（自右至左）：统天　开禧　会天　授时

第四章 星命汇考四

《张果星宗》二

诸星起例

变　曜

甲火乙孛丙属木，丁是金星戊上求。己人太阴庚是水，辛炁壬计癸罗睺。

诀曰：禄暗福耗荫，贵刑印囚权。火孛木金土，月水炁计罗。

假如甲生人，欲推何星化贵，则以禄念至贵是第六字。又念火至月第六字，便知月化贵也。余仿此推。

凡当年星变为天禄者，即其星管官禄也。○变为暗者，属相貌。○变为福者，属财帛，福德迁移。○变为耗者，属兄弟。○变为荫者，属妻妾。○变为贵者，属男女。○变为刑者，属奴仆。○变为印者，属田宅。○变为囚者，属疾厄。○变为权者，属命宫，此又变曜之所属也。故其为管库星云。

天　禄

禄主当生入命宫，田财旺气大亨通。官星更在高强位，年少声名达圣聪。

凡禄主与官禄并详，一宜在七强宫，二宜照命，三喜顺行，四喜庙旺，五要在当生年纳音长生临官帝旺宫以上，并得用主，大富贵。如在五弱宫，或入四杀位，更行留逆。故为福不纯，主人淹滞不遂。

天　暗

富贵因何福不荣，只缘命里暗伤星。高强皆是为凶恶，入陷孤高祸自轻。

凡天暗星与相貌同，推此星最忌在官宫，及官魁、文星、身命，逢之皆无发达。

天　福

身宫及命福星临，庙旺高强享福深。若遇陷宫并恶曜，荣华消铄祸难禁。

凡天福与福德、财帛、迁移同详。宜照福德为上，身命次之，男女宫见之为上吉，缘此宫与福德相对，故为上。喜在庙旺兼行顺段为福，如在陷弱宫及伏逆留段为浅，更宜消详身命根本，方可断之。

天　耗

天耗之星不可逢，生来财帛化为空。若临贵地并权禄，尚自区区待限通。

凡天耗星与兄弟同推。此星耗财之神，故以兄弟当之，忌在田财二宫，别宫无甚害。

天　荫

荫星逢著有操持，须是高强庙旺时。福禄印权并贵会，官荣极品耀天墀。

凡天荫星与妻妾同推，喜入生旺宫，得妻财。入死绝宫，主多病，顺行则吉，逆行则凶。七强宫见之相宜，五弱宫不利。此星居迁移，主外婚在奴仆，不宜正婚。居四正宫，主有妻财，恶星不犯，主夫妻皆老也。

天　贵

身遇高强及印权，命宫三合更相联。贵多刑少居官禄，职位荣华禄更迁。

凡天贵星与男女并详。此星居七强，顺行乐庙旺宫，及当生贵人、禄马之位，主生贵子。在迁移、奴仆、兄弟宫，主过房子。或在五弱，被恶曜刑破，多主伤克。更男女宫星陷，主绝嗣，男女星好还有子。

天刑

天刑若陷最为恶，身命田宅怕逢著。限临必主身不全，黥面文身方免却。

凡天刑星与奴仆同推。此星在闲极宫无恶曜相犯，奴仆得力，或在七强及得地，主仆从奸狡。更有凶星入宫，小人无故相侵犯凌辱。此星宜弱不宜强，宜顺不宜逆。若是命主星又不妨，无自刑之理。

天印

生来须有皇恩命，官禄高强赖此星。若遇科名科甲贵，因兹食禄播王庭。

凡天印星与田宅并详。此星喜居田宅宫，及七强入庙生旺之地，主多产业。如留逆无气，更在闲极陷地，俱不得祖业。田宅宫别有吉星临照，亦能自创立。如田宅有忌星相犯，加命弱失陷，必无田宅。

天囚

天囚若在四刑宫，脓血伤残命夭终。若是寿星临照著，也须为福不为凶。

凡天囚星与疾厄同推。此星怕入七强生旺及在逆段，或照命、或临身并不相宜也。若是紫木星为囚星，然其性本善，不可便以囚忌为嫌，但戊癸人见之，减力终不为祸。

天权

权星遇贵在高强，纵有刑囚亦不妨。更遇合宫高格局，定须官到紫微郎。

凡天权星与命宫并详。此星照命及伴身，若入庙顺行，主得贵人扶持，更与太阳福禄同宫，尤奇。

科　名

甲乙生人木向荣，丙丁火宿定科名。庚辛金兮戊己土，壬癸生人是水星。

此上谓之十干科名星，要在七强顺段旺庙，则名位高也。若在五弱之宫，及留逆段，虽中科甲，名次低也。

科　甲

科甲之星对命宫，对宫官主要强隆。如居庙旺登高第，陷时及第必难逢。

假令寅宫安命与申相对，申宫属水，即取水星为科甲，要在七强顺段庙旺，中高甲。居陷弱又退留伏段，虽贵，甲第必低。

文　星

甲罗乙计丙戊金，丁火巳炁庚木星。辛人见土壬逢日，癸人见月主文名。

文星者，五行相济而成文也。甲见罗则通明，乙见计、巳见炁则疏通。丙见金则陶熔，丁见火则光明。戊见金、辛见土则秀气。壬见日、癸见月则辉光。庚见木则断削。此皆相济而成文，独不以水字为文者，其无质也。

魁　星

甲人太阴乙太阳，丙罗丁计戊炎方。己金庚木辛逢孛，壬炁癸水号魁光。

魁星者，阴阳和合，相生而成魁，独不以土为魁者，以土愚浊故也。

官　星

甲炁乙水是官星，丙罗丁计戊孛亨。己火庚金辛用木，壬月癸土定功名。

官星者，乃十干官星之禄星，琴堂谓对禄是也。甲以辛为官，辛以炁为禄，则甲人用炁为官星。十干皆以此例。独阳君不与者，以其官君之所授也。

印 星

甲木乙日丙是荧，丁月戊土巳罗辰。庚金辛计壬逢水，癸人见孛为印星。

印星者，五行相符合而为印，甲以木、丙以火、戊土、庚金、壬水是也。五阴干取日、月、罗、计、孛，亦以相生而相类。然十一曜独炁不与者，以其善柔而非罗、计、孛之比焉。

催 官

甲金乙水丙日安，丁罗戊木见为欢。己炁庚孛辛土宿，壬月癸计是催官。

催官之星，主迁官进职也。大抵此星与禄主相为催克。如甲人以火为禄而见金则催，乙人以孛为禄而见水则催，丙人以木为禄而见日则催，丁人以金为禄而见罗则催是也。十一曜独火不与者，以其有太阳在焉。

禄 神

甲兼木孛乙水星，丙计丁罗戊土名。巳火庚金辛紫气，壬日癸月是禄神。

禄神者，正禄神遇之，主食正俸禄。十一曜俱全而甲独兼木、孛者，以其阳干之首也。

喜 神

甲罗乙计丙炁星，丁水戊月是喜神。巳土庚金辛见木，壬孛癸火最堪亲。

人命月逆行，喜神逆禄，十曜司禄而顺布，喜神随月以逆承。故禄之序火、孛、木、金、土、月、水、炁、计、罗，而喜神之序罗、计、炁、水、月、土、金、木、孛、火是也。

爵　星

鼠猴土兮猪羊火，马牛以水为爵星。兔逢紫气虎蛇木，鸡犬逢金龙字欣。

爵者，地元爵也。自年支中出也。遇之进爵除拜，最要官、福、身命有之，又喜在高强相遇。

天马地驿

申子辰年用火木，寅午戌人是水金。亥卯未生看木火，巳酉丑年计水真。

其法以驿马官遁禄干所属为地驿，禄干化禄为天马。如申子辰人马居寅，则遁甲禄在寅，以甲木为地驿，以甲火为天马。又寅午戌人马居申，则遁庚禄居申，以庚金为地驿，以庚水为天马。余仿此推。果老有天马地驿，起例不同，以五虎遁官禄官取二者，姑并详之，惟果老者为切。

卦　气

壬甲从乾乙癸坤，戊坎丙艮震居庚。辛巽己离丁兑位，此系卦气八宫神。

以年干为主，且如壬、甲生人，从亥上起壬，即是卦气之位，甲生人亥上，即是卦气宫也。余仿此例。

天元禄

十曜天元化禄因，五遁迤前命位寻。何干化禄为天禄，最宜满用喜垣城。

以年干五虎遁顺数至命宫，得阿干，以此干化禄为是。且如甲生人寅上立命，以甲己之年起丙寅，就是丙寅宫坐命。以丙干化禄是木，即木为天元禄是也。余仿此例。化禄者，即前甲火乙字丙属木之类。

地元禄

欲识地元推卦气，逆至命里即干神。遇有吉星临满用，定拟金殿玉阶行。

以年干所管卦气，逆数至命宫，得何干，以此干属某为是。且如甲生人寅上安命，以壬甲从乾，就于亥上起甲，逆数至寅命宫，得癸干，即以癸属水，取水为地元禄。余仿此例。

人元禄

人元虎遁来官禄，以干受克的为真。中间若有闲神杂，斟酌当加仔细论。

以年干起五虎遁顺数至官禄，得何干，以此干受克为是。且如甲生人寅上立命，以甲巳之年起丙寅。从寅上起丙，顺数至巳上官禄宫，得巳干，即以巳属土，取木克土，以木为人元禄，余依此推。

天经地纬

星有天经地纬神，虎遁轮流至命程。地支支神名地纬，天干干主是天经，

身命逢他来拱夹，经天纬地有才能。若值斗标来指破，一生名利算轻尘。

以年干起五虎遁，顺数至命宫，得何干支，以干属某为天经，以地支属某为地纬。且如甲生人寅上坐命，以甲己之年起丙寅，就是丙寅宫安命，以丙火为天经，以寅木为地纬。余仿此例。其论支神所属者，即寅卯属木，巳午属火，申酉属金，亥子属水，辰戌丑未属土，切不可以寅亥二官属木论也。

天马地驿

天马地驿，果老所著也与，前诸家者不同。

天马须将五虎遁，通过命宫官禄论。论干得禄归何所，所属支神天马定，

官禄类垣推地驿，只在巳亥寅申局。不论宫神只在支，即是支神天马属。

以年干起五虎遁，顺数至官禄，得何干支，取干之禄为天马，取官支马为地驿。且如甲生人寅上安命，以甲己之年起丙寅，从寅上起丙，顺数至巳官禄得己巳，以丁巳禄居午，取午火为天马，以巳酉丑马在亥，取亥水为地驿，余仿此例。

若驿马有二属星者，则取左右夹拱用之。

职 元

卦气顺行至命程，干属化曜职元星。身命逢之居显职，凡人遇此干才能。

以年干起卦气，顺数至命宫，得何干，以此干化禄为是。且如甲生人寅上安命，以壬甲从乾起，从亥上起甲，顺数至命宫，在寅得丁，即以丁火为职元。

局 主

职元六合推干化，即是一局主之辰。命身值此无空破，士庶逢之众仰钦。

以职元干所合之干，以此干化禄为是。且如前职元是丁，丁与壬合，取壬计为局主是也。

卦 气

年干卦气逆回轮，日月住处定阳阴。昼生日止夜生月，论干得禄取宫神。

以年干起卦气，逆数至昼日夜月之宫，得何干，以此干禄宫为是。且如甲生人太阳在酉，以壬申从乾起，从亥上起甲，逆数至酉得丙，以丙戊禄在巳，巳上为卦气，又名天禄卦气。《经》曰：官贵命无卦气，安能食天禄，正谓此也。如乙生人太阴在卯，以乙癸坤宫起，从申上起乙，逆数至卯上得庚，以庚禄居申，申上为卦气。

斗 标

月建宫中起戌时，亥时便向次宫移。顺行只喜临官禄，地纬天经忌见之。

又：命主身星斗柄宫，忌临杀位怕逢空。宜居禄贵并生旺，补衮终当立大功。

以戌时加月建，顺数至生时为是。且如正月卯时生，正月建寅，以戌时加在寅宫，顺数至未，得本生时为斗标，余仿此。

注　受

注受正七子垣逢，二六三五亥戌同。八与腊月丑上立，九寅子月在寅宫，

四酉十卯为截法，身命逢之定富荣。

以正月起子，逆数至酉，五月又转戌，顺数至卯，十一月又转寅，逆数至丑，

为十二月是也。

天　乙

天乙贵人甲见未，戊庚在丑乙申位。己子丙酉辛居寅，丁亥壬兔巳逢癸。

天乙贵人者，即昼贵人也。

玉　堂

玉堂贵人甲见丑，戊庚在未丁居酉。丙亥乙子巳逢申，壬己癸卯辛午守。

玉堂贵人者，即夜贵人也。

文　昌

甲乙巳午报君知，丙戊申宫丁巳鸡。庚猪辛犬壬逢虎，癸人见兔入云梯。

文昌者，乃天干生地支所藏之人元也。甲生丙在巳，乙生丁在午，丙生戊、戊

生庚在申，丁生己，己生辛在酉，庚生壬在亥，壬生甲在寅，癸生乙在卯。独辛不

以生而以戌为文昌，戌在辛之方位，以其有从魁河魁夹之也。子丑辰未不与者何

也。盖文昌欲显不欲隐，子丑地下、辰未库也。

天　厨

甲乙巳午丙在子，丁戊巳午己申储。庚落寅中辛寻午，壬厨居酉癸临猪。

天厨名食神禄，假如甲生人逢巳，甲食丙，丙禄在巳。乙生人逢午，乙食丁，

丁禄居午是也。

岁　殿

主星入殿福非常，客曜加囚必主殃。福禄官魁如不陷，拖青纡紫列朝堂。

以岁驾宫起甲，顺数至生年干，在某宫即是。

岁　驾

客曜临朝第一凶，非星破禄亦皆同。若还囚杀加身命，假使为官是荫封。

即生年支为岁驾宫也。如子年，子为岁宫，丑年丑为岁驾，余仿此推之。

禄勋　阳刃　唐符　国印

禄前号刃为兵器，身命逢之性横悻。

只怕天雄诸杀临，若逢五鬼频遭配。

禄前八位号唐符，第九名为国印宫。

身命逢之膺显爵，倘逢空陷主贫穷。

甲禄到寅	卯为阳刃	酉为 飞刀 唐符	戌为国印
乙禄到卯	辰为阴刃	戌为 飞刀 唐符	亥为国印
丙 戊 禄在巳	午为阳刃	子为 飞刀 唐符	丑为国印
丁 己 禄在午	未为阴刃	丑为 飞刀 唐符	寅为国印
庚禄居申	酉为阳刃	卯为 飞刀 唐符	辰为国印
辛禄到酉	戌为阴刃	辰为 飞刀 唐符	巳为国印

壬禄居亥	子为阳刃	午为飞刃唐符	未为国印
癸禄居子	丑为阴刃	未为飞刃唐符	申为国印

天雄地雌

天雄地雌分吉凶，驾前三位九宫中。忌临官禄和身命，锋刃廉同不善终。

岁驾前三宫为天雄，九宫为地雌。又云：地雌对宫为天雄，忌见禄主。

年　符

年支顺数第五位，宫神名号官符鬼。更加阳刃杀来逢，坐命临身非横悔。

月　符

以午起为首，顺数轮宫走。遇住生月中，临之多争斗。

岁驾前五位为官符，又名飞符、年符、五鬼是也。以正月起午，数至生月为月符，怕临身命限途。

大耗小耗

大耗小耗最为嫌，驾前六七位相连。身命田财俱值此，纵然发达破家筵。

太岁第六位为小耗，第七宫为大耗是也。怕在身命、田财宫，或身命田财，主遇不吉。

天　耗

正七二八子寅方，三九四十辰午当。五十一申丑未戌，必主雷轰虎咬亡。

如正、七月在子，二、八月在寅，名曰"天耗"，又谓之雷霆杀。

地　耗

正七二八酉亥宫，三九四十五卯同。五十一月临巳上，六十二月丑未中。

正、七月在酉，二、八月在亥，名为地耗，此二耗同前耗断之。

月　廉

正月起于申，顺数至本生。此星来克命，横天不须评。

月廉，星人罕用之，月廉宫较轻，月廉主起克命限，其凶莫解。且如正月生，廉在申，以水为廉主也。

月　煞

正戌二巳七居辰，三午四未位相迎。五寅六卯八亥位，九子十五十一申，

十二月中居酉上，若犯此杀最为刑。

值　难

正二太阳三四月，五六火罗君莫说。七八水孛更为灾，九十木炁为难绝。

十一十二怕金星，此是神仙真口诀。

正、二月生人以太阳为值难，忌见他煞，尤凶。

的　杀

人命如逢破碎杀，破财恰似汤浇雪。行年运限更加临，官事连绵无休歇。

子午卯酉，蛇头问口。寅申巳亥，鸡头粉碎。辰戌丑未，牛头大忌。又谓之破碎。

咸　池

申子辰鸡叫乱人伦，寅午戌兔从茅里出。己酉丑跃马南方走，亥卯未鼠子当头忌。

身命坐咸池，或咸池星入身命，更会金、水、孛者，男为痨瘵，女为风尘，又名桃花。

大　煞

大煞子人先是猴，丑鸡寅犬问来由。卯蛇辰午巳逢未，午虎未兔申龙头，

酉猪戌鼠难回避，循环亥上却逢牛。

大煞即飞廉，身命限度俱忌之，为祸尤速。

空　亡

甲子旬中戌亥空，甲戌旬中申酉空。甲申旬中午未空，甲午旬中辰巳空。

甲辰旬中寅卯空，甲寅旬中子丑空。

但阳年空阳宫，阴年空阴位。阳年为空，阴年为亡。

孤　虚

金空则鸣火空发，水空日夜流不歇。木空则折土空崩，昼喜日空夜宜月。

空亡对宫即是孤虚也。如甲子旬中空戌亥，对宫为孤虚。阳为孤，阴为虚。此一秘法也。

孤　辰

寅卯辰人怕己丑，巳午未人畏申辰。申酉戌人嫌亥未，亥子丑人寅戌嗔。

寡　宿

孤辰切忌男妨妇，寡宿须教女害夫。兄弟亦当离别去，爷娘骨肉不同居。

男怕孤辰，女怕寡宿。身命宫坐之，并夫妻宫犯之，男女宫守之，主鳏寡孤论之。

三　刑

寅刑巳上巳刑申，丑戌相刑未与辰。子刑卯上卯刑子。辰午酉亥自相刑。

六　害

六害子未不相亲，丑害午兮寅巳嗔。卯害辰兮申害亥，酉戌相穿大少情。

又：三刑六害主残伤，不测官灾最不祥。妻子亦当防克破，为官必定死他乡。

三刑六害二煞，身命、夫妻、子官行限俱怕逢之。

劫　杀

申子辰巳上化为尘，寅午戌亥上不须说。巳酉丑寅上休开口，亥卯未申上勿遭值

亡　神

申子辰亥上不堪亲，寅午戌巳上动纸笔。巳酉丑逢申须敛手，亥卯未逢寅切须忌

亡神与劫杀相对，吉凶同断。

天罗地网

辰为天罗忌乙生人，戌为地网怕辛生人。

《经》云：辰戌为恶弱之地，天乙不临，天乙乃贵人也。

又云：辰为天罗，戌为地网，乙辛生人切莫遇之。

反吟伏吟

太岁宫为反吟，岁破宫为伏吟。

《经》云：反吟伏吟，悲哭淋淋。又云：反吟相见是绝灭，伏吟相见泪淋淋是也。

驾前神杀歌

岁驾剑锋伏尸寄，

二为天空仍可畏。

丧门地雌孝服来，

四为贯索勾神虑。

官符五鬼及飞符，

死符小耗月德具。

岁破大耗阑干并，

八为暴败天厄至。

九是白虎即天雄，

天德绞杀卷舌忌。

十一吊客与天狗，

十二病符蓦越位。

驾后神煞歌

子年红鸾卯为首，

天喜对宫在于酉。

血刃浮沉及解神，

戌上分明牢掣肘，

天哭还从午上寻，

披头更向辰宫究。

流年诸杀与诸凶，

逆认地支轮宫守。

羊刃详解例

	以年横取	甲	丙戊	庚	壬
阳刃	忌昼生人	卯为刃宫	午为刃宫	酉为刃宫	子为刃宫
		火为刃星	日为刃星	金为刃星	土为刃星
		四火刃度	四日刃度	四金刃度	四土刃度
飞刃		酉为刃宫	子为刃宫	卯为刃宫	午为刃宫
		金为刃宫	土为刃星	火为刃星	日为刃星
		四金刃度	四土刃度	四火刃度	国日刃度
	以年横取	乙	丁己	辛	癸
阴刃	忌夜生人	辰为刃宫	未为刃宫	戌为刃宫	丑为刃宫
		金为刃星	月为刃星	火为刃星	土为刃星
		四金刃度	四月刃度	四火刃度	四土刃度
飞刃		戌为刃宫	丑为刃宫	辰为刃宫	未为刃宫
		火为刃星	土为刃星	金为刃星	月为刃星
		四火刃度	四土刃度	四金刃度	四月刃度
自刃年	壬子己未	癸丑丙午	丁未	戊午	
飞刃年	壬午己丑	癸未丙子	丁丑	戊子	

《经》云：且如倒限一说，根挨度数而推。有杀刃者遇太岁必伤，无杀刃者，

纵凶不死。故刃利害。又云：无杀刃，岂能伤乎。盖羊刃者，其论有六，有阴刃、有阳刃、有飞刃、有刃宫、有刃星、有刃度，故昼生忌阳刃，夜生忌阴刃。以甲、丙、戊、庚、壬生人为阳，以乙、丁、己、辛、癸生人为阴。

假如阳刃例，甲年卯为刃宫，火为刃星，四火刃度。

又如阴刃例，乙年辰为刃宫，金为刃星，四金刃度也。

马前诸杀例

	驿马	六害	华盖	劫杀	灾杀	天杀	地杀	年杀	月杀	亡神	将星	扳鞍
申子辰	寅	卯	辰	巳	午	未	申	酉	戌	亥	子	丑
寅午戌	申	酉	戌	亥	子	丑	寅	卯	辰	巳	午	未
巳酉丑	亥	子	丑	寅	卯	辰	巳	午	未	申	酉	戌
亥卯未	巳	午	未	申	酉	戌	亥	子	丑	寅	卯	辰

申子辰人马居寅，寅午戌人马居申，巳酉丑人马在亥，亥卯未人马在巳。

五行长生例

	生	败	冠	官	旺	衰	病	死	墓	绝	胎	养
木	亥	子	丑	寅	卯	辰	巳	午	未	申	酉	戌
火	寅	卯	辰	巳	午	未	申	酉	戌	亥	子	丑
土木	申	酉	戌	亥	子	丑	寅	卯	辰	巳	午	未
金	巳	午	未	申	酉	戌	亥	子	丑	寅	卯	辰

生即长生，败即沐浴，冠即冠带，官即临官，帝即帝旺。

中华传世藏书

钦定古今图书集成

精华本

星命篇

天干化曜星例

星名	主	年干 甲乙丙丁戊己庚辛壬癸 对应曜
天禄	主享禄	火孛木金土月水炁计罗
天暗	主暗昧	孛木金土月水炁计罗火
天福	主获福	木金土月水炁计罗火孛
天耗	主破耗	金土月水炁计罗火孛木
天荫	主荫庇	土月水炁计罗火孛木金
天贵	主嗣贵	月水炁计罗火孛木金土
天刑	主犯刑	水炁计罗火孛木金土月
天印	主有印	炁计罗火孛木金土月水
天囚	主囚禁	计罗火孛木金土月水炁
天权	主重权	罗火孛木金土月水炁计
天官	主官星	罗火孛木金土月水炁计
生官	主官高	月土炁水罗计孛火金木土
伤官	主坏名	金木月土炁水罗计火炁
禄官	主有禄	木火水日水日水日水土
马元	主利动	驿马宫主是又曰贵元
仁元	主延年	木木火火土土金金水水
寿元	主寿考	（按纳音五行）金：甲午乙未壬寅癸卯庚戌辛亥庚子辛丑　火：丙寅丁卯甲戌乙亥戊子己丑　木：甲子乙丑壬申癸酉庚辰辛巳戊戌己亥　土：戊辰己巳壬午癸未庚寅辛卯丙戌丁亥　水：丙午丁未甲寅乙卯壬戌癸亥

天干吉凶星例

星名	主	年干 甲乙丙丁戊己庚辛壬癸 对应
天厨	宜食禀	巳午子巳午寅午酉亥
文昌	利小试	巳午申酉申亥戌寅卯
玉堂	夜贵人	丑子亥酉未申午巳卯
天乙	昼贵人	未申酉亥丑子丑寅卯巳
国印	主掌印	戌亥丑寅丑辰辰巳未申
唐符	主重权	唐符即飞刃也并凶则以飞刃断会吉则以唐符论
飞刃	同前断	酉戌子丑子丑辰午未
阳刃	主横祸	卯辰午未午未酉戌子丑
禄勋	主勋禄	寅卯巳午巳午申酉亥子
科甲	主登第	即妻星也，以命宫对官官主是
科名	主标名	木木火火土土金金水水
喜神	主喜庆	罗计炁水月土金木孛火
禄神	主食禄	木水计罗土火金炁日月
催官	主催升	金水日罗木炁金木月土
印星	主掌印	木日罗金计孛火水炁土月
官星	主官职	炁水罗计孛火金炁水
魁星	主夺魁	罗计金火金炁木土日月
文星	主能文	甲乙丙丁戊己庚辛壬癸

地支吉凶星例一

年支	主断	地支
年符	同前断	子丑寅卯辰巳午未申酉戌亥
飞符	同前断	
官符	同前断	
五鬼	主词讼	辰巳午未申酉戌亥子丑寅卯
勾神	同前断	
贯索	主缧绁	卯辰巳午未申酉戌亥子丑寅
地猬	同前断	
地丧	忌临妻	
地雌	怕并杀	
丧门	主丧服	寅卯辰巳午未申酉戌亥子丑
天空	杀喜空	丑寅卯辰巳午未申酉戌亥子
伏尸	怕逢凶	
剑锋	怕叠刃	子丑寅卯辰巳午未申酉戌亥
太岁	怕并凶	子丑寅卯辰巳午未申酉戌亥
岁驾	宜登驾	子丑寅卯辰巳午未申酉戌亥
岁殿	宜登殿	以岁驾起甲顺数遇生年干是
产星	主产难	金水木火金水木火金水木火
血忌	主血毒	日土土月木水火金水木火金水木
血支	主血光	木土土木火金水木火金火木火
地驿	主迁除	木水金火木水金火木水金火
天马	主调升	火计水木火计水木火计水木
爵星	主爵尊	土水木炁孛木水火水火金金水

地支吉凶星例二

年支	主断	地支
病符（暮越）	主疾病	亥子丑寅卯辰巳午未申酉戌
吊客	主吊孝	亥子丑寅卯辰巳午未申酉戌
天狗	子宫忌	戌亥子丑寅卯辰巳午未申酉
绞杀	同前	
天德	命限忌	酉戌亥子丑寅卯辰巳午未申
卷舌	能化煞	
天雄	同前	
白虎	命宫忌	申酉戌亥子丑寅卯辰巳午未
天厄	同前	
暴败	同前	未申酉戌亥子丑寅卯辰巳午
阑干	命限忌	
大耗	同前	
岁破	同前	午未申酉戌亥子丑寅卯辰巳
小耗	身命忌	
死符	田财忌	
月德	主化凶	巳午未申酉戌亥子丑寅卯辰
年支		子丑寅卯辰巳午未申酉戌亥

地支吉凶星例三

星名	主	年支对应
年支		子丑寅卯辰巳午未申酉戌亥
的杀	主破败	子丑寅卯辰巳午未申酉戌亥
破碎	同上	巳丑酉巳丑酉巳丑酉巳丑酉
咸池	主色欲	酉午卯子酉午卯子酉午卯子
桃花	主淫泆	酉午卯子酉午卯子酉午卯子
大杀	主横祸	申酉戌巳午未寅卯辰亥子丑
飞廉	主非灾	申酉戌巳午未寅卯辰亥子丑
孤辰	主孤克	寅寅巳巳巳申申亥亥亥寅寅
寡宿	主寡居	戌戌丑丑丑辰辰未未未戌戌
三刑	主刑伤	卯戌巳午未申辰辰寅酉未亥
六害	主克害	未午巳辰卯寅丑子亥戌酉申
劫杀	主劫破	巳寅亥申巳寅亥申巳寅亥申
亡神	主危亡	亥申巳寅亥申巳寅亥申巳寅
空亡	主少积	对空亡　戌庚子壬寅甲午丙申乙未辛酉巳癸丑己卯丁（巳　午　未）
孤虚	主孤寡	官　酉辛亥癸丑乙己丁未巳卯甲寅丙辰戌午庚申壬戌（卯　辰　巳　子　丑　寅）

地支吉凶星例四

星名	主	年支对应
年支		子丑寅卯辰巳午未申酉戌亥
红鸾	主喜事	卯寅丑子亥戌酉申未午巳辰
天喜	同前	酉申未午巳辰卯寅丑子亥戌
血刃	主血光	戌酉申未午巳辰卯寅丑子亥
浮沉	主没溺	戌酉申未午巳辰卯寅丑子亥
天解	主解难	戌酉申未午巳辰卯寅丑子亥
地解	主释凶	未申酉戌亥子丑寅卯辰巳午
天哭	主哭泣	午巳辰卯寅丑子亥戌酉申未
披头	主孝服	辰卯寅丑子亥戌酉申未午巳
黄旛	命限忌	辰丑戌未辰丑戌未辰丑戌未
豹尾	同上	戌未辰丑戌未辰丑戌未辰丑
擎天	命限忌	丑壬癸未乙庚寅辛辰戊己甲戊庚辰乙辛（午）
游弈	命限忌	午丙戌癸未乙乙丁丁卯甲丙寅戊壬午庚辛丑戊（申）
命限忌	命限忌	亥戌戌巳酉甲寅庚乙己甲辛酉乙辛己甲戊庚辰乙辛癸卯（戌癸卯亥）亥之位游弈对官，乙辛未丙子壬午庚之上皆是擎天

擎天属火，游奕属水。以六十花甲隔节布于十宫，起于子，终于卯，而丑寅不与未申飞变者，以河汉始于丑寅，终于未申，而擎天属火不入故也。其杀男怕擎天，女怕游奕，皆主刑克。

五行四时例

			旺	相	休	囚	死
正月、二月	孟仲	春	木	火	水	金	土
四月、五月	孟仲	夏	火	土	木	水	金
三、六、九月，十二月	四季	季	土	金	火	木	水
七月、八月	孟仲	秋	金	水	土	火	木
十月、十一月	孟仲	冬	水	木	金	土	火

五行之道，有气有质，还相本而迭相竭者也。故当时者旺，我生者相，生我者休，克我者囚，我克者死。万物非时不生，观星非时不验。星盘之中，四时之星不一，因其时令，察其盛衰，则福之厚薄，祸之浅深，自有称量于其间矣。

第五章　星命汇考五

《张果星宗》三

诸吉星捷法例

以年干从寅上起甲、丙、戊、庚、壬，故谓之五虎遁。

天元禄：以虎顺命何干化禄是。

地元禄：以卦逆命何干属某是。

人元禄：以虎顺官何干受克是。

天经：以虎顺命何干属某是。

地纬：以命宫支神所属某是。

天马：以虎顺官何干禄支是。

地驿：以官马支神所属某是。

职元：以卦顺命何干化禄是。

局元：以职干合何干化禄是。

月建吉凶星例

	正	二	三	四	五	六	七	八	九	十	十一	十二
月廉	申	酉	戌	亥	子	丑	寅	卯	辰	巳	午	未
月杀	戌	巳	午	未	寅	卯	辰	亥	子	丑	申	酉
天耗	子	寅	辰	午	申	戌	子	寅	辰	午	申	戌
地耗	酉	亥	丑	卯	巳	未	酉	亥	丑	卯	巳	未
月符	午	未	申	酉	戌	亥	子	丑	寅	卯	辰	巳

	正	二	三	四	五	六	七	八	九	十	十一	十二
值难	日	日	月	月	火	罗	水	孛	木	炁	金	金
注受	子	亥	戌	酉	戌	亥	子	丑	寅	卯	寅	丑
斗标	以戌时加月建宫顺数生时是。											
卦气	以卦逆昼日夜月何干禄宫是。											

斗标者，北斗之柄也。此星至尊，凡人之命，遇此星指之，主为人尊重。凡帝王之命多有之。苟无斗柄指之，虽为帝王亦少尊严，此星术家多不知作何所取用也。

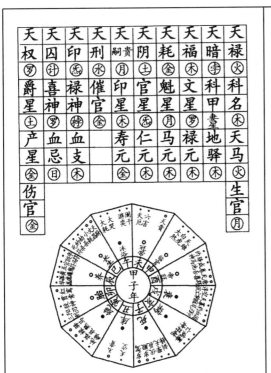

左上表

天权	天囚	天印	天刑	天嗣贵	天阴	天耗	天福	天暗	天禄
爵星	喜神	禄神	催官	印星	官星	文星	魁星	科甲	科名
产星	血忌	血支	寿元	仁元	马元	禄元	地驿	天马	
伤官									生官

中：丙寅年　养临旺帝死衰

右上表

天权	天囚	天印	天刑	天嗣贵	天阴	天耗	天福	天暗	天禄
爵星	喜神	禄神	催官	印星	官星	文星	魁星	科甲	科名
产星	血忌	血支	寿元	仁元	马元	禄元	地驿	天马	
伤官									生官

中：丁卯年

左下表

天权	天囚	天印	天刑	天嗣贵	天阴	天耗	天福	天暗	天禄
爵星	喜神	禄神	催官	印星	官星	文星	魁星	科甲	科名
产星	血忌	血支	寿元	仁元	马元	禄元	地驿	天马	
伤官									生官

中：戊辰年

右下表

天权	天囚	天印	天刑	天嗣贵	天阴	天耗	天福	天暗	天禄
爵星	喜神	禄神	催官	印星	官星	文星	魁星	科甲	科名
产星	血忌	血支	寿元	仁元	马元	禄元	地驿	天马	
伤官									生官

中：己巳年

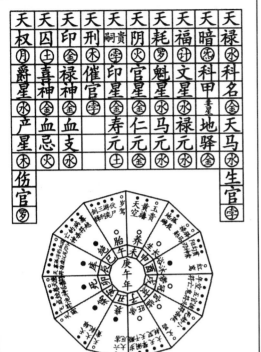

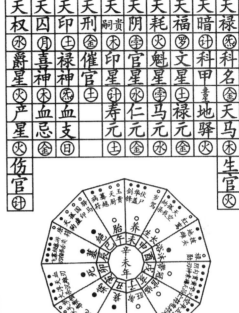

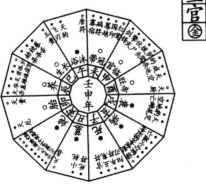

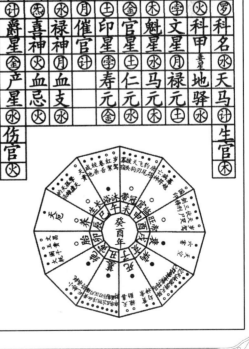

上左圖中心：庚午年

上右圖中心：辛未年

下左圖中心：壬申年

下右圖中心：癸酉年

各表星名（自右至左）：

天禄（火）科名（金）天马（水）生官
天暗（火）文星（水）
天福（木）魁星（水）
天耗（罗）官星（金）
天阴（月）印星（金）
嗣贵（土）
天刑（木）催官
天印（金）禄神（金）血忌
天囚（土）喜神（金）血忌
天权（月）爵星（水）产星（木）伤官

科甲　地驿
禄元　马元　仁元　寿元　血支

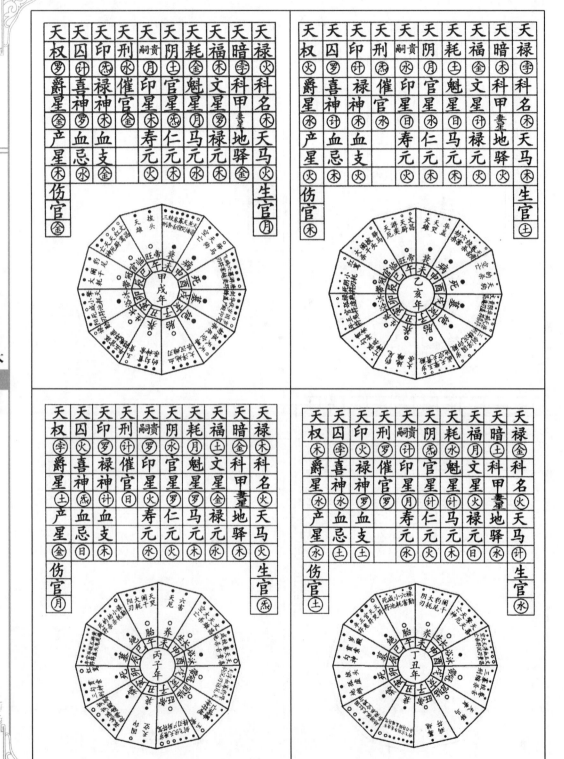

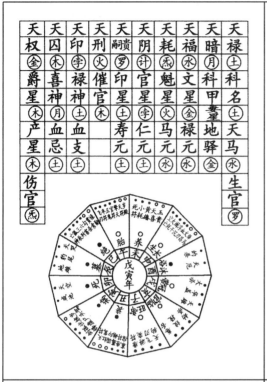

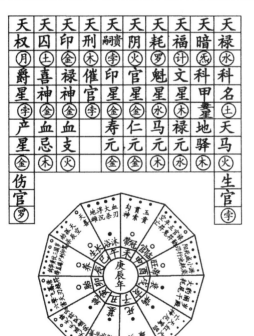

壬午年

天权	天囚	天印	天刑	嗣贵	天阴	天耗	天福	天暗	天禄
罗	计	氐	水	金	月	木孛	土	火	罗
爵星	喜神	禄神	印官	催官		魁星	文星	科甲	科名
水	计	日	月	罗		水	月	妻星地	天马
产星	血忌	血支		寿元	仁元	马元	禄元	驿	水
木	火	水		水	水	水	金		生官
伤官									金
孛									

癸未年

天权	天囚	天印	天刑	嗣贵	天阴	天耗	天福	天暗	天禄
计	罗	水	水	金	月	木孛	土	火	罗
爵星	喜神	禄神	印官	催官		魁星	文星	科甲	科名
火	火	月	月	孛		土	水	妻星地	天马
产星	血忌	血支		寿元	仁元	马元	禄元	驿	土
金				土	水	水	土		生官
伤官									火
火									

甲申年

天权	天囚	天印	天刑	嗣贵	天阴	天耗	天福	天暗	天禄
罗	计	氐	水	金	月	土	木	金	孛
爵星	喜神	禄神	印官	催官		魁星	文星	科甲	科名
火	罗	木	金	氐		罗	月	妻星地	天马
产星	血忌	血支		寿元	仁元	马元	禄元	驿	火
金	金	月		木	水	水	水		生官
伤官									用
金									

乙酉年

天权	天囚	天印	天刑	嗣贵	天阴	天耗	天福	天暗	天禄
火	罗	计	水	金	月	金	木	孛	孛
爵星	喜神	禄神	印官	催官		魁星	文星	科甲	科名
金	火	罗	水	计		日	日	妻星地	天马
产星	血忌	血支		寿元	仁元	马元	禄元	驿	水
水	水	水		水	水	木	水		生官
伤官									土

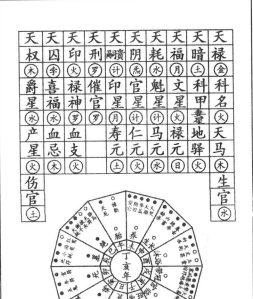

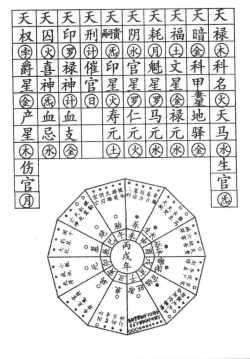

天权（木）爵星（金）产星（木）伤官（無）	天囚（火）喜神（無）血忌（水）	天印（孛）禄神（計）血支（金）	天刑（火）催官（計）	天嗣（計）印（月）	天阴（計）官（月）寿元（水）	天耗（土）魁星（罗）马元（水）	天福（無）科（水）仁元（土）	天暗（水）文星（計）禄元（土）	天禄（金）科名甲轝地驿（火）天马（水）生官（無）

天权（金）爵星（土）产星（金）伤官（無）	天囚（木）喜神（土）血忌（土）	天印（孛）禄神（土）血支（土）	天刑（火）催官（土）寿元（火）	天嗣（計）印（木）仁元（土）	天阴（計）官（土）马元（木）	天耗（土）魁星（金）禄元（水）	天福（無）科（土）天驿	天暗（日）文星（土）	天禄（土）科名甲轝地驿（火）天马（火）生官（罗）

天权（土）爵星（水）产星（水）伤官（火）	天囚（金）喜神（土）血忌（土）	天印（孛）禄神（土）血支（土）	天刑（火）催官（罗）寿元（火）	天嗣（計）印（木）仁元（土）	天阴（計）官（土）马元（木）	天耗（火）魁星（火）禄元（水）	天福（無）科（土）天驿	天暗（水）文星（火）	天禄（土）科名甲轝地驿（水）天马（計）生官（計）

上左图 · 庚寅年

天权	天囚	天印	天刑	天嗣	天赜	天阴	天耗	天福	天暗	天禄
月	土	金	木	孛	计	罗	火	孛	计	水
爵星	喜神	禄神	印官			魁星	文星	科甲	科名	
产星（木）	血忌（土）	血支（土）				仁元（木）	马元（金）	禄元（水）	天马（水）	生官（孛）
伤官（罗）										

中央：庚寅年

上右图 · 辛卯年

天权	天囚	天印	天刑	天嗣	天赜	天阴	天耗	天福	天暗	天禄
水	月	土	金	孛	计	罗	火	孛	计	水
爵星	喜神	禄神	印官			魁星	文星	科甲	科名	
产星（火）	血忌（土）	血支（木）	寿元（木）		仁元（木）		马元（金）	禄元（金）	天马（水）	生官（火）
伤官（计）										

中央：辛卯年

下左图 · 壬辰年

天权	天囚	天印	天刑	天嗣	天赜	天阴	天耗	天福	天暗	天禄
水	月	土	金	孛	计	罗	火	孛	计	
爵星	喜神	禄神	印官			魁星	文星	科甲	科名	
产星（金）	血忌（木）	血支（火）	寿元	仁元		马元	禄元	天马（火）	生官（金）	
伤官（孛）										

中央：壬辰年

下右图 · 癸巳年

天权	天囚	天印	天刑	天嗣	天赜	天阴	天耗	天福	天暗	天禄
计	水	月	金	孛	计	罗	火	孛	计	罗
爵星	喜神	禄神	印官			魁星	文星	科甲	科名	
产星（水）	血忌（土）	血支	寿元	仁元		马元	禄元	天马（计）	生官（火）	
伤官（木）										

中央：癸巳年

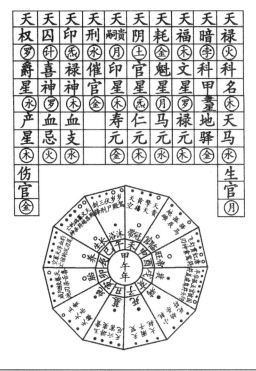

甲午年

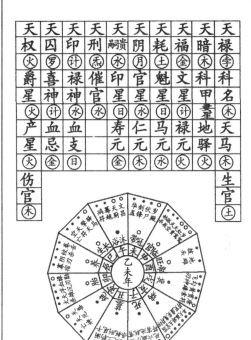

乙未年

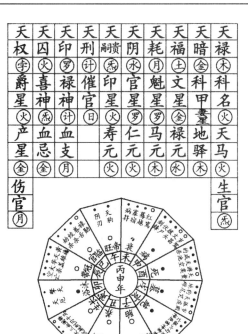

丙申年

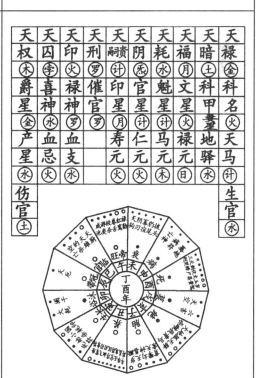

丁酉年

中华传世藏书

钦定古今图书集成

精华本

星命篇

戊戌年

己亥年

庚子年

辛丑年

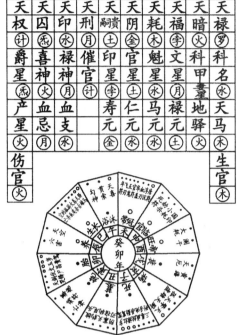

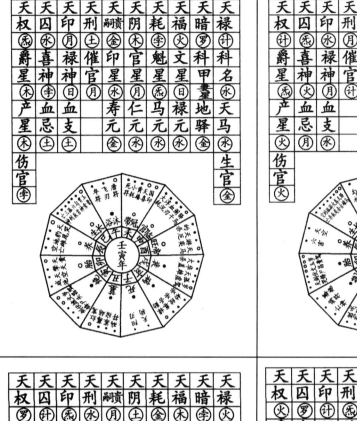

天权	天囚	天印	天刑	天嗣	天阴	天耗	天福	天暗	天禄
计㊋	罙㊌	水㊌	土㊋	贡木	孛㊋	金㊍	木㊎	火㊐	罗㊌
爵星	喜神	禄神	催官	印星	官星	魁星	文星	科名	
㊍	孛	神㊍	官㊌	日㊌	月	禾	日	甲辈地驿	天马㊌
产星	血忌	血忌	寿	仁	马	禄			生官
木	土	土	元㊎	元㊍	元㊌	元㊌			㊎
伤官㊍									

丙午年（左上）

天权	天囚	天印	天刑	天赜	天阴	天耗	天福	天暗	天禄
孛	火	罗	计	炁	水	金	土	金	木
爵星	喜神	禄神	催官	印官	官星	魁星	文星	科	科名
炁		计	月	日	火	罗	金	甲畫地	天马
产星	血忌	血支	寿元	仁元	禄元	马元	禄元	天驿	
木	火	水	火	火	水	水	金		火
伤官									生官
月									炁

丁未年（右上）

天权	天囚	天印	天刑	天赜	天阴	天耗	天福	天暗	天禄
木	火	孛	计	炁	水	金	土	金	金
爵星	喜神	禄神	催官	印官	官星	魁星	文星	科	科名
火		计	月	罗	计	罗	金	甲畫地	天马
产星	血忌	血支	寿元	仁元	禄元	马元	禄元	天驿	
火	金		水	水	水	日			火
伤官									生官
土									水

戊申年（左下）

天权	天囚	天印	天刑	天赜	天阴	天耗	天福	天暗	天禄
金	木	孛	火	罗	计	炁	水	月	土
爵星	喜神	禄神	催官	印官	官星	魁星	文星	科	科名
火		月	土	土	土	火	金	甲畫地	天马
产星	血忌	血支	寿元	仁元	禄元	马元	禄元	天驿	
金	金	月		土	土	木	木		火
伤官									生官
									罗

己酉年（右下）

天权	天囚	天印	天刑	天赜	天阴	天耗	天福	天暗	天禄
土	金	孛	火	罗	计	炁	水	月	土
爵星	喜神	禄神	催官	印官	官星	魁星	文星	科	科名
金		月	土	土	罗	火	炁	甲畫地	天马
产星	血忌	血支	寿元	仁元	禄元	马元	禄元	天驿	计
水	火	水	土	土	木	木			水
伤官									生官
水									计

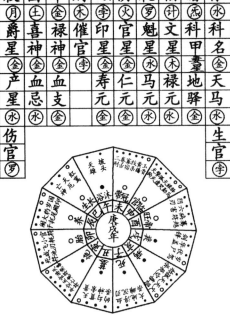

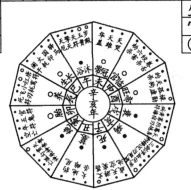

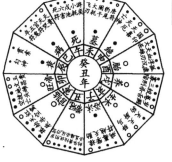

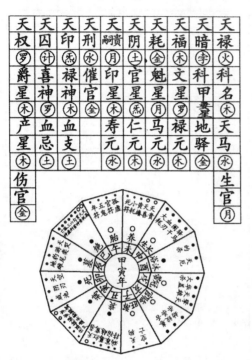

甲寅年

乙卯年

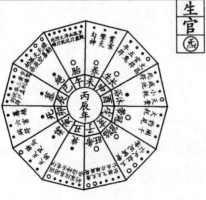

丙辰年

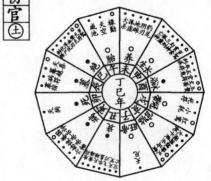

丁巳年

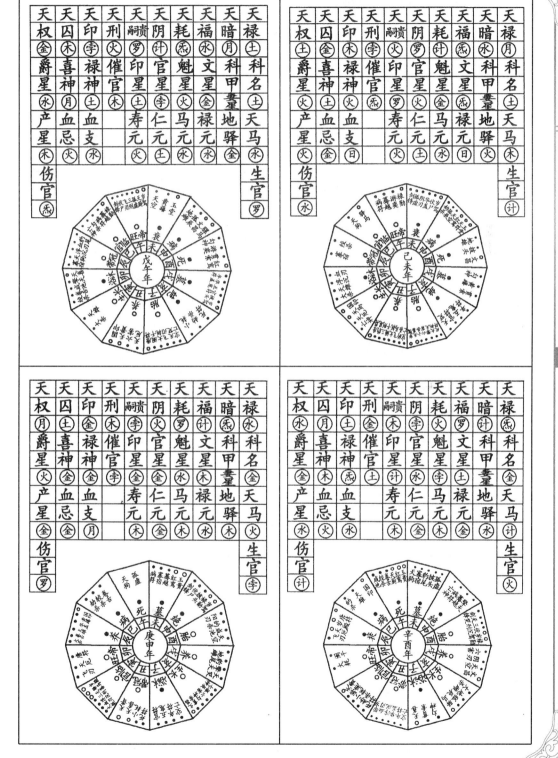

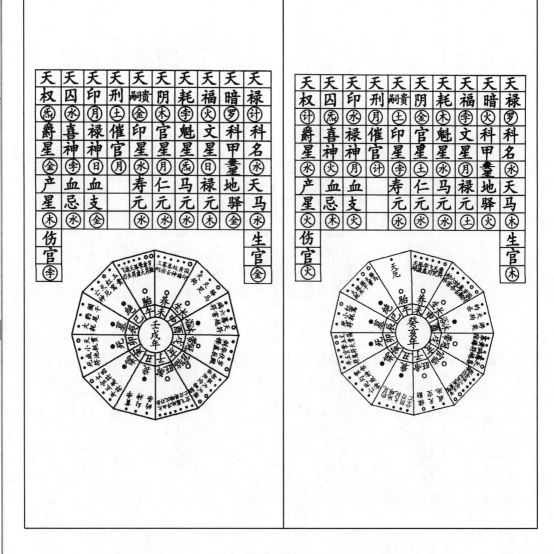

| 定行限度 | 百秒为一分百分为一度 | 相貌 限管十年 一年行三度 四个月行一度 | 官禄 限管十五年 一年行二度 六个月行一度 | 福德妻妾 每限管十一年 一年行二度七秒 四个月十二日行一度 | 迁移 限管八年 一年行三度 三个月零六日行一度 | 疾厄 限管七年 一年行四度 二十八分五十秒 二个月二十四日行一度 | 奴仆田宅男女 每限管四年 一年行六度 六十分六秒 一个月二十四日行一度 | 兄弟财帛 每限管五年 一年行六度 两个月行一度 |

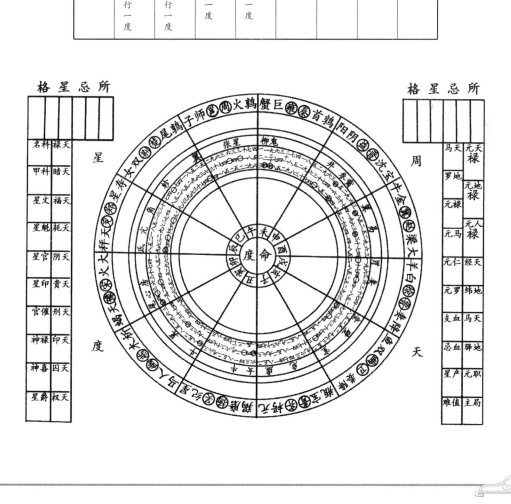

所忌星格（星度）

格	星	忌	所
天禄	科名		
天暗	科甲		
天福	文星		
天耗	魁星		
天阴	官星		
天贵	印星		
天刑	催官		
天印	禄神		
天四	喜神		
天权	爵星		

所忌星格（周天）

格	星	忌	所
天禄	天元		
地罗	天元		
地禄	元禄		
天马	人禄		
天经	元仁		
地纬	元罗		
天马	支血		
地驿	忌血		
元职	星产		
主局	难值		

中华传世藏书

钦定古今图书集成

精华本

星命篇

法度限行年逐

度宫过时授正校监天钦

子限	丑限	寅限	卯限	辰限	巳限	午限	未限	申限	酉限	戌限	亥限
危	女	斗	尾	氐	亢	张	柳	井	毕	胃	奎
十	二	三	一	九	八	四	三	六	四	三	一
九	六	初	六	八	七	三	一	五	三	二	七
八	五	九	五	七	六	二	初	四	二	一	六
七	四	八	四	六	五	一	三	三	一	九	五
六	三	七	三	五	四	九	二	二	初	八	四
五	二	六	二	四	三	八	一	一	九	七	三
四	一	五	一	三	二	七	初	九	八	六	二
三	初	四	房	二	一	六	翼	八	七	五	一
二	廿	三	三	一	十	五	四	七	六	四	室
一	廿	二	二	角	十	四	廿	六	五	三	十
虚	廿	一	一	十	十	三	廿	五	四	二	九
八	廿	尾	初	九	十	一	廿	四	三	一	八
七	十	氐	初	八	十	星	廿	三	二	奎	七
六	十	十	十	七	十	四	廿	二	一	十	六
五	十	十	十	六	十	三	廿	一	初	十	五
四	十	十	十	五	一	二	廿	胃	三	十	四
三	十	十	十	四	九	一	廿	十	二	九	三
二	十	十	十	三	八	柳	十	一	一	八	二
一	十	十	十	二	七	十	十	初	九	七	一
女	十	参	六	一	六	十	十	九	八	六	虚
十	八	九	八	十	五	十	九	八	七	五	十
九	七	八	七	一	四	十	八	七	六	四	九
八	六	七	六	十	三	十	七	六	五	三	八
七	五	六	四	十	二	九	六	五	四	二	七
六	四	五	三	十	一	八	五	四	三	一	六
五	三	四	二	十	张	七	四	三	二	虚	五
四	二	三	一	十	六	六	三	二	一	十	四
三	一	一	十	十	五	八	二	一	十	十	三

度　　　　行　　　　　　　年　　　　逐

○　○　度　○　行　年　每　年　○　拾　管　限　○　宫　命

度度度度度度度度度度度　度度度度度度度度度度度

岁年岁年岁年岁年岁年岁年岁年岁年岁年岁　年岁年岁年岁年岁年岁年岁年岁年岁年岁年

度一　行　二十　度　三　行　年　每　年　拾　管　限　○　貌　相

度度度度度度度度度度度　度度度度度度度度度度度

岁年　岁年　岁年　岁年　岁年　岁年　岁年　岁年　岁年　岁年

度　　　　行　　　　　　　年　　　　逐

七秒　二分　度　二　行　年　每　年　一　十　管　限　○　德　福

度度度度度度度度度度度　度度度度度度度度度度度

岁年　岁年　岁年　岁年　岁年岁年　岁年　岁年　岁年　岁年岁年

度一　日六　度　二　行　年　每　年　五　十　管　限　○　禄　官

度度度度度度度度度度度　度度度度度度度度度度度

岁年岁年岁年岁年岁年岁年岁年岁　年岁年岁年岁年岁年岁年岁年岁年

度　行　　　　年　逐

分　五　十七　度　三　行　年　每　年　八　管　限　○　移　迁

度度度度度度度度度度度度度度度度度度度度度

岁年　　岁年　　岁年　　岁年　　岁年　　岁年　　岁年　　岁年

秒年　分八　十二　度　四　行　年　每　年　七　管　限　○　厄　疾

度度度度度度度度度度度度度度度度度度度度度

岁年　　岁年　　岁年　　岁年　　岁年　　岁年　　岁年

度　行　　　　年　逐

秒十七　七十二分　度　二　行　年　每　年　一　十　管　限　○　妾　妻

度度度度度度度度度度度度度度度度度度度度度

岁年　　岁年　　岁年　　岁年　　岁年岁年　岁年　岁年岁年　岁年　岁年

秒六　六十二分　度　六　行　年　每　半　年　四　管　限　○　仆　奴

度度度度度度度度度度度度度度度度度度度度度

岁年　　　岁年　　　岁年　　　岁年　　　岁年

逐　　　　　年　　　　行　　度

⑩秒 ⑩六十 ⑩度 ⑩六 ⑩行 ⑩年 ⑩每 ⑩半 ⑩年 ⑩月 ⑩管 ⑩限 ○ 女 男
度度度度度度度度度度度度 度度度度度度度度度度度

岁年　　　　岁年　　　　岁年　　　岁年　　　　岁年

⑩秒 ⑩六十 ⑩度 ⑩六 ⑩行 ⑩年 ⑩每 ⑩半 ⑩年 ⑩四 ⑩管 ⑩限 ○ 宅 田
度度度度度度度度度度度度 度度度度度度度度度度度

岁年　　　岁年　　　　岁年　　　岁年

逐　　　　　年　　　　行　　度

⑩度 ⑩行 ⑩脑 ⑩度 ⑩六 ⑩行 ⑩年 ⑩一 ⑩年 ⑩五 ⑩管 ⑩限 ○ 弟 兄
度度度度度度度度度度度度度度度度度度度度度度度

岁年　　　岁年　　　岁年　　　岁年　　　岁年

⑩度一 ⑩行 ⑩脑 ⑩度 ⑩六 ⑩行 ⑩年 ⑩一 ⑩年 ⑩五 ⑩管 ⑩限 ○ 帛 财
度度度度度度度度度度度度度度度度度度度度度度度

岁年　　　岁年　　　岁年　　　岁年　　　岁年

第六章　星命汇考六

《张果星宗》四

先天心法

老仙曰：我之不与世遇，无他，盖世变人轻，不可与传仙道，惟汝淳厚质朴可传。憕曰：仙道不愿学也，但星命之中愿闻一二足矣。

先天心法者，老仙有先天之机，观天之命而得于心，其验如神，故谓先天心法。

仙曰：推命之术，必在乎精，先观主曜，次察身星，当以二十八宿为本，

以三百六十五度为本源。

十一曜为用。

以木、火、土、金、水、日、月、炁、孛、罗、计为用神。

尊莫尊乎日月，

日为众曜之尊，月乃一身之主。

美莫美于官福。

官星显而必贵，福星强而必荣。

贵贱定格，

如文武两班，君臣庆会等格，或乾坤否塞，风雷相薄数例。

贫富论财，

如财居财位，田入田垣等局，或财星失陷，田逢空耗数例。

贤愚识其高卑，

贤者，木、炁扶身，金、水坐命之类。愚者，土、孛混杂，金、水背驱之例。

寿夭究其元气，

寿者，田星司令，寿元逢生之类。夭者，主宿失垣，身星傍鬼之例。

此先天之大要。

系先天心法之妙，是谈星大要之旨。

更有凡例具于后。

且如命泊尾火、虎并箕水命者，以水、火二星为主。

假此寅命例推之。

其一：木同水入轸，月居井，日居昴，火躔尾，更得夜生，此则一品之命也。主人呼吸若雷，身长大，性刚强，有威权。更生天地之心，好山水之乡，非凡人之命也。

此言寅宫尾箕坐命合格论也。

其二：二曜朝阳，一星伴月，二品之命也。

二曜火也。一星水也。火星朝君，水星辅日之类。

其三：火星入奎、娄，金、水会翼、轸，太乙抱蟾，兼以命主逢生，身主得垣，福禄不背，皆二品至五品之命也。

此言命主居垣，官福居禄，身星傍母之类。

其四：火土得牛，长庚朝斗水，日坐天门，月到金牛，木临箕壁，金水朝阳，夜火逢阳于虚，自五品以至杂流也。

此下皆系寅宫坐命之论也。

其五：合前等星，或命度主、官禄主受伤，身命不高，田财有好星拱夹，巨富之命也。

其六：身命稍入局，水木入命宫，医卜之命也。

其七：罗星入命，刑杀星高，武将之命也。

其八：炁照身命，妻子、官福俱背，或命主入三宫，皆僧道之命也。

其九：身守迁移，主居六三，过房之命也。

其十：主在前，杀在后，身命受克，八富有恶星，皆残疾之命也。

其十一：女命须身清，夫明子秀，水、火入垣，皆富贵之命也。

其十二：身星弱，子星陷夫宫，杂金、孛入命，娼妓之命也。

其十三：又兼炁照身命，夫星受伤，子星受克，师尼之命也。

其十四：身入迁移，孛、罗、计守命，夫宫受制，三嫁不休之命也。

此先天之妙法，后学当融会之，论命如鉴照形，罔有不中者矣。

后天口诀

老仙曰：论命以斗杓、卦气、唐符、国印、天雄、地雌为主，世俗术士尚不能晓，何以知命。夫斗杓者，北斗之柄也。卦气者，天禄之余也。唐符者，值年之星也。国印者，朝廷之印也。天雄者，乾象也。地雌者，坤象也。如帝王命合局，无斗杓不能致一人之位。官贵命无卦气，安能食天禄。武臣唐符不得地，难握重权。国印值空亡，为官到任而死，或无正印掌之。常人命中皆有天雄、地雌、空亡、的杀、天地二耗，此人上无片瓦之处，下无立锥之地，所以最为紧要也。

憕曰：曾得先天之法，贵贱已知矣，愿闻水死、兵亡、蛇伤、虎咬，或缢死、雷轰，何以知之。答曰：有劫杀、阳刃、的杀、贯索、浮沉、天厄、桃花，皆要用也。且如命主身宫，逢水、孛八煞宫，值浮沉限度，又逢流年水、孛，必主溺死。或身命坐阳刃，金、火与命主同度，必主兵亡。

巳酉丑生人，安命寅宫，限逢计、孛，必主虎咬。子午卯酉生人，巳宫安命，行限井、鬼逢火、罗，又云火、孛，蛇伤可断。八煞犯贯索，身命带勾绞，限遇火星，主缢死。命在天厄，火在八宫，限行箕风、鬼度，觜火，必主雷伤。

憕曰：敢问妇人出处去就，何以取断。仙曰：福德好身宫清，夫宫带禄相貌好，后妃之命也。相貌稍偏亦夫人之命，或命主男女，主同入夫宫，入赘之命也。

憯曰：敢问僧道俱带孤寡，何以知其为僧为道之异。

仙曰：《玉函经》云："问释火宫辨别，求元水位参详。"盖僧命炁照身宫，火居命位，道命主居闲极，水入命宫，并带孤辰寡宿，此其分也。憯曰：自幼从师未尝有此奇诀，富贵贫贱尽以知之，穷通寿夭在于行限，愿尽诲焉。仙曰：此秘不可轻传非人。憯曰：谨记。

至宝论

昔时大仙观命观星，皆非泛论。人之赋命，禀天地造化之枢机，故曰天命。果老大仙夜观星象曰：论五行以为指要而成其文，能易晓也。

且论天经地纬，夹拱不离者为贵。

有甲寅生人亥宫立命，木星在子，水星在戌，命躔壁度坐天门之上，此是经纬夹拱，今为商贾之人何也。老仙闻之一晒而言：子知其一，不知其二。此水木分明经纬然也。斯命坐于劫杀，水漂白羊之宫，木入齐瓶之地，何况水木乃我所用，水为田宅之主曜，来伤财帛，木为官禄之用星，又损福德。

以子丑二宫皆属土言之，故为伤福。

水木又为宫度之主，得用受损，入格破局，岂可概论。若使水子木戌，非此论也。

又辛卯生人，命立卯宫，木在寅，金在辰，金为天经星，木为地纬星，二星入垣，夹拱得地，为上格。不克、不冲、不生、不破，为中格。拱夹破局失垣，为下格，又值斗杓指破者是也。但经纬之理，四余可用。

又问斗杓之地，安身立命，为富贵之良也。

且有戊寅正月巳时生人，命坐酉宫斗柄之中，乃一寒儒，生平不富不贵何也。果老曰：然寒士之格也。命居于败乡，地耗、破碎守照，得斗杓为聪明文善之人，若欲富贵科甲，候之皓首无矣。

又有甲戌生于十月丑时，寅上立命，值斗杓兼禄勋长生得局入格，此为上格，贵命矣。无贵禄守命得生旺宫，亦为中格。有劫刃耗的相刑，则为下格。嫌值经纬破局。

又问：卦气在身命宫者，主荣，反为执鞭坠镫之人何也。果老曰：可详验之，若非劫刃、雄雌拱夹命位，亦是天耗、地耗守照身宫，要知用此为荣，则于斗杓相似。

又问：唐符、国印，守命为奇。

且如丙辰生人安命在丑，月身在子，唐符在身，国印在命，不富不贵何也。答曰：甲寅旬中，子丑空亡之地，土空则崩，何富贵之有。又问：阴注阳受，身命守之，则可化凶为吉，更兼吉曜，乃是名利之人。

且有庚辰四月卯时生人，立命酉上注受之地，犯刑而死者何也。老仙曰：此金为阳刃之杀，又值咸池居命，甲戌旬中无申酉，将何为美。岂不因酒色之中而害己亡身也。

又问：天马地驿，吉凶何以参详。

答曰：归垣入庙则吉，遇贵禄者最妙，得长生旺相犹美，嫌值空亡，不宜天耗、地耗、休、囚、死、绝，又忌克、战、刑、冲。

又问：天地人三元，祸福何以取用。

答曰：或为官福之星，或会命度之主，或遇田财，会此之间皆美，当详十干变曜，又看入垣升殿。

且如三元皆会官福，则为贵格。会田财，则是富翁。会命度，主满用犹奇。中间驳杂，必细推详。

又问：寿元星照本家，何以取断。

答曰：寿元星居于命位，宜临禄贵生旺之方，乃为吉论，不杂者尤妙。

又问：官朝阳不贵者，何也。

答曰：格局高强更兼官禄朝阳，则为至贵。若命元弱矣，纵官主朝阳，有何补焉。

评人生禀赋分金论

先生曰：贤愚寿夭，岂今日为然，太古之世，号为洪荒，而人也固有寿夭焉，盖拘于气禀之始，而不知气禀之所以终。

前辈天纲，号为善知天文象纬。

象星也。以二十八宿为经，以十一曜为纬也。

曾会诸星宿于竺罗。

竺罗，山名也。在天西北，即竺罗国是也。夜半诸星聚此，李袁二士曾游彼处。

察祸福尤病鸢鱼。

鸢飞戾天，鱼跃于渊，言天纲察祸福如天渊悬隔也。

及得予旨，方知用宫主为非。

宫主者，子丑土、寅卯木、卯戌火、辰酉金、巳申水，午日未月是也。

以度主为是。

度主者，即四日度、四月度、四木度、四火度、四土度、四金度、四水度。

先生曰：开元间，李憕期我于衡庐，果命气禀井木犴，行限屡周天度，今左旋于亢。

以宫言之，自子至丑，自寅至卯，谓之左旋。以度言之，自角至亢，自氐至房，谓之右旋。

昨夜火逼金龙，

逼克也。此言限到亢金，昨晚流火克金。

太白今午合退于辰，必有大难，我当化象太乙以禳之。言未毕，明皇果诏试之，饮以毒药酒三杯，醺然若醉。先生曰：非佳酒也。顷之齿皆焦黑。果以手执铁如意击之，齿皆落矣，假寐少时，齿再复生，时神其术。

李憕再拜受教，问曰：福禄拱夹，

福，福主也。禄，禄主也。三合曰拱，两傍曰夹。

其命必富耶，必贵耶。

只知福禄拱夹，必富必贵。不知福禄拱夹，有贫有贱。

先生曰：是淳风小儿之诬言也。

言福禄拱夹之义，淳风仍未曾得之。

五星六曜，

五星即木、火、土、金、水，六曜即日、月、炁、孛、罗、计。

资我者吉，伤我者凶，亦随岁而变乎。

此四句乃谈星之骨髓，实果老之奥妙，且如金能克木，木为用神。若乙丑庚申生人，金掌刃雄。此谓杀中包刃，凶莫能解。其余年分星杀，皆准此例推之。故予作羊刃六说，以并诸杀，宜细详看，不可忽略。

先生因取王勃命示之。

勃乃唐之才子，年弱冠时作《滕王阁序》，以此著名。

勃命坐翼，水退朝阳于轸。

水为官禄，退躔轸度，一为官禄主朝阳，一为官禄克命。

术作援，

援者救也。水生木、木生火。

炁又滋培奎、壁之次，

奎、壁文章之府，炁星躔之，对照于命。

故其人秀而善属文，以名立身，

因官禄朝阳，故此得名也。

以名败身，金曜躔斗。

金水二星不离太阳前后三宫，此离太阳五宫者，抑恐唐朝历法与今之授时不同故耳。

限行井木，对照受伤。

斗木金克，复伤井木，大限行井谓之顶度。

孛罗一锋一刃，互争胜负，是年属丁，阳刃又临，恶死无疑，子其待之。

憕又引《天纲集》曰：一生佗傺，对宫怕逢罗火。

因火罗对命之说未明，故设此以问。

先生曰：是得其说不知其所以说，倘我命宝瓶女土之次，火罗旺午，得非福乎。惟其命躔星日马，怕逢火罗对照，所以为祸也。若火命人，乃是自家星照本家，反为吉论。

凡纳音星照命，克命不为忌也。

四日度皆然，又怕丑甲生人，

丑生以火罗为地雌，甲生以火罗掌羊刃。

非夭则贫困之人也。

此亦随岁而变乎之论。

先生曰：火躔昴，天纲谓火烧牛角，火命人不为总何也。盖火即我也。火烧牛角，乃我势盛。何伤之有，其余木虚、金尾、土翼、水娄，皆可准此例推之。

已上四星若为纳音之主，皆为星照本家，不忌论也。

先生曰：煽炽怕伤金位，此天纲之言也。

假使我命火必不为忌。

适杨国忠丑时生子，命坐昴日，火罗两夹，一为天雄杀，一为羊刃星，又是咸池之地，憕举问何如。先生曰：昨夜客星犯金火，此火罗之验也。

先生又能观天象，能知人事，恐后学者不能如此精通。

是子之寿不出今日，国忠神之，请详己命。

先生曰：是命泊处，虽得卦气，身元坐刃，而刃星又起逼命。吾论其富且贵者何也。以度主禄主，

度主，命度也。禄主，官禄也。

起从阳于福德宫，

言命主禄主辅佐太阳于福德宫。

而钓起又生本元。

且三合对照，又有吉星以助之。

然贵则贵矣，

如此格高则当贵显。

予未保其令终也。

因身元坐刃，刃星又起逼命，故此不得其死。

李憕蹶起拜曰：请问所已。先生作色对曰：后自知之。

天机不可泄，后天宝年乱，果被陈元礼等所杀。

先生曰：日火也。月水也。日父也。月母也。亦目之象，四日度坐命。

星日马，房日兔，昴日鸡，虚日鼠，四日度也。以日为主。

昼生忌火罗，火为羊刃，罗为岐锋。

并锋尤恶，岐字未详，或曰山名。

不曰早丧父，亦主伤盲，四月度坐命，

张月鹿，危月燕，心月狐，毕月乌，四月度也。以月为主。

夜生怕土计，土计是羊刃杀，

此谓之杀叠杀，凶不可解。

亦同此推。

不曰早丧母，亦主伤盲。

因指张巡命视之，彼命坐心月狐，今限历张月鹿，

计掌刃星，在张月度之前。

土为岐锋攻于后，

土为锋杀，在张月度之后。

使其背行稍可，

土前计后，相背不相向。乃可。

否则往来交斗，

若计前土后，相向不相背而斗。

能脱此乎。

盖土顺行，计逆行，两相迎斗，焉能脱此。

憕曰：时方贵盛。先生曰：贵盛可胜天乎。天宝二载，刃杀复随，流计加踏，必死于兵。

命限两伤，刃锋并踏，果死禄山兵手。

憕曰：敢问四木者何也。

日月木火土金水，布列于二十八宿，皆有其四。

先生曰：角斗奎井。

角木蛟，斗木獬，奎木狼，井木犴。

为四木是也。遇此安命，金曜强健，则木危矣。木既危，则剥床以肤，我岂免于患乎。

《易》曰："剥床以肤，凶。切近灾也。"

若此命者，必坏祖破家。从木得地，亦须先破而后成。

憕曰：请问四火。

翼火蛇，觜火猴，室火猪，尾火虎。

先生曰：举一隅必以三隅反，四火宜木盛，木怎强，则寿坚福壮。木怎弱，而火躔得所，只是清淡之士，火又弱，失经失次。

失经，火居水度。失次，火入水宫。

只为贫贱之人。

如此者，贫穷下贱之人。

四土、

柳土獐，女土蝠，氐土貉，胃土雉。

四水、

轸水蚓，参水猿，箕水豹，壁水貐。

四金、

亢金龙，鬼金羊，牛金牛，娄金狗。

皆准此论。

凡坐命于此四土、四水、四金度者，皆同前四木、四火之例而推。

憕拜谢曰：命之矣。

先生袖出天图，指示曰：

天图即命图也。指示乃指教也。

尔命泊轸，以水为主，计攻水于奎。

攻者战克也。言命主被克。

天纲谓水泛白羊。水势盛，

水居火位，我去克彼，故曰"势盛"。

复梗于计，计虽强，又困于奎木，倘得金在奎，从水必发，但金起远，只为清贫之士，四十七岁限行参度，必不在人世。憕曰：何也。土躔参水，限度已坏矣。余仿此推。

其余水、土、火、金、日、月等星受克者，限行顶度处，必死。其论看倒限篇详矣。

先生曰：世人得袁公旨，

袁公袁天罡也。言得其秘旨。

皆以行限视度之休危。

看人休咎、危亡，皆以限度而论。

假如命度角木，到轸水为吉，到翼火为凶，殊不知当生水星壮旺为福，否则而凶危矣。

此言只知命度受生为吉，而不知命度受生为凶何也。且如限行水度，以水为限主，必看水星起躔垣庙，壮旺则为福论，设使水星起躔，衰弱失陷则为凶断，余皆仿此。

倘若翼火起弱，亦不能窃我之木也。

此言以命去生限度，为窃气乃凶。且如限行翼火，火星起躔，失次陷弱，亦不能窃我命木也。若火星起躔高旺则能焚我木也。余准此推。

先生坐大觉寺，或指金刚，命试之以塑日为生，

以其塑像年月日时推排。

先生不视却之，忽炉中风荡，火星堕地，先生起而言曰：此寺不久人间，经旬灰于火。

言十日后必遭火焚也。

憕曰：先生因金刚命知之乎。

问是因金刚命而知之。

曰：否。适火星自炉中下，金刚命亦可试也。

若论其命，亦可知矣。

憕课其命，限行虚日，

虚日在子，太阳为用。

罗申火辰，攻破日鼠。

三合拱限，日怕火罗，限度被伤，其凶可决。

曰：得非命乎？先生曰：是人命亦恶死。

设若是人命，亦主不得其死。

憕曰：何也？今年天雄在子，阳刃在午，余准此也。

大凡论人命限，皆可仿此推之。

李憕试一人，命坐氐土度，金守照为飞廉之主。

月廉杀主，不宜起守命垣。

何以能延。先生曰：尔乃专以苟见，

苟略也。自谓苟且之见。

而不知甲辰火命人，岂有畏于飞廉金乎，若木命人的不能延，今限行井木，飞廉、月符、官符同守照，又加流星等杀，问之此人，已在囹圄中矣。

先生曰：汝知天罡之语乎。

问憕可知天罡语句否。

劫刃地雌见夫星，

劫杀、羊刃、地雌怕居夫位于妻元。

扬鞭再醮。

鞭，丝鞭也。古者公主招婿执之。可意者投之，扬鞭者，女子将嫁，其母以酒醮之，曰：必敬必恭，相汝夫子。再醮言再嫁其夫。

或命坐空亡，妻宫为炁罗所伤。

《经》云：水遇孛炁，缁黄娼妓。

嗣宫天雄及孛会，《经》云：五宫逢孛，男女虚花。

皆主孤克。若嗣主受伤，余气强健，必有继子。

如子星属火，被水孛克之，若罗睺得所，必有继子也。又如嗣星是木土，水星失陷，若得炁计孛余专权，亦同此例推之。

然看三方对照何如，不可概论。

宜细详之，不可造次。

先生曰：尔知孤寡命乎。

无妻曰鳏，无夫曰寡，无父曰孤，无子曰独。

憕曰：敢问先生指示，殊愉命曰，此命格局善，然妻宫在亥，巳土金对，妻宫坏矣，虽木得垣，妻纵有，不免鼓盆之叹。

昔庄子丧妻不哭，鼓盆而歌之。

余可准此例断之。

先生因示一行僧命，安寅坐孤劫，木起同炁从身。

木疌本为孤星，更掌孤劫伴身。

在申妻位，水为妻元失经，又坐阳刃，此所以清孤。

由此而为僧也。清闲孤高。

憕曰：然近贵何也。

既为僧，如何又近贵。

先生曰：身坐斗杓，杓者，北斗之柄，主文章。

又是注受之地，身命遇之，以化凶为吉。

但禄主退远，

官禄主退行离远，而又不干涉身命。

此所以近贵不得爵禄，只为名僧耳。

当与贵人相接，不能食天之禄，只为有养清高僧人，驰名于世而已矣。

憕曰：天耗地耗，切忌财乡。

田财、身命皆忌耗星。

姚崇命守天耗，又坐破碎，何为宰相乎。

既犯破耗，贵显何也。

先生曰：此禄元日也。金水引从卯位，日出扶桑，何知此人，生不创府第，寓居罔极寺，虽宰相亦只是清淡儒。

爵位虽尊，还是清贫淡薄之儒也。

得非守耗坐破碎而然。

可见耗破其验由此。

李憕曰：示命坐唐符在午，孛星破局。

午乃太阳从火，故曰孛星破局，又有孛骑狮子之论。

此当贫乎、富乎？

命坐唐符而孛星破局，故问之。

先生曰：富也。憕曰：何以知之。此命在午孛为福元。

申为福德，以水为主，孛乃水余，故为福元。

凡福元克命，皆为上格。

其他宫分皆喜福星克命，仿此例推之。

先生曰：安禄山命坐劫杀，水为禄主，朝阳于巽宫，金为天地二元，禄主引前，

天元禄、地元禄前引命。

又坐斗杓禄勋，此所以得操权柄。

盖由此格局而得掌重权也。

但身命坐劫刃，

劫杀坐命，羊刃安身。

又夹土计，

水为命元，土、计又夹。

决不善终，限到参水发者，禄主故也。

水为官禄朝阳，限至水度必发。

五十二岁酉限昴日，孛、罗两夹，孛、罗是天雄杀星，又属剑锋岐锋，必不在世。

果其年谋废立，其子庆绪命李猪儿操刃帐中杀之。

按金、水日坐命，当为文士。

文人才士为喜木、炁、金、水。

禄山武夫，亦用何疑。

武将功臣，但用火、罗、计、孛。

先生因又取裴寂命示之，寂命泊子，子属斗杓，火为官禄，主朝阳于注受之地。

官禄从阳，宜居注受。

月坐官禄，又得天禄、地禄夹辅。

天元禄、地元禄，又辅夹身主。

是宜佐太宗，兴唐天下，致太平也。

先生曰：子知万乘主乎？

万乘主者，帝王之称。

万乘主与下贵不同，

帝王之格与人臣大异。

必阴阳拱夹，

日月拱命夹命，拱官福，夹官福。

五曜连珠。

木、火、土、金、水，布列次序不间。

今唐天子命乙酉，

唐元宗命乙酉年生。

其年五星，环拱天门。

环者，连环无间。拱者，拱扶有情。天门，亥宫。

日月分躔危、室，

日躔室，月躔危，金娄、水壁从阳，木、火、土辅太阴。

命坐室宿，汝可观之。

观斯贵格，七政环拱。

橙看果然，先生曰：限行角木蛟则危矣。继而曰：木蛟虽危，必有离宫之厄。

言角木限只有离宫之厄，不至伤寿。

翼火不出矣。憕问所从，孛坏翼火蛇，角之一宿，对照戌宫之金，今限行氐土貉度。

今行氐土貉之限。

李林甫当国事可知。先生曰：尔知有令星乎？

春木、夏火、秋金、冬水、季月属土。

敢当时者旺，我生者相，生我者休，克我者囚，我克者死。且如木旺于春七十二日，相于夏七十二日，休于冬七十二日，囚于秋七十二日，死于季月中节，其余星辰，皆不离生克制化。

先生曰：汝知天纲之语乎？且如四土坐命。

女、柳、胃、氐，为四土度。

火罗临旺，福尤昌炽，钓起飞居垣庙。

如土星命主起在他宫，入垣居庙。

纵逢木炁不为忌。

《经》云：他来刑我，我居庙旺以何妨。

彼得令旺相，此鬼纵在侧，不为忌矣。

因阅《天纲集》有曰：

烁烁阳光，火罗可忌。

星、虚、房、昴，四日度也。

娟娟蟾影，土计为防。

心、张、危、毕，四月度也。

四火惧见漂流，

翼、觜、尾、室，四火度也。忌见水伤。

四木怕逢金健。

角、斗、井、奎，四木度也。怕逢金克。

四金坐度，

鬼、牛、娄、亢，四金度也。

惟怕炎火。

炎焰之火，必熊伤金。

四土何则为忌，

女、柳、氐、胃，四土度也。

强梁之木，要得金刚。四水何则为防，

参、箕、轸、壁，四水度也。

甕遏之势，要得木楸。寿甄迦罗，限度递行而无滞。

因限度递行而无阻滞。

福阿僧祇，命源安居而有气。

因命源居强而有气力。已上四句，西竺国有此语，乃无限之数也。

刃并天雄，守星善，则险处获财。劫加地猬，

疑是地雌也。劫煞加地雌。

或剑锋，身命两危，必恶死。

身命二主又危困，必主恶死以无疑。

大小耗并，

大耗、小耗并于刃宫。

盗劫身辱，

非盗劫伤财，则遭官身辱。

死在囹圄。加金孛，

金孛加于刃，雄劫雌。

风流丧身，不并不可概论。

已上诸煞不并会诸凶，不加叠恶杀，又不可一概而论也。

李憕曰：人貌丑妍，

丑者恶也。妍者善也。

何以知之。

谓何以知其善恶。

先生曰：慈心敬顺，善曜居命之乡。狞然凶顽，恶星躔之命宫。刃在命必有疾，

刃为杀首，故有疾。

加天雄必破相。

刃雄并命，必主破相，岂止于疾。

坐阳刃者性必横，

阳刃坐命，性必横恶。

坐天雄者性必雄。

天雄坐命，性主豪雄。

淳风曰：木在命，其人必长躯，加炁则多须，此则不足信也。

此论不足信，须变通消。

先生曰：六甲之例，

甲子、甲寅、甲辰、甲午、甲申、甲戌。

古未有也。轩辕时大挠所定。

黄帝祭天，天降十干，帝命大挠作十二支以配之。

五行纳音，

甲子、乙丑纳音是金之类。

古无有也。颛帝时洪范所究。四七星宿，

四七二十八宿也。

古未之有，天纲属诸星象而知之。古人惟齐七政，

七政者，日、月、木、火、土、金、水是也。

四曜何得同参，七政犹人中之君子也。

《经》云：以木、炁、金、水为君子也。

四曜乃余气耳。

《经》云：以火、罗、计、孛为小人。

李憕请问余气，先生指星玑语之曰：

星玑即天文秘旨也。

水之余孛也。木之余气也。火之余罗也。土之余计也。宁五星犯余气，

犯者侵克也。如木犯计，土犯孛，金犯炁，水犯罗，宁可我去克他。

莫余气犯五星，

如炁犯土，孛犯火，罗犯金，计犯水，莫使余气犯我。

祸患必大。

为余气所犯，必大有凶害。

先生论秦阶，李憕问曰：淳风昼火夜土，忌曜之说，可得闻乎。先生曰：四火坐命，则忌水，得土谓之援曜。四土坐命，则忌木，得火谓之益资。如土曜、火曜，为我度主，飞起朝阳，又谓之忌曜可乎。

岂可概以忌曜论哉！

先生言毕，拂衣长啸而去，不知所终。李橙记是语而编之，目曰：禀赋分金。别人生之贵贱也。后学融会此理，验命应如符券，以决人之休咎也。

灵台秘诀甚分明，奥妙元机理义精。探本穷源寻造化，出言发语见天真。

经书记载亦当重，龟柜珍藏不可轻。若把天机轻漏泄，鬼神暗地罚前程。

嘉平二年九月朔旦中，都石室山人李憕记。

前后问答数十条，俱论唐世朝臣，及星芒见诸分野，应安史之乱，以其文语聱牙，用事诡异，故节之也。然谈星之要，实不外乎此，后学者融心于此，即有所得矣，不可忽略，宜细详之。

第七章　星命汇考七

《张果星宗》五

十一曜定格

日月合格

日居日位：日居午位，太阳居垣。

月入月垣：月躔张、危、毕、心，又曰太阴升殿。

日到日躔：日躔星、虚、房、昂，又曰太阳升殿。

月升月殿：月躔张、危、毕、心，又曰太阴升殿。

日东月西：寅、卯、辰谓东方，申、酉、戌名西地。

日南月北：巳、午、未谓南域，亥、子、丑名北阙。

日月居垣：日居午，月居未。

日月升殿：日躔日度，月躔月度。

日月并明：月本无光，借日为明，昼生合格。

阴阳得地：日居东南，月在西北，故曰得地。

日月包五星：五星居中，日月前后包裹。

日月包四余：四余在内，日月左右包裹。

日月夹拱禄马：禄勋驲马，宜日月拱夹。

日月拱夹殿驾：岁驾岁殿，喜日月拱夹。

日月拱夹斗贵：斗杓贵人，宜日月拱夹。

日月拱夹符印：唐符国印，喜日月拱夹。

日月拱命：日月拱命宫，日月拱命主。

日月夹命：日月夹命宫，日月夹命主。

日月拱财：日月拱财宫，日月拱财星。

日月夹财：日月夹财宫，日月夹财星。

日月拱田：日月拱田宫，日月拱田主。

日月夹田：日月夹田宫，日月夹田主。

日月拱官：日月拱官宫，日月拱官星。

日月夹官：日月夹官宫，日月夹官星。

日月拱福：日月拱福宫，日月拱福星。

日月夹福：日月夹福宫，日月夹福星。

日月拱妻：日月拱妻宫，日月拱妻主。

日月夹妻：日月夹妻宫，日月夹妻主。

日月拱嗣：日月拱男女，日月拱嗣星。

日月夹嗣：日月夹男女，日月夹嗣星。

日月忌格

日居月位：日在未宫是也。

月到日宫：月在午宫是也。

日躔月度：日居心、张、危、毕度。

月躔日宿：月居星、虚、房、昴度。

日西月东：谓之阴阳背行。

日北月南：谓之日月相反。

日月失垣：名曰阴阳失位。

日月失殿：名曰阴阳失躔。

阴阳俱晦：晦朔夜生，日既无光，月光安在。

日月失所：日居西北，月在东南，故云失所。

孤阳无辅：无分昼夜，谓之孤君独立。

寒月单行：冬月寒凝谓之独阴，昼生者吉。

日月拱夹刃雄：阳刃、天雄，怕日月拱夹。

日月拱夹的劫：的杀、劫杀，忌日月拱夹。

日月拱夹廉锋：飞廉、剑锋，怕日月拱夹。

日月拱夹耗符：四耗、四符，忌日月拱夹。

日月拱夹孤寡：孤辰、寡宿，怕日月拱夹。

日月拱夹刑害：三刑、六害，忌日月拱夹。

日月拱奴仆：日月拱奴宫，日月拱奴星。

日月夹奴仆：日月夹奴宫，日月夹奴星。

日月拱疾厄：日月拱疾宫，日月拱疾主。

日月夹疾厄：日月夹疾宫，日月夹疾主。

日月拱迁移：日月拱迁移宫，日月拱迁移主。

日月夹迁移：日月夹迁移宫，日月夹迁移主。

日月拱兄弟：日月拱兄弟宫，日月拱兄弟主。

日月夹兄弟：日月夹兄弟宫，日月夹兄弟主。

日月拱相貌：日月拱相貌宫，日月拱相貌主。

日月夹相貌：日月夹相貌宫，日月夹相貌主。

五星合格

岁星居垣：木在寅、亥二宫。

荧惑居垣：火在卯、戌二宫。

镇星居垣：土在子、丑二宫。

太白居垣：金在辰、酉二宫。

辰星居垣：木在巳、申二宫。

木星升殿：木躔角、斗、奎、井四宿。

火星升殿：火躔尾、室、觜、翼四宿。

土星升殿：土躔女、胃、柳、氐四宿。

金星升殿：金躔亢、牛、娄、鬼四宿。

水星升殿：水躔箕、壁、参、轸四宿。

木月清贵：弦望夜生合格，月晦寒天不取。

火月同宵：晦朔夜生为妙，月明昼诞次之。

金助月华：夜生秋天为奇，昼月冬生无益。

水涵蟾魄：月寒水冷何益，望前望后尤佳。

木火文明：冬春月生，无分昼夜为妙。

火土高强：夏生火炎土燥，余月昼夜皆吉。

土金坚实：秋冬土埋金寒，余月皆妙。

金水相涵：冬生金寒水冷，余时昼夜皆吉。

青龙扶砚：寅、卯月生，木日同宫。

朱雀衔符：巳、午月生，火日同宫。

勾陈镇殿：辰、戌、丑、未月，土日同宫。

白虎从驾：申、酉月生，金日同宫。

元武持旌：亥、子月生人，水日同宫。

五星循环：木、火、土、金、水循行，环拱命位。

五星聚会：木、火、土、金、水顺聚，会照命宫。

五星入庙：木、火、土、金、水俱各入庙归垣。

五星入旺：木、火、土、金、水次第乘旺得地。

五星忌格

木入金乡：木在辰、酉二宫。

火居水地：火在巳、申二宫。

土在木宫：土在寅、亥二宫。

金乘火位：金在卯、戌二宫。

水居土室：水在子、丑二宫。

火到金乡：火居辰、酉二宫。

土居水地：土在巳、申二宫。

金在木宫：金在寅、亥二宫。

水乘火位：水居卯、戌二宫。

木入土室：木居子、丑二宫。

金木共躔：金、木相克。

水火同步：水、火相克。

水土相克：木遇土而克。

火金交战：火、金相克。

土水相激：土克水之故。

四余合格

罗计中分：罗午、计子。

出乾入巽：罗亥、计巳。

罗计拦截：昼截诸星东南，夜拦众曜西北。

四余独步：炁、孛、罗、计，各占一宫。

一星跳垣：罗计截断，漏出有用之星者，贵。

木罗会舍：木为用神，冬春生躔庙旺宫，佳。

火炁职权：火为用神，入庙旺宫合格。

木孛符印：木为用神，临庙旺吉，冬生无力。

祥云捧月：弦望夜生，月宜炁捧，冬月次之。

太乙抱蟾：弦望夜诞，月喜孛抱，寒月不取。

罗月交辉：晦朔夜生，月宜罗交，寒月尤佳。

首星捧日：晦朔夜生，日喜罗助，冬月最妙。

金计同垣：金为用神，居垣庙吉，冬生减力。

土罗相会：土为用神，居庙旺奇，夏生大燥。

首尾阴阳居四正：罗、计日、月，宜居四正。

火罗计孛守四维：四维即四正，宫亦通。

政余合格

金水从阳：金、水掌吉，神居垣殿，昼生者奇。

火金侍月：火、金为用，神临垣庙，夜生者妙。

五曜环阳：木、火、土、金、水，顺序辅日于东南

四余捧月：炁、孛、罗、计，单行捧月于西北。

五曜随阳：昼生合格。

五星随月：夜生合格。

七政入垣：日月木火土金水，各居本垣。

三台合格：午、巳、卯宫得日，金、水同行。

五曜连珠：五星连续无间，顺度相生者奇。

二星合璧：即日月也。各得其度。

众曜拱南：众曜会巳、午、未上，更坐命于此。

群星朝北：群星聚亥、子、丑宫，宜安命于此。

居三隔三：三位有星，三位无星，星垣殿贵。

守一空一：一宫有星，一宫无星，星庙旺贵。

文武两班：七政文四余武，文东武西合真。

君臣庆会：日君午，月臣未，命坐其中合真。

戴天履地：命亥月申，命亥月巳。

出乾入坤：命月亥火戌金酉日申。

天地开明：水申木亥，命安申亥，罗计子午。

山泽通气：木寅金酉，命坐酉寅，兼格高贵。

水火既济：水子火午，命坐子午。

风雷鼓舞：水巳火卯，命辰合格。

十一曜拱端门：子位。

十一曜拱帝座：午位。

十一曜拱天门：亥宫。

十一曜拱地户：申宫。

十一曜拱殿驾：岁殿，岁驾。

十一曜拱禄马：禄勋、驲马。

十一曜拱身命：身宫、命宫。

十一曜拱妻嗣：妻妾宫、男女宫。

十一曜拱官福：官禄宫、福德宫。

十一曜拱田财：田宅宫、财帛宫。

十一曜漏关：十一位有星，十一位无星。

十一曜得经：诸星分布垣庙。

政余忌格

火罗犯日：昼日怕火、罗同宫，掌刃雄尤忌。

土计掩月：夜月忌土、计同宫，掌杀刃尤甚。

四余侵阳：炁、孛、罗、计，不宜犯于太阳。

五星失次：木、火、土、金、水，各居克战之宫。

木蔽阳光：昼生忌木、炁掩，夜生宣火、罗助。

月圆火焰：上弦后，下弦前，夜月忌火、罗。

孛罗交战：亥命孛、罗，掌田财，作吉推。

计孛同宫：亥、卯坐命孛、计，掌福田，反吉论。

水计相刑：水为用神则凶。

土孛混杂：土为用神则力轻。

金罗同克：金为用神则坏矣。

火孛共战：火为用神则损矣。

乾坤否塞：亥命金、罗，申命土、计。

风雷相薄：水卯火巳，辰宫坐命。

水火相射：水午火子，或木卯戌，或火巳申。

山泽沉埋：金寅木酉，为用神失格。

诸星次格

日月联辉：日、月、木、火、土、金、水，同宫相生。

木炁联枝：木、炁、孛在寅、亥命宫，官禄合格。

玉猿守昆：水躔参度会日，命安水度者贵。

双鱼戏水：水星同命在亥壁度。

玉猴啸月：火觜月毕坐命，火月度，夜生贵。

玉女嫦娥：水轸月张命箕，主贵，女貌倾国。

龙跃天池：亢金龙立命，金亥从日月。

苍龙入井：亢金角木坐命，金木躔井合格。

金莺宿柳：金同命躔柳，近太阳尤妙。

虎啸猿吟：木尾、火觜，亥命大贵，巳命大富。

炁孛朝斗：炁孛同命斗度，如化魁禄，富贵。

火孛擎天：火室、孛壁、水轸、火翼，皆主富贵。

一福专权：福元不起，无星杂为美。

一星满用：守命最吉，或入垣升殿尤佳。

禄居斗杓：斗标坐禄勋官，又居官禄为贵。

星照本家：纳音星为寿元守命宫，为妙。

八杀朝天：如戌命火，又未命土，或辰命金，此三星。

独占天门：得时为上，惟金火尤重夜生，显贵之人也。

身居八杀：如命在寅、未，为八杀而身星居之，又值斗柄、国印、唐符加临，主权贵。

十二宫定格

身命合格

身星升殿　身星入垣　身居财帛

身居闲极　身居田宅　身居男女

身星清吉　身居妻妾　身居官禄

身居福德　身坐崇勋　身星坐贵

身临卦气　身居斗杓　身坐长生

身居帝旺

命主合格

命主得经	命主居垣	命临财帛
命临田宅	命临子位	命临妻位
命临官禄	命临福德	命主乘旺
命坐玉堂	命坐长生	命临帝旺
命临卦气	命坐崇勋	命安马地
命坐斗杓		

田主合格

田星入垣	田主守命	田入财垣
田居田位	田星升殿	田居儿位
田守妻宫	田入官禄	田入福宫
田星秉令		

财星合格

财星升殿	财星入垣	财居财位
财入田垣	财星守儿	财守妻宫
财居官禄	财入福宫	财星秉令

禄主合格

官星升殿	官星入垣	官星守命
禄守财宫	官禄临田	禄守儿宫
禄守妻宫	禄居福位	官曜居宫
官星秉令	禄居斗柄	

福星合格

福星升殿　福主居垣　福元秉令

福星逢生　福星守命　福守财宫

福居田宅　福守儿宫　福守妻妾

福星守福　福入禄宫

妻星合格

妻星升殿　妻星居垣　妻星守命

妻守财宫　妻居田宅　妻守儿宫

妻居妻位　妻居福德　妻居禄地

妻守福宫　妻星秉令

嗣星合格

子星得度　嗣星归垣　嗣星守命

子居财帛　子入田宫　子居子位

嗣守妻宫　子居福地　子居官禄

子星秉令

身星忌格

身星失经　身星失垣　身坐刃雄

身居劫的　身临锋廉　身临耗符

身居兄弟　身入奴宫　身临疾厄

身居迁移　身居相貌

命主忌格

命主失经　命主失垣　命主受克

命主失令　命入闲极　命居奴仆

命临疾厄　命居迁移　命临相貌

命坐刃权　命临劫的　命居锋廉

命临耗符

田主忌格

田主失次　田主失宫　田星值克

田元泄气　田元失时　田元坐耗

田主逢空　田入闲极　田入奴宫

田居疾厄　田落九宫　田居相貌

劫耗临田　空破守田

财星忌格

财星失次　财主失垣　财星值克

财元逢泄　财星失令　财主逢空

财星坐耗　财入兄弟　财入故宫

财临疾厄　财入迁移　财居相貌

劫空守财　耗破守财

禄主忌格

禄主失次	官星失垣	禄主受克
官星失令	禄主逢空	官星泄气
官禄克命	禄居闲极	禄陷奴宫
禄入疾厄	禄守迁移	禄居相貌
十位逢罗	雄破禄宫	

福主忌格

福主失经	福元失垣	福主受克
福星失令	福主逢空	福元泄气
福入闲宫	福陷奴宫	福居厄地
福入迁移	福居相貌	福宫坐刃

妻星忌格

妻星失躔	妻主失垣	妻星被克
妻元失令	妻元泄气	妻主逢空
妻入闲宫	妻陷奴宫	妻临疾厄
妻居迁移	妻居貌位	地雌战室
阳刃临妻		

子星忌格

子星失经	嗣主失垣	子星受克
嗣星失位	嗣星泄气	嗣星逢空
子居闲极	子入奴宫	嗣守疾厄
嗣居迁移	子居相貌	天狗临儿
嗣位逢空		

诸星互格

命财互垣	命田互垣	命嗣互垣
命妻互垣	命官互垣	命福互垣
财嗣互垣	妻财互垣	财禄互垣
财福互垣	田财互垣	田嗣互垣
田妻互垣	田禄互垣	福田互垣
嗣禄互垣	妻嗣互垣	妻禄互垣
妻福互垣	福嗣互垣	官福互垣

贵　格

水一、火二、木三、金四、土五、日六、月七、炁八、孛九、罗十、计十一。

官星金、水、木得令，入学堂有用者，举子官也。

官爵随君朝天门，拱帝座，左右龙虎，丞相也。

官星随长生，是文官。

官随刃，刃随官，是武职。

官魁日、罗，掌印之官。

官爵入天厨，掌御食之官。

官入库，钱谷官。

官守天狱，掌刑囚官。

官爵守贼宫，捕盗之官。

官印入天医，御医之职。

官印带杀入浮沉，巡海官。

官魁居乾亥子宫，旌旗引从，随朝官。

官魁随太阳临田宅，主父有官。

官随田财，以官利家也。

官随天嗣居男女宫，主子有官。入震长男，入坤中男，入艮少男，须要贵禄殿驾为验。

官傍贵人，得贵人抬举。

田财随官，以财求官。

官是金木，互换宪台，官为清廉。

官魁爵星入兄弟，有官贵。

官星居劫杀刃上，为官不应好打害民凶犯赃钱。

官星破财，求官不得，徒劳心苦。

官犯劫杀，行衰败限，犯赃失职，见天乙贵人反吉。

官魁爵贵人，得令为官有威。

官禄主犯限见丁忧，日父月母。

日月不明非贵人，禄马不起难仕路。

贱　格

日月拱夹刃雄	日月拱夹刑囚
日月拱夹难星	值难拱夹日月
日月居刑囚	刑囚居殿驾
身命迎忌星	殿驾拱刑囚

贫　格

暗耗拱田财	田财遇暗耗
田财值空耗	田财主失陷
星辰无故克战	星辰与杀相生
杀与恶星同党	值难拱夹身命
闲神误进日月	身命会刑囚值难

疾　格

日月居八杀	忌星守杀
杀临命主	杀夹身命
两杀夹命	杀上加杀
杀神拱主	日月拱杀
三方拱杀	杀神出照
杀星入杀	杀拱身命
杀星围身	身命会杀
二杀同宫	刑囚夹身命
刃星居刃宫	客曜临朝垣
非禄守禄位	凶神会聚杀
刃雄居相貌	刃雄守命宫

灵台星格

合璧连珠：夫日月五星皆会一次，日月则若璧合，五星则若珠连，进退皆无盈缩之患，惟会丑者，九世一遇，会他次者，间世一遇。

诗曰：太初丁丑岁为头，七政相逢会斗牛。谁识当年差五日，连珠合璧讵

中华传世藏书

钦定古今图书集成 精华本

星命篇

一八六七

相伴。

日月合璧：太阳与太阴同宫，或对照或三合照是也。然须庙旺方为贵，日有中道，月有九行。中道者，黄道也。九行者，青道二出黄道东，赤道二出黄道南，白道二出黄道西，黑道二出黄道北，分主八节，合乎四正四维，按阴阳中终之所交，则日行正当黄道，八行与中道而九，乾坤定位，则八位各得其正。及其寒暑相推，晦朔相易，则在南者变而居北，东者徙而为西。日行与岁运皆迁，月行随交限而变。日出入赤道二十四度，月出入黄道六度，故交于子正，则晦日之朝犹朔日之夕也。是日月皆不见。若合于午正，则晦日之晨，犹二日之昏也。是以月日皆见，盖其如合璧，当视子午正交，则人命在其中，可论其强弱。且如绍兴甲寅十一月朔夜半，日在斗一度，而月在斗四度，则是月于晦日之夕，已交与子正也。又如嘉定辛未正月朔日已于十二月二十八日过子宫，至朔日，日在女六度，月离犹在牛二度，是其交于午正后方过子，彼或者不知合璧，则见正月一日卯时，便作命宫，得日月合璧亦惑矣。况朔望交亏，而人命在其中者，岂能无害，如辛未四月朔日望日生，命在合璧对照宫是也。

诗曰：日居月诸是何如，日月流行有疾徐，子午谁知交对处，生逢合璧贵无虚。

五星连珠：五星不必同宫，只得顺布，五位相续而不断者亦是，虚拱一位而命居其中者亦是。拱日门则是五星连珠，拱地户则是五星拱太微、拱紫微，所谓坐实不如拱虚，对照不如正照者是也。或顺乎两位而拱亦妙。五星运行各有次舍，及其相聚，却为难得若得连珠尤妙。宋淳熙十三年丙午闰七月五星同在双女宫，人命逢此已为奇时。又如乾道四年戊子五月生，水在申，金在酉，火在戌，木在亥，土在丑，是为连珠。此年际会风云，名位显著者不少。

诗曰：五星次舍不同行，相会连珠亦吉亨，人命当生逢此位，不如宰相亦公卿。

斗牛秀气：紫气，十一曜之最尊，清而贵文而美者也。丑位有斗牛二宿，乃二十八宿之始，金陵之气盛于东南，龙泉之神光于牛斗。若紫气一星对照正照丑上安命，特为奇异。日月五星初躔皆自星纪，故名星纪者，斗建之间也。十一月阳生于云汉，渐退降及是维，始下接于地，至斗建间，复于列舍之气通于易，天地始交泰之象也。云汉下流，百川归焉，火土二星虽为忌曜，至丑相逢，反为福星。独岁若在此宫，闽人得之，为福尤重。春秋昭公三十二年夏吴伐越，史墨曰：越得岁而吴伐之，必受其凶。是时岁星与日合于南斗三度，后三十八年丽越灭吴，岁星及斗牛度矣。苟人命得日木合于星纪者，无不获福。故曰：斗牛秀气易传。亦云：日月五星起于牵牛。此说信矣。

文章秘府：日、月、木、金、水、炁、罗三合对照，亥宫安命是也。亥有木星，主图书，乃文章秘府之星，主为人才学富足，见识超卓，福气亦厚。十月阴气进逾，乾维始上达乎天，云汉至营室东壁间，升气悉究自王良阁道，由紫垣绝汉抵营室，上帝之离宫也。故金、水、木、日、月、计同在此宫，则有文章秘府之象，以其近帝宫也。

五星朝斗：五星会于双鱼，则有卿相之象，若一星二星居于前后者，亦是日、月、木、金、水五星同居双鱼宫是也。盖亥为天门，乃上帝之离宫，众星聚此，以拱北辰，是五星朝斗之宫也。夫斗星，北斗也。七星环卫紫微者是也。其下有三台星、文昌星、尚书、四辅、上相等星，五星皆朝于此，主人有卿相之荣。

孛于东井：孛居未上，夜生人未上安命是也。贵而有权之命。古者太平之世，日不蚀星不孛，则孛者，常顺于天，隐而不见，惟怒则为彗星，一见则众星失色。此星性猛、机变、威权，常好居黄道正位，故在东井则为吉星，故曰孛于东井。

首携龙角：角、亢二宿，为苍龙之角也。罗睺建首，乃天之神首，居辰之位，乃如龙之有首，而角、亢二宿左右扶之，以为之角矣。命居辰上而得罗睺，主为人荣显。罗睺天首之星也。属火之气，又为天权天统之星。其星庙于辰，乐于寅，喜于卯，乃龙尾伏辰故也。又旺于午位，盖其与日月交则能蚀日月之光，如霸者之擅权也。故曰首携龙角。

计居龙尾：尾宿四星为苍龙之尾宿也。计都星乃天之神尾入寅之位，乃如龙之有尾而尾之四星又有辅翼，则为真龙矣。凡此二格皆主权高职重人。命在寅而见计都，乃计居龙尾。罗、计二星若望而正于黄道，是谓臣壅君明，则阳为之蚀矣。故日者阳也。在阳则不蚀，罗、计居阳则为吉变，而入阴则为凶。且一日有十二辰，自寅至午为阳，自未至亥为阴，故罗在寅、卯、辰、巳、午则为吉星，计居龙尾鹑尾亦为吉宿。

阴阳类聚：阴阳同居一处，合为庙旺，得同类之吉星照身命者是也。易曰：水流湿，火就燥，亦各从其类也。凡人命在午而得日火同宫，身在未而得金水同宫，无不发迹。盖以阳从阳，以阴聚阴，其气味之相投故也。

众星拱北：孔子曰：北辰居其所而众星拱之。盖天之星运转不穷，而北辰一星不易其位。北辰所居，乃天之北极，子位是也。十一曜环居众位，而虚拱一子，却去子上安命是也。日、水、计、木、金月居亥，又得火、土、紫、炁星居丑，以拱子一位，或环而拱之，散居诸位，虚拱一子，从子安命，亦是也。此皆至贵之命也。

旄头直争：罗睺乃天之神首，酉上有昴宿九天之旄头杀是也。安命在酉而遇罗睺，加以一二恶星，为祸最惨。昴、毕二宿，虽次大梁，而其分野则在常山之地，东南外接旄头，地皆河外阴国也。苟日生人，火、罗皆临此，而坐命在此，背主不吉。故曰：旄头直争，盖此杀乃外夷凶星也。人命值之，若不恶终则远配。

长庚入命：东有启明，乃水星之象。西有长庚，乃太白之象。昔李太白母梦长庚星入怀，盖月乃母道也。身之所从出也。夜生金月同在酉，乃合此格，李白母梦长庚入怀，觉而有娠，及生李白，命其名曰白，字太白，诗才冠天下，则知长庚入命，必主产不世之奇才也。

神羊触邪：未上巨獬之分野，獬乃神羊之兽，遇恶则触。古者帝王置之殿庭，以警不忠。如孛在未，又在未上安命，纯无凶星者，为贵。若不背日月而安命在戌上白羊之位，亦是太乙居紫微东躔赤道内，警凶恶而斩奸邪，进良善而佑忠直，故遇善星则为善，遇恶星则为恶，爱居狮之宫，谓之金羊，若见邪秽，无不击触。凡人命在未宫，而得孛星入者，皆禀性忠直，面刺人过，内无隐情，故号神羊触邪。凡乙生人得孛与木、金同在未宫，官可至御史三公。

日出扶桑：卯为日门，乃旸谷扶桑之地，日坐于卯，无恶曜对照而在卯上安命者，主贵。卯固为日门，而夏至日常自扶桑水府而出，故旦朝犹在于寅。若人命得木日同在寅宫，又在寅上安命，亦为贵格，其为在卯则同。

箕星好风：日将出，清风发，群阴皆伏，是日出则生风，日入则无风。日在丑寅而丑寅坐命朝生，主有声名。如有恶星则未免淫荡。月躔箕宿，亦主生风，反为不利。风之从虎以类应也。寅既为虎，风日从之，但寅有尾、箕、斗三宿，而特有箕星好风者，盖尾更属卯，斗度已属丑，惟箕则得其正寅，故云：箕星好风。人命得岁星同此宫者，皆为吉。况寅为木，木又生风，人命逢之，安得不誉高望重哉。

毕星好雨：诗云：月离于毕，俾滂沱矣。书云：星有好风，星有好雨。太阴躔毕度而在酉上安命是也。若七八月之间，早而沛然甘霖以泽万民，更逢水星，虽辰上安命，亦妙。倘在三四月生，乃水潦涨溢之时，则止为飘荡之命。日月之行则以风雨释其范者，以为不吉兆。不知月之从星，从其所好，毕雨则有育物之功，岂得为不吉之兆乎。如人命为安身在毕度，无凶星恶宿入者，皆能育物济时，为有福之命，若恶曜入者则不祥矣。

大月当斗：韩昌黎云：愈生之辰月宿斗。东坡亦身在摩羯宫。故知月宿于斗最出文人才子也。诗云：惟北有斗，不可挹酒浆，主招口舌兴谗谤也。二君子未免，故曰君子为仕多折。

五神当权：春生人见木星在寅、卯安命，乃青龙用事。夏生人见火星在巳、午安命，乃朱雀当权。秋生人见金星在申酉安命，乃白虎当权。冬生人见水星在亥、子安命，乃元武当权。四土星在辰、戌、丑、未安命，乃勾陈得位。已上数者，须是不背日月、昼夜者妙。

左右环拱：凡人命宫若得五星左右环拱，无有不显达者。假如坐命在壁五度，木星在壁一度则为左，青龙金星居壁九度则为右，白虎火星在奎一度则为前，朱雀水星居室十六度则为后，元武真如左右环拱。然亦不必如此之近，但布于左右、前后宫分者，亦为难得也。其荣贵者当然。

月扶斗柄：凡月建所在则是斗柄魁星之所指也。惟闰月斗柄斜指两辰之间。若太阴在月建之位者，乃合此格。一年有十二节候，斗杓随月建而转，至于闰月则斗杓乃指于两辰之间，潮候亦随之而盈缩，则知天地、阴阳、消息、盈虚，应如准绳，无毫发之差误。盖日月之行与斗杓所指相为经纬。苟人生安命身，应在斗柄所指之辰，名为月扶斗柄。如正月生人，安身在寅。二月生人，安身在卯。三月生人，安身在辰，皆为此格，定主荣华富贵。然太阴与吉星同宫，则为吉。若使土、孛、罗、计侵之，则又为凶，不可执一概而论之也。

风生浪击：凡人遇初八、二十三日午时生者，皆狡猾凶恶。盖初八、二十三日午时，乃月弦初生而渐生于海，风生浪击之谓也。然又当算月弦日，极太阴所在而知其善恶。如太阴遇吉星，则为人威权有胆气。如太阴遇恶星，则为人凶恶徒配之命。若无星同照者，则主困穷，乃风生浪击而不宁也。

禄马同乡：禄元星与马元星照命者是也。书云：马元为贵禄为禄，仁元干配的无疑，寿元惟向纳音取，要照强宫与限随。凡人命最爱禄、马二元同在强宫以照命，未有不为显仕者，若不照命，但得禄、马二元助限，亦能发福。

虎踞龙盘：木星乃东方之苍龙，金星乃西方之白虎。金在命木正照，夜生乃龙盘虎踞。金木同居于命，又为龙虎交驰，更在辰、寅二宫坐命者，尤妙。命宫居于子、午，金星在酉，木星在卯，四正得之，正合此格。盖木为青龙在东方，金为白虎在西方。又在前四宫与后四宫拱照，岂得不为贵命。

离坎交会：水星禀北方坎宫之气，火星禀南方离宫之气，夜生人火星在命，水星正照，乃合此格。此格最主为人气概精神，法能刬裁繁剧，禄位优厚，若水、火二星同守命宫，则是煎熬星矣，反主灾祸。

阴阳交辅：日为阳君，月为阴后。若与吉星夹照命宫者，合格也。若恶曜与日月同宫，则非惟不能为福，而且生祸。

鳌头独步：三春生人在寅、卯二宫安命，而寅、卯上见木星也。此得时、得位、得用，鳌头自当独步也。前格所谓青龙当权，亦此义耳。

子行父政：太阳乃火之精，太阴乃水之副。故日为父，火为子。月为母，水为子也。且太阳之庙在午，太阳居之当然也。今则太阳却居子，火星却在午，又于午上安命，是父之政子乃行也。太阴之庙在未，太阴居之当然也。今则太阴却居丑，水星却在未，又于未上安命，亦子行父政之说也。此格主人艰难于始，逸乐于终，以其干蛊之早也。

三台扶斗：斗在丑分，命若在丑而得三台星同宫，乃此格也。若丑之前后三宫皆有两星亦是，又有所谓三台扶日，三台扶月，皆仿此而取。凡所谓三台者，皆三公之象，人命得之，名位至三公也。

紫微四辅：旋转天轮，辰、巳、午、未上有四吉星，巳、午之间住命是也。辅星乃辅弼之象，得之者，当居宰辅。

精神具足：天一生水，为人之精。地二生火，为人之神。水火顺受，人命得之，为精神具足。精为养命之源，神为养形之本。精以养命而运内，神以养形而运外。内阴外阳，故水为阴之精，火为阳之神。阴之不可无阳，阳之不可无阴，水与命同生于昼，火与命同生于夜，相望而各不失度者，岂不获其厚福者哉。

月华金阙：金星在亥与太阴同宫，金星在辰与太阴同宫，皆谓之月华金阙。若金星在亥、辰与太阳同宫者，谓之日华、金阙，二格皆主富贵。

日中见斗：太阳与罗睺会合于未，而太阴又在未，此为日中见斗。太阳与太阴同宫，此为月朔可知，又与罗睺相会，此为日蚀可知，况日在未则日已过昃。设使安命在此，而遇日蚀，乃六月朔日生人，昼既昧则北斗见于东方，人命坐北，安得有吉。苟得五星同在未宫以御侮，则犹庶几，不然则奇祸之临身者，大可畏也。

明入地中：太阳至申、酉而没，受罗睺所蚀，于申、酉安命是也。太阳君星也。至申、酉而西没，既已失于君位矣。坐命于此，已为无力，况被罗睺所蚀，其能自保乎。人命值此，非惟破祖无成，又恐招暗昧不明之事，因此丧身，诚可优也。

明出地晋：命宫在申而太阳在寅，命酉宫而太阳在卯，命宫在戌而太阳在辰，皆为明出地晋。此格须得金、水辅太阳而行，或金，水居前导引，皆为贵格。

木上水井：水先入宫，木后入宫，或木星先入，水星后入，皆为井象，更得在东井未上，又在未上安命，必主道心员融，有常德以食天禄也。井居其所而不迁，地之德也。而木居水上，有养而不穷之义。或人命得木同居于未，而水星对照于亥，此亦得木上水井格。盖亥居下而有井之象也。然在天之井则异于是，以井而居河汉之中，其为度则三十，视其他度数最长，半次实沉，半次鹑首，在实沉者，水为乐宫，在鹑首者水为入庙，此亦养而不穷之义。或者谓实沉鹑首既以隔界，岂得为养而不穷不知。夫古人以为紫气者，木之余气，其庙实沉。月孛者，水之余气，其庙鹑首。则是实沉鹑首二宫，乃木上水井养而不穷之义诚尔也。若人命宫同得气、水在于实沉，孛、水在于鹑首者，皆得此格，须是无凶星则贵，有凶星则为僧道之流。

众星环月：夜生坤方五星环太阴，更在太阴宫住命者，合此格。太阴之行有九道，其行最疾，众星本不能环也。且北辰不移，众星可得而拱之，月既行速则惟星是从，所以因之而有风雨。岁在庚午二月初五夕，月入南斗中，其年自八月旱而无雨，以黄道推之，至十七日，月从黄道入毕宿，卜知其日有雨，至此日，其雨滂沱，此乃月之从星也。及十一月初五日，月在南斗三十余度，至二十一日，亦从毕宿之度经过，却又无雨，此盖月别从九道行也。今此谓众星环月，乃随其星之吉凶而卜善恶。如月与木星同度，则主文华。与火星同度，则多疾患。与罗计同度，则主夭折。当随其所在宫分星宿而详之，若左右前后皆是吉星，虽太阴未至于从星，亦主获非常之福也。

金居乾位：亥上乃西北乾位，乾宫为金，而金星亦居亥上，乃为此格。未生与申生人，得金居乾位，最佳。盖未属井鬼，其分野则在秦，申属觜参，其分野则在晋，得金、水正气，又与木、日同居于亥，乃金居乾位，若无火、计、罗、孛入，皆为贵命。

水注东南：巽居巳位，东南之地也。四方之水则皆会之于箕，虽北有溟渟，南有大海，西有流沙，而水之倾注则归于东海，以势不满于东南也。水星在巳，而木星与命宫在寅，乃合此格。盖水既顺则有滔滔无穷之福，其发达必矣。酉生人与寅生人得水星在巳，木星与命在寅是也。盖寅属尾，尾分在燕，酉属毕，毕分在赵，独得水正气而流入于巽。是水有所归况，与木命同在寅，或木命与寅生同在酉，得水日在四正之宫，则又为水归地户格。

除旧换新：月孛乃天上之彗星，有除旧换新之象。所照之地则有变易，更改其星，为扫帚，所以扫除尘秽，更新改旧。在亥正月生或在丑十一月生是也。盖十二月一阳方生，更改之始在丑次，正月为一岁之始，日在亥次故也。或孛星在未上而七月生，盖七月秋气始生，先庚之象，有更革之义。又如十一月初一生而日月在斗之初度，木星顺室，亦为革，故取新。盖日月初躔于斗初而木初躔于室初，斗初在人马宫，室初在双鱼宫，寅与亥合，至为贵格，又除旧取新之意。

火水未济：火先入宫，水后入宫，同居一宫以照命者是也。盖火自上炎，水自下注，相违而不相向，安得能和而能济。故易曰：未济，男之穷也。格中带此者，主贫贱。

水火既济：水先入宫，火后入宫，同居一位以照命者是也。盖水性润下，火性炎上，上下相得而不相违，切嫌一二凶星侵入，则反生祸。更若水星为宫主、为命主、为禄主，则福最厚，富贵双全之命也。

补遗格局

齐插寒梅：命立子宫度，木为福德、财帛二主飞入命位，是乃谓财福克命，不可概以木打宝瓶论也。若木遇形克之星，财福减半，倘命主衰弱反不能胜矣。《经》云：安命子宫，木入齐瓶，若非李郭之荣，必有陶朱之富。

角木断躔：立命丑宫斗木度，土躔斗度，行限辰宫，木星又躔角度，故曰角木断躔，必然主死于非命，定因亲族相累，祸起于萧墙。又云：木度立命，见木带煞，乃自家杀自家。

金骑人马：命立寅宫尾度，金星相会，又是寅年岁驾，谓曰：金骑人马。我骑他，盖岁驾有侍从之义，主人禄享千钟，不可概以为不吉也。若罗星来犯，多有为人仆从，妻子早离。

水火相刑：歌曰：命立卯宫在房度，生于夏令主炎库，行限午宫见水星，水入午宫宜柳土。反凶为吉福无边，金玉争光敌国富。若教脱水鬼门关，五十三四归泉路。

金神持刃：命立辰宫亢金度，乃是乙年刃在辰，却见金星亢度躔之，官封上将，镇守边庭。行限至午而遇火临柳土，发财可比陶朱。若未限见土躔井木，生秋冬尚可，生于春夏，非天则残疾。

元武当台：歌云：巳宫立命水在轸，元武升垣诸杀顺，又兼一点太白来，富贵绵绵应不窘，若还中限见土星，重整门庭兴进永。

子承父位：午宫星度立命，火星入命以占父位，太阳飞入卯宫，房度卯，乃子位父居之，必主父子不和，兄弟失伦。行限见木，非犯刑而死，定主恶疾而亡。

月明斗府：命立未宫井木度，生于十五至十八日夜令之际，月在丑宫斗度，故谓月明斗府，必主文章冠世。如月坐斗六度，或寅宫斗度，谓之月扶斗柄，官居翰苑，三台八座。女命值此，得两国之封。限行酉宫土在胃度，限至，必主恶死。

祥云捧月：立命未宫，生于初八至十五，月离海岛，光明渐著。夜生在丑、酉、戌、未四宫而炁、月同行，月在炁后三度，炁在月前三度是也。主人丰姿清丽，文雅过人。若会罗星一混，谓之二奴夹主，定应中途孤苦，贫穷无托。孛又飞来同度，此凶中变吉，吉则难量，行限酉宫见土，富贵。戌宫限见难计，家破人离，流年土孛冲照，水火灾厄。

太乙抱蟾：歌云：未宫立命月为主，夜令生人蟾蜍吐，登时一字抱阴精，早步青云登仕路，计都飞伴两无情，不过十五归阴府。

水土遭刑：歌云：申宫立命水为主，限戌恩金在奎度，金木相刑恩受制，反吉为凶横死鬼，限行亥宫见土星，土入江湖壁水度，也教富贵一时来，一十五年花锦丽，脱土半百危十五，溺死官刑骨肉忌。行奎度在火宫则金受制，行亥见土则能生金，金生水则发，到危则被土克。

金星入斗：酉宫立命，主金飞入丑宫斗度。凡人命得此一星，主人才华俊秀，早步青云。行寅限尾度见火星，定主刑宪血疾。若在箕度，反凶作吉，大主发福，寿命延长。

箕风斗口：命立亥，行寅限而遇木星在箕度，箕星好风，原主风摇叶落。行限重见箕度，或斗度，故曰箕风斗口。见之家破身亡，不然水火而终。

星格贵贱总赋

两仪奠位，无非清浊之分。

两仪者，天地也。清而上者为天，浊而下者为地，有轻清重浊之分。

二气赋人，各有贤愚之禀。

天气下降。地气上升，二气交感。故人命有贤愚之禀。

日月合璧，龙楼凤阁之人。

日虚、月危、日星、月张、日房、月心、日昴、月毕，得用者贵。

禄马朝元，鹭序鸳行之士。

禄马拱身夹命，及禄马主起拱夹身命者，亦贵也。

日边红杏，早占鳌头。

红杏者，木星也。木为官恩命令等用者，与太阳同行。

雪压寒梅，终身饿莩。

寒梅者，木星也。木、水同躔，夜生冬值，倘或在子、丑地，及水宫、水度者亦是。

向阳花木，三台八座之荣。

木为官恩命令，顺行见日，昼生春夏者佳。

照水梅花，万轴五车之学。

木在巳、申，冬生逢昼为美。

春生杨柳，合作妓娼。

杨柳喻木也。春生木躔箕度。

秋日梧桐，堪为僧道。

梧桐喻木也。秋生木遇孤、寡、羊刃。

月中仙桂，少年平步青云。

木躔心、张、危、毕月度，或秋生本月同宫亦是。

日晒花枝，壮岁趋朝丹阙。

木临星、虚、房、昴日度，或春生木、日同宫皆是。

君臣庆会，钟鸣鼎食之家。

金、水为官福、恩令、命元，朝辅太阳者是。

子母重逢，贯朽粟陈之宅。

命主会恩，须得位得时合格。

梅梢横月，箪瓢陋巷之人。

木、月会子宫，生于秋冬。

柳絮随风，萍水他乡之客。

木星秉令躔箕度，或在巳宫巽地。

雨骤花残，穷愁万种。

春生木躔毕度，盖毕宿好雨故也。

风摇时落，辛苦无闲。

秋生木躔箕度，盖箕好风故耳。

朱衣驰日，朝廷宣使奏差。

朱衣即火也。火会日与马元同行。

安车蒲轮，翰苑编修集撰。

安车即木也。木会日与马元同官。

梅影横窗，一生清贵。

梅影喻木也。木月冬生，同在壁府。

桃花浪暖，昭代文章。

桃花譬木也。木、水会命在奎度，尤妙。

金马嘶风，仕路铨除之速。

马元会身命而行限在辰、巳。

蚌珠吸月，儒林取选之高。

勾陈镇殿，珮玉腰金。

土掌官恩命令，同太阳躔虚、星、房、昴日度。

花里停骖，封侯列仕。

木为命宫，恩令同太阴与马元在张、心、危、毕月度。

丹桂飘香，或贫寒尤当食禄。

秋木为用神，在巽巳地。

梨花带雨，纵富贵亦主重夫。

春木为夫元命主，在酉申毕度。

马头带剑，广辟封侯。

马元会刃官，或遇刃星。

北海挑灯，位居宰辅。

夜火为用神，居于亥上。

山啸呈宝，殿前作赋声摩空。

土、金同落空亡。

石砺剑锋，塞上封侯建功节。

土、金带刃同行。

南枝向暖，相国经邦。

南乃午宫，枝言木也。冬木为用神，喜居午上或太阳合格。

北苑回春，状元及第。

北子位，苑指火也。冬火为用星，居子照值命身与太阳。

珠藏渊海，万人头上之英雄。

土、金为用星，在亥、子宫。

水凑天池，三峡词源之豪迈。

春生水为用神，躔壁度，以亥为天池。

乾旋坤转，有庆之人。

水、木为乾坤之星，扶日、月于官禄，盖乾在亥，亥属木，坤在申。申属水。

虎踞龙蟠，当朝之士。

金、木为龙虎之星，各得其用而照守命宫者佳。

云间鸳鹭，当为邸省之贤。

午宫坐命，金、炁二星入宫坐命。

天上麒麟，定数东宫之贵。

金在辰，木在卯，而在卯、辰坐命者是。

金冠顶翠，紫诰金花。

金冠指金也。顶翠指木也。金宫会木以合此格也。

玉出昆冈，罗帏绣幕。

玉指金也。昆冈指土也。金、土斗度逢空为合格。

鸾舆南幸，人主之尊。

金、水拱日，在星房度。

凤驾北归，帝王之象。

金、水辅日，在虚、昂度。

据巽归乾，应当富贵。

巽居巳，乾居亥，如命在亥而主在巳合格。

移干就湿，必主贫寒。

干指午，湿指子，如命在午而月、金、水在子。

玉兔东升，利名双实。

木为官恩与月在心。

金乌呈瑞，富贵两全。

金为恩官与月在毕。

风雨作霖，有济世安民之略。

箕风毕雨，金、水、太阳躔毕箕度是也。

中流砥柱，展扶颠拯难之才。

诸星皆衰，惟一星有用为贵。

老蚌含珠，乡间望重。

土、金在亥、子及辰、巳宫，须金、土为用神者。

寒潭浸月，台宪驰名。

月在巳、午二宫为美，不宜冬生，则寒蟾矣。

河洛呈祥，巳出鸳行之后序。

木、炁、金、水，拱太阴于午。

丹墀独步，定主虎榜之名题。

身命躔柳度，而太阳在星。

长虹贯日，早冠判臣。

火、日争光，以太阳为用神者乃是。

太乙抱蟾，孤儿寡妇。

月、孛同躔，以月为夫，孛星则忌。

素月流天，见金而官居极品。

月在午、未，而遇金助。

寒云出岫，遇土而身隐空山。

命在奎、壁，而逢炁、土。

要官恩之明健，惟身令之高强。

须要官福恩星明旺强健，身星令星高明者，荣贵。

不离顺逆伏留，细辨盈虚消息。

或盈，或虚，当以消息而推之可也。

剖券合符，心领神会，后之君子，秘此天机。

附：指迷歌

清浊既分天地位，
日月众星相经纬。
或躔好乐或怒宫，
便断贫穷与富贵。
当生元守与流年，
祸福吉凶皆了然。
明辨毫厘细消息，
由来命分悬于天。
富贵贫贱君须记，
命运循环难逃此。
天地从头一一昧，
说尽经中元妙意。

金木亥室：金星与木室相逢，官职荣迁至上公。

土子：参政学士能刀笔，镇星双落宝瓶中。

木寅：人马宫中主逢岁，佩带金鱼荣宠至。

木未鬼度：木恋巨蟹鬼金躔，必居堂庙公卿位。

水月巳：水月同宫双女躔，荣华富贵总英贤。

火卯：夜火荧惑来天蝎，命主三台杀伐权。

金昴：昴上金星火在娄，夜生为主事王侯。

土亢：亢宫土宿来临照，白日生人作榜头。

日午戌：太阳升在柳星张，又临鲁地见白羊。忽然两位如逢此，必是承参簿尉郎。

火酉辰：荧惑若来酉与辰，其人少失二尊亲。

火申：平生少疾无灾滞，火宿从知入在申。

金木子：金木生时子上头，多营产业及田牛。

水火午：若还水火临狮子，少失资财似水流。

水财：财帛宫中见水星，一如将火入深冰。

水田：第四宫中逢此曜，一生财耗莫能兴。

金迁移：定他荣华及好妻，生时太白顺迁移。

孛同金：细君遗害家无子，那堪同宫被孛欺。

金箱歌

日月分明：贵人日月要分明，日月不明非贵人。

木主寿长：木星照命入庙堂，亦且教人寿更长。

土星肥大：土星主人体重肥，为人禀性迟而愚。

金水性巧：金水主人多精彩，性质巧劣心中藏。

火计孛粗：炁罗守命及身傍，空门物外是缁黄。

女重太阴：妇人造化在于身，不论朝昏看太阴。

月强主旺夫子：太阴得地立高强，益夫旺子寿而康。

土计夹月产凶：太阴带杀土计夹，若非产难木石压。

夫星坐禄：若论妇人夫贵贱，夫星坐禄夫荣显。

水孛倡优：女逢水孛是娼优，不是娼优缁素娘。

炁罗克子：若要论他子与息，炁罗相逢真难得。

女火为夫：妇人只要看火荧，火是夫星为正宗。

小儿看木：更又言及小儿星，小儿生时看木星。

土命忌木：木星刚健若无杀，土命嫌之有破克。

老人寿看木炁：更又论及老人翁，木炁高强寿必崇，更看贵勋垣殿驾，昼夜春夏与秋冬。又有一段奇妙诀，天机妙处细与说。

克父母：夜日无光必克父，昼月失明先失母。

昼日忌木夜月怕计：加之昼日忌木星，夜月有光亦忌计。

男女数目：若论男女是多少，一水二火三木宿。四金五土若得地，男女须教屈指数。

五脏所属：胃属土兮肝属木，肾属水兮肺属金。心属火兮动运用，五曜相攻疾患侵。

日月眼目：若观男女眼目星，专以日月为两睛。犯杀落陷不得地，眼目眩晦少光明。

金孛淫痨：金孛交会为人淫，必主痨病及其身。

木炁脚疾风肠：木星为病有一方，必主脚疾及风肠。

土主咳嗽肉疮：土星为病必咳嗽，皮肉受病多生疮。

火罗脓血：火罗为性多毒恶，脓血夭亡灾不薄。

金恶死水淫荡：金星羊刃主恶死，水性淫荡多反复。

计孛夭寿：计孛往来主夭寿，日月失次能为咎。

日月失经成败：须看日月为主宰，日月失经多成败。隔界之上安身命，过房出祖前分定。

令星：夜月春木为令星，夏火昼日与秋金。冬水季土细推详，昭然祸福值千金。

帘幕歌

罗计：妇人只要罗计全，罗计得地主重权。朱门出身主豪贵，定为豪贵结姻缘。

禄马：女人爱禄不爱马，坐马之命好淫冶。生来若遇马衔花，未及笄年须早嫁。

金水：女人不喜见金水，金水分明多傍贵。玉容花貌又妖娆，行止犹如娼妓辈。

木罗：妇人最喜见木罗，一生更有福德多。金炁相逢在其命，兰心蕙性伶俐过。

火孛：妇人不喜见火孛，白带之疾不时出。众星不杂性最清，寿山高兮福广阔。

金水：妇人不喜金水并，若非忌曜权最盛。流年恶杀并其身，产难之时应丧命。

金水孛咸：妇人若见金水孛，三改嫁兮有何说。咸池带水与孛星，朝云暮雨情不歇。

迁移夫星：妇人须是看迁移，迁移得地福自宜。夫星高兮夫显贵，必为命妇光门楣。

孛气五宫：第五宫中带孛炁，先生女子方得地。那堪七宫主星陷，克夫害子常守制。

孛咸：孛星若也坐咸池，巧妆云鬓画娥眉。六街不作烟花女，定是豪门一小妻。

金水孛木：妇人金水孛星迎，身命同临性偏淫。更兼沐浴在其间，离居奔走落风尘。

金木炁：妇人最喜金木炁，旺夫贵子常有利。官福宫中若得之，必得凤冠及霞帔。

水炁空华：妇人最怕见水炁，克夫害子何所恃。空亡华盖居中间，修指早入丛林里。

金火罗：金火罗兮原不吉，芳年却被产中疾。咸池华盖若临身，送旧迎新接不一。

主坐咸池：主星切忌坐桃花，杀曜临之定破家。若是于中逢水孛，自然淫荡好奢华。

望前木炁：望前木炁望后火，女命逢之为最怒。不因产难丧其身，嫁夫杀子应无数。

第八章　星命汇考八

《张果星宗》六

通元赋

太古洪荒之世，清浊未分，混沌如卵，精神盛极，著而成形，则有人矣。两仪四象，三才五行，备不知体，生不知用。且阴阳得位，风雷鼓舞，化生万物，迩莫能知。逮夫圣人之生，辩龙马之图而立极，甩神龟之文而画字。始知五星光灿，群曜荧辉，别辰宿于乾坤，配人身于天地，灾祥休咎，因是言之。夫人生育于乾坤，覆载于坎离，大无不周，小无不具。

天干生而气聚崇勋，

崇勋者，甲禄在寅，寅为崇勋，木为崇勋之主。乙禄在卯，火为禄主之类。天干归禄，其气自聚，故天干吉星，以禄勋为主。

地支成而元居岁驾。

岁驾者，即太岁官也。如子年即子为岁驾，土为驾主。盖太岁乃众杀之尊星，为诸神之领袖，星辰乱杀，皆听令焉，故地支以太岁为元。

故将官命以定三元，

三元者，乃天元、地元、人元星是也。于命禄二宫，以五虎遁法数之，即甲巳起丙寅、乙庚起戊寅、丙辛起庚寅之例，余仿此。

审元辰而言九事。

元辰者，乃命元也。九事者，竺罗三限、四元、时、命是也。三限例如申子辰命，昼生土水木为初中末限，寅午戌命昼生日木土，巳酉丑命昼生金月火，亥卯未命昼生火金月。巳上夜生，以中主为初主。四元者，乃仁元、寿元、禄元、马元。《经》云：马元为贵禄为禄，仁元干配的无疑，寿元惟向纳音取，要在强宫与限随。时乃令星，命乃命主是也。

生杀作吉凶之根，

大凡诸星生我者则吉，克我者则凶。

向背为贵贱之本。

诸吉星在后相向我者，为贵，或在前相背者，反贱。又诸凶星在后相向我者，反凶，在前相背者，乃吉。

先看明晦、升沉、顺逆、衰旺、掩蚀、冲制，

昼日明而月晦，夜日晦而月明。忌守命或为主。日在六阳位为明，过未则晦，月在六阴位为明，过丑则晦。日木土水昼明，月火金罗夜明，反背为晦。日在东，喜寅卯辰巳午时生。月在西，喜酉戌亥子时生。皆曰：升守命辅会得用则吉。日在西则沉，如四月卯时生人，主夭，惟在戌则为合格。五星自北而西，自南而东，曰顺行，顺则面向于前，反是为逆，逆则面向于后。须看身命之所在，以辩诸星之向背，拱夹之宜与不宜，不可概论，以顺者为吉，以逆者为凶也。衰旺者如春木、秋金、季土、夏火、冬水为旺。凡长生、冠带、临官、帝旺之位，亦为旺。如春土、夏金、秋木、冬火为衰，凡衰病死绝墓胎养之位，亦为衰。如身命主及得用之星，宜旺不宜衰，须是升殿居垣方，不以衰论也。罗计拦截即掩也。日月遇朔望则蚀。凡正朔之时刻，忌坐命四日度。正望之时刻，忌坐命四月度。虽无恶曜相关，亦恐损寿。若日月前后三日度内，引从夹辅及三方对宫，有吉星扶助者，反主富贵。不可概以蚀论，为不祥也。凡对宫有克星曰冲，如木在丑，金在未对克之类。凡克本命及身度主之星曰制，如金为命罗火制之，月为身土计伤之之类。若仇害之星，得此冲制反吉。

次看朝拱、夹辅、分会、引从、截漏、守岐。

向曰朝，合曰拱。对身命曰朝，三方位曰拱。近两旁曰夹，近前后曰辅。罗计拦截诸星于两路曰分，诸星聚一处曰会。在前曰引，在后曰从。先行曰迎，后行曰送。隔宫隔度曰背，在第七宫曰对。罗计拦截于身命宫之前后为截，而得吉星在外不背为漏，故曰截漏。身命所住之位为守，十二宫交界之地为岐。凡身命坐度宜深不宜坐，两岐之间多是隶卒之徒，否则必偏生庶出，不然常主迁移、过房、离祖、奔波劳碌。有禄贵吉星拱夹，又非前论，乃主贵。

方以格局，考评贵贱。

已上皆论诸星本元，欲考其贵贱者，须以格局详推，审察根苗。

夫阴阳夹拱得地，岂是凡夫。

且如日月拱命夹命，拱宫福与夹官福，非凡人之命。

身命同守官福，乃为上客。

身命二主坐于官福之上，或官福二星起守身命，乃居高则荣。

如逢经纬驿马相扶，更会斗贵印符侍从。

命内如逢天经、地纬、天马、地驿，又会斗杓、贵人、唐符、国印左右守值。

卒获万钟之禄，八位之权。

必主其人八座钧衡新事业，三台鼎鼐大功名。

失位失时，亦作空门高贵客。俗缘不断，定为见紫见绯人。

能合前星者，纵使生非其时，居非其位，亦作清高节介之士，拖朱衣紫之人也。

福禄夹拱，三元总会；无伤无耗，决非贫才。

福禄夹拱身命，天地人元又会，无凶星恶杀伤损，必非庸常之人。

福禄相随，田财俱旺，富可言其无比，田可连于阡陌。

福禄二主守照身命，田财二主乘旺逢生，得令得位，必主富过陶朱。

若值四耗侵凌，八座空陷，必主破祖亡家，没齿贫穷。

八座者，疑是身命、田财、官福、妻子等星。四耗者，大小天地四耗，守于田财二宫，又官福、身命等星并皆空陷，必主破祖亡家，伤财劫盗，奔忙劳碌，没齿贫穷。人命逢此，必主一生劳碌无成，贫穷彻底而已。

罗计乃首尾之星，作拦截之用。

罗计二星，天之阴阳。交初为罗睺，交中为计都，罗乃天首之星，计乃天尾之星。相对而行，拦截诸星。罗计子午中分五五日东月西，罗计拦截前后三三魁元引从之格，罗计在巳亥为乾坤定位，罗计在寅申为阴阳两关，罗计在四维为首尾横天，罗计在四正为阴阳居正，此皆大格。

罗计居子午中分五五，可论日东月西。

罗计在子午二宫谓之中分，左边有未申酉戌亥五宫，右边有丑寅卯辰巳五宫，谓之五五是也。日居东而在卯，月居西而在酉，谓之日东月西。但要五星从日，气孛从月，安命在子午卯酉合格。亦曰首尾阴阳，居四正之格。若安命从日者，即是五曜连珠，可以通看。

罗计拦截前后三三，更须魁元引从。

如身命同宫，得时得位，若有魁星及三元星，一在命宫之前一宫而引之，一在命宫之后一宫而从之，谓之前后三三魁元引从是也。或同在命宫左右前后者而引从之，皆为大贵之格。更看行限相关若何。有引而无从者，先主荣。有从而无引者，后发福。大凡有吉星在命宫之前后左右引从者，皆可以通看。

罗计在巳亥，为乾坤定位，平分诸曜拱天庭。

亥宫名天庭，亥宫无星，只安命在亥上十一曜，分立各宫，以拱于亥位是也。但各曜所躔之宫，喜入垣受生，主大贵论。若逢克制反背失陷则为星困矣，减福论之。

罗计在寅申，乃阴阳两关，包裹众星朝帝阙。

自寅至未为阳关，自申至丑为阴关，午为帝阙。若安命在午，七政拱于东南卯辰巳位，四余环于西北酉戌亥宫。罗计包裹于寅申炁孛，单行无混杂，此命主大贵，虽炁孛混在七政之列，终不以小疵而妨大局也。

罗计在辰戌丑未，名为首尾横天。居子午卯酉，号曰阴阳居正。

首尾指罗计言，阴阳指日月言。自天地之定位而观子午卯酉，谓之四正，辰戌、丑未、寅申、巳亥，谓之四维。自人之安命而观，虽四维亦谓之四正。大抵罗计在子午卯酉则曰中分横截，在寅申巳亥则曰出乾入坤，在辰戌丑未则曰首尾横天。前格罗计日月在子午卯酉，而命同居，固为入格。若安命在亥与罗同宫，月在申、计在巳，日在寅，亦是辰戌丑未，便可以例见矣。但要四星得地，各坐强宫，而于命主为有助，必主官居一品，禄享千钟也。

例置能分轻重，所向又怕失躔。

然必详诸星之同处，或分、或合、或入垣升殿、或失经失次，得令失时，分其轻重，有无克制兼而论之。

身命得地，福禄难量。

如身主居官，命主居福，或命安唐符，身居国印，此皆得地，为福禄之人。

左右有情，功名无比。

如官魁夹命，福禄夹身，必主贵显。又如日月拱夹，得地亦贵。

要知火、罗、计、孛，福祸难言。始发权则为雷电，终害己利若锋芒。

或单守四维，独居四正，必主藩方帅府，威震边庭之贵。命宫、田宅、夫妻、官禄，谓之四强。火、罗、计、孛守此数宫，或居庙乐，或为生恩，或化吉曜，方为合格。

此类惟宜独行，怕相混杂。顺之乃吉，逆之为凶。

若更独立则为至贵，如若混处则为灾害，如为刃的劫廉等星化为刑囚暗耗，或罗孛交战，计孛夹身，若此者必夭折，遭刑宪而祸及身。

日月体君后之象，升入于坎离之中。

日为君象，喜宰南离。月为后母，妙对阳尊。故喜升入于坎离子午之位。

朝子午暮卯酉，看垣殿之正偏。

正殿者，如日居午，月居未。偏垣如日居虚房昴星四度，月躔危毕张心四度。

分两班朝帝阙，辨阴阳之向背。

如日月守命、照命、拱命、夹命，谓之向。若日月不拱、不照、不守、不夹，谓之背。

昼生日而金水辅从，夜诞月而火罗侍卫。

昼生人以太阳为重，太阳升于东南，与命同宫，又得金水引从于前后。夜生人以月为重，太阴升于西北，与命同宫，又得火罗辅卫于左右，此皆向明，得之为贵。但火罗不宜并与月同宫。曰侍卫者，环照三方四正之地为善也。必须看金水火罗，掌文魁官贵为佳，掌刑囚刃杀为害。

合此格者，凤阁高迁，龙墀早入。

如果合是局者，官居翰苑，秉一代之权衡。身近词林，掌百官之制诰。

至若五曜连珠，

五曜即木火土金水是也。如子宫安命，而土星在丑，木星在寅，火星在卯，金星在辰，水星在巳，五星如贯珠然，序次一边以各居垣，大贵之局，世不多见，大抵贵格须限步遇之，乃吉。又如金水木火土顺行，各宫次第相生，辅阳拱命者是。

二星合壁，

二星即日月也。日月同宫，在壁度谓之合壁。壁乃文章之府也。主贵。合度者不多见，而月在日先者，亦为贵局。如日为命主，夜生本无光，或与月同，或见三合，月为命主，日生本无光，或与日同，或见三合，是自争权，到底无光，与合之局不同，不可以其日月同行便取贵人，要须识得真。

载天履地，

安命在亥，日与木躔于室壁之宿，是为戴天。火在戌，金在酉，水在申，月亦在申，是为履地。盖木火金水各居垣殿，而日照天门，月照地户，格局大贵，纵行限背驰而不足为虑也。又如诸星在亥子丑寅四位，计在亥，罗入巳，亦谓戴天履地，出乾入巽之格。或命居亥为天门，身居巳为地户亦是。盖亥乃天门之上，人命禀赋于天而命居之，巳乃地户之位，人身必履于地而身居之。

出乾入坤，

寅申巳亥乃阴阳交接之关，罗计喜居于此。在寅申则为出乾入坤，在巳亥则为出坤入乾。亥乃乾位，申乃坤位。日与命在亥乃出乾也。月为身在申乃入坤也。又如命同日居乾亥宫，月在申坤宫，昼生则为金乌朗照，夜生则为玉兔荧煌。按此二格一主罗计言，一主日月言，姑并存之。

文武两班，

罗计拦截分出四余，无相倒混，各立两旁是也。五星在东南曰文，四余在西北曰武，分列两班，以朝帝阙。若日月同在午宫，日守星宿，月守张宿亦是。但要五星四余以相生相顺者为合格，相克相刑者而不取也。

君臣庆会，

日居午垣，月居未垣，是曰君臣庆会，而吾命其中与君相共立于帝阙之上，何等气象。日乃君象，众星为臣辅佐同行，或胥于一宫一宿者最贵，如星聚东井，众星列天，尤加奇伟矣。

是皆栋梁之才，庙堂之器。

此承上文以结之，社稷功勋扶玉柱，股肱名位拜金銮。

守一空一，

十一曜排列于十一宫，各守其一，惟一宫无星辰，而命居之，独守空其一，是为守一空一之格也。或一宫有星，一宫无星亦是。如命在午，月守未、罗守申、炁守酉、火守戌、木守亥、土守子、孛守丑、计守寅、水守卯、金守辰、日守巳，乃众星环绕，命位以为合格。

居三隔三。

如子丑寅三宫有星，卯辰巳三位无星，午未申三位有星，酉戌亥三位无星，乃为合此。如七政临于子丑寅三宫，同命居之。罗计在子午，而炁孛临于未申，谓之居三隔三，亦要星辰得地，相顺相生为吉，若背命则非贵命矣。

太乙抱蟾于酉未，

酉未乃西南之方，孛乐之地，与月同躔合格。

计都朝斗于丑牛。

斗牛亦文章之府，计临反吉，化贱为贵。

水星伴月向未巳，为朝主背君。

午宫是君位，凡人安命在巳而得月水同居，于是自月而言则为过其君而遇其主也。故曰：背君朝主。且月入巳，为福德入命，水入未为一星伴月，皆主荣贵。

计罗火孛聚丑亥，乃朝天拱斗。

计罗火孛四星虽为凶曜，聚在丑宫为拱斗，聚在亥宫为朝天，故曰此宿本为凶神，向尊反为贵格。命安同宫，方为不背。

切见天地清宁，

日月居于午未，而金水各奠其垣，以清于上。土星居于子丑，木火各奠其垣，以宁于下。更得炁孛罗计单行得所为美，而安命于午未者极贵。或乾为天门，又且木星居之。巽为地户，水星居之亦合此格。

日月丽正，

又如日在午，月在未，或又日丽卯宫之房，月丽酉宫之毕，著明之象也。五星又各其好而引之、从之、朝之、拱之，乃大贵格。

群星朝北，

亥子乃天门北阙之上，众星环绕而归向之，所谓天上星辰皆拱北。

众曜拱南，

或众曜趋拱南离巳午，少微、紫微二垣，身命相关，行限相遇则为顺而吉，反是则为逆而凶。

顺必异貌奇人，逆则穷途寒士。

顺序，主人丰姿秀丽，学业过人，逆则性质鲁莽，难免穷途之苦。

面南坐北，南人必贵，北人必富。

南方人得火旺南离之位，立命于此，南人必贵，北人必富。

面北坐南，北人必贵，南人必富。

水土二星同躔于子，乃北方之旺星，又安命于此，北人必贵，南人必富，须以分野论之，斯乃风土厚薄之相宜，地势使之必然也。

复有天地开明，

水居申，木居亥，又于此二宫安命，是有开明之义。而得罗计在子午拦截为合格，若罗计在辰戌中拦为破格。

山泽通气，

艮为山，木星居之。兑为泽，金星居之。二星得所，为通气。

水火既济，

火旺南离午位，水清宝瓶子宫，乃火炎上而水润下，无相克之患，有既济之功。

风雷鼓舞，

震乃卯位，为雷门。巽乃巳位，为风府。水火二星各守本宫，万物得其鼓舞而化育生焉。

此则名为虚拱，不可更漏别宫，须要日月分阶，亦宜罗计拦截。

四格安命不同上三句命，即安于本宫者是。独风雷鼓舞命在辰宫，盖取左右奋迅之意，总上八卦之格，皆与三方四正无干，名为虚拱，不可漏在他宫怒地，俱要日月关命及得位为贵，宜罗计在外拦截，不可混入其中为破局，余仿此。

如是乾坤否塞，

亥宫金罗交制，申宫土计混淆，此乃天地混沌之象。

风雷相薄，

水临卯而伤火，火至巳而受制，此是相薄，主人伤残。

水火相射，

水在午，火在子，交相冲战。或水居火位，火居水位亦是也。

山泽沉埋，

金入寅而体绝，水至酉而受伤，乃沉埋之象。

已上数格，互垣不善，此人漂荡无依，难免破败天刑。

若上数格，星辰互垣不得其地，人命得之，焉能为福者也。

贵无伤，富无耗，世代敷荣。

以福禄二星取贵，不受制而逢生，以田财二星取富，不逢克而遇生，合此者，必主富贵双全。

身主弱，命主赢，始终偃蹇。

身命主居强及官贵生旺之地，生当享厚福也。若命临杀位，及杀守身元，又在弱宫，决主困厄人也。

星逢格局，便论垣窠，更不拘其神杀。

星辰既合格局，便当论入垣否，如入垣局则他杀，不必论矣，富贵可知。

曜专时令，须分体用，方可断其荣枯。

如春木、夏火、秋金、冬水，既得其时，又当看行限何如，命宫好恶，参详断之。

星健身强，富而贵，贵而寿。

如星辰入垣，合格，兼身命又强，则安享富贵，福寿双全。

格高星困，苗不秀，秀不实。

如格局既高，奈星辰俱困。正《经》云：土居垣而泄气，木入庙而退行。或木困娄金，火逼金龙之类，主人多学少成，为困苦命。

有官福而无用，宫乃藏其刃雄。

如官福既主星，又入垣，殊不知又有地雌、天雄守之，主人惹是招非，反为无益于人。

或刑因而不妨，杀不加于二主。

如仇杀二星化为刑因，自相争斗，毋能犯于身命之主，故不忌。

身命、官福，最喜三元。

身命、官福，更会三元，则当全美。

左经、右纬，须防斗柄。

天经、地纬二星，最忌斗柄指破，反失格矣。

若引从者吉，则外贵乎空。

身命左右夹辅，俱乃吉曜，则包辅于外者，宜空之为美。

挈提者凶，则内喜乎善。

身命前后引从之星皆凶，则中间不要见恶杀，宜见吉星以救之。

夹者吉而拱者凶，主多荣而少辱。

身命宫左右有吉星夹辅，而三方又有凶星拱照，此当以近为重，故主终荣而始辱也。

拱者吉而夹者凶，合一成而一败。

身命宫三方有吉星拱照，而左右又有凶星夹辅，此当以远为轻，故难免先成而后败也。

盖一曜司权，满用得拱为先。

如木生春令司权兼为命主，官星、财星、福星或化为经纬三元之星满用者，又得拱照尤妙。

诸星守照，多端合格为上。

诸星照命，须要合格多端者，为上贵论之云。

前后朱雀元武，而驿马来临，左右青龙白虎，而经纬拱夹，四神往来，环卫命主，三方七政，循行朝拱官星一位。

如安命亥宫，火为南方，朱雀在前，戌宫。水为北方，元武在后，子宫。木为东方，青龙庙居斗度，金为西方，白虎庙在酉宫。此四星更会经纬驿马，或居身命官福之位。

必主贵为天子，富有四海之尊。

合前等格者，则贵不可言，富又何足言哉。

官魁夹命带龙虎，则廊庙良材。

如命安在卯而木金化为官魁，在寅辰归垣夹命，乃龙虎庆会风云，必主圭璋美玉。

禄马拱身会三元，乃朝廷宰辅。

如乙卯、乙未、乙亥生人，辰宫安命，天禄在卯，驿马在巳，两夹命垣，更会三元，当作皇家辅佐。

文魁催官入于格局，名当一举而成。

诸星会聚于命而合格者，取功名如拾草芥。

的宫隔宿玩于游行，身必三迁未定。

的宫乃破碎也。隔宿如巳午未申亥子丑寅隔角之类，更会迁移，或九宫主星入此，主人居无定位。

日蚀朔，月蚀望，丧明孤哀。

日生于初一，逢罗则蚀，月生于十五，逢计则蚀，必主难为父母，自身亦难免丧失之患。

炁遇罗，水遇孛，缁黄娼妓。

炁罗乃孤寡之宿，水孛为淫滥之星，得之者，男为释教之流，女是娼妓之辈。

火逼金龙，角受生亢为遭毒。

火入辰宫躔角木，火有生意，躔亢度不利，则为受克。

水淹玉犬，娄没溺胃不受伤。

娄乃火殿，水入此度，有水泛白羊之忌，胃属土，能制伏其水无危。

小耗大耗值天地耗，忌守田财。

大小天地四耗，若临二四之宫，难免伤财之祸。

死符病符及年月符，怕临身命。

官符、病符、死符、月符，临身命，必主口舌官灾。

若非狱讼损己，亦主博戏亡家。

此承上文而言。

勾绞会凶，劫亡并杀。

勾、绞、劫、亡四星会命值限，更加凶星，必主遭刑宪罪责。

轻则风流疾患、重则斩绞徒流。

此承上文而言轻，主疾苦患难，重则斩徒。

亡神、的杀会咸池，则伤寿损禄，

亡神的杀官，忌咸池星入。

飞廉、剑锋带官符，而投词破财。

飞廉剑锋官，怕官符并踏，则主破财之事。

相生相顺者轻，相克相刑者重。

此承上文而言，以五行生克而论凶吉。

血刃、血支，提防金孛作灾殃，

血刃血支二星在命，多主血光之灾，更会金孛愈甚。

天厄、天刑，最怕火罗兴恶孽。

天厄天刑会命，主遭官破家，或加火罗并入，必主雷伤凶死。

男值肠痔痈疽，女犯血崩气漏。

亦承上文而言，不死亦主多灾。

浮沉若逢土计，非溺水必犯诬医。

浮沉主水厄，更土计同迫，必主死于非命。

飞廉或遇金罗，非干戈则当暴死。

飞廉主刀之灾，更会金罗则杀气辉腾，必犯刀兵而亡。

的杀聚于二刃，遇刑囚必主横胎。

二刃者，阳刃飞刃是也。更会的杀，又化刑囚，必堕胎难产。

剑锋会于四凶，遇冲伤必犯恶血。

四凶者，火、罗、计、孛是也。又云：的劫刃廉会剑锋，非灾莫避。已上皆主身命限而言。

天狗华盖主绝嗣，

天狗华盖守男女宫，多主无子。如子星坐天狗华盖宫，亦同此断。

孤辰寡宿必刑妻。

孤辰寡宿守身命及妻妾宫，主人孤克，或妻主坐孤寡之乡，亦同此推。

德星坐于崇勋，魁刑权重。

诸吉星会崇勋之地，主魁刑权重而爵禄丰隆也。

爵禄居于岁驾，伏杀官高。

岁驾宫会爵禄等吉星，而诸杀皆潜伏，主名扬姓显。

杀金马刃休逢，阳

刃乃刀刃也。金星主杀，掌刃为杀愈烈，辰酉二宫为刃星也。

劫木为灾难避。

木星如挺杖之属，掌劫亦能害人，命限切忌逢之，寅亥二宫，犯劫是也。

天雄地雌，怕居禄位。

官禄宫怕见天雄地雌，当有剥官丧职。

天耗地耗，切忌财乡。

财帛位忌见天耗地耗，必主伤财破业。

论杀论刑，杀重而刑不可当。

如诸杀交踏，刑星又至，则杀星重其刑不可当也。

说凶说吉，凶多而吉不可断。

如凶多吉少，定为凶断，不可作吉言也。

华盖紫气是良辰，

华紫二星为善星，人命得之，必主好善慈祥，出家乐道。

天乙荫星为善曜。

天乙即天乙贵人也。荫星注受也。坐命安身，定能化凶为吉。

三方有曜，必须参详。

命主三方有曜，故为吉矣，然亦宜细参详之，有吉有凶。

四角无星，未为凶断。

四角者，命宫、妻位、迁移、男女四宫是也。虽无吉星临照，然身命主起何如，未可便为凶论。

妇人以身福为重，官星可作夫元。

女人专以身福二主为重，官星疑是官禄主也。

只宜坐贵不宜冲，惟忌见淫尤见合。

只宜身命坐贵人之宫，不宜冲贵人之位，不宜金水孛淫星守命，并合淫星，又不宜凶星入夫宫也。

金水桃花临四败，金孛咸池骑四马。

金、孛、水、星为天上之咸池，乃人间之淫秽，奚宜坐桃花驿马之宫，冠带临官之上。

女为娼妓之流，男作痨瘵之鬼。

合上格者，女为风尘，男为痨证，有何疑哉。

纵有朱唇粉黛，难免送旧迎新，须是风花雪月，不无飘蓬落魄。

此四句承上文女命而言，虽美终当为下贱之人，纵然享用，难免无常之鬼。

此则举其纲领，更探隐而索微，要知造化元机，细察天时得失，天元玉册，历象无差，细辨盈虚，贵贱定矣。

八格赋

天地既判，人物肇生，凡属乾坤并立之身，均禀阴阳五行之秀。故经纬之学以之而立法，祸福之机由是而推明。其运行于天也。则有迟留、伏逆、生克、制化。其赋予于人也。则有富贵、贫贱、寿夭、贤愚。八者虽殊，一皆有准。天之高、星之远，似若难明，泾之浊、渭之清，昭然易见。是故开物成务之作，有待于圣人，治历明时之占，莫逃乎太史。信斯言也。能无从乎。

银河八万，列宿三千，三辰六合，于人五数。

银河星八万分野，应列卿相诸官星三千，三辰日月星也。天盘中有六合以取吉凶，六合者，子丑合、寅亥合之类。

贵　格

七政入垣，

七政者，日月木火土金水，如日居午，月居未，木居寅亥，火居卯戌，土居子丑，金居辰酉，水居巳申，名曰入垣。

三台合格。

紫微垣乃帝座鹑火午位。少微垣，乃鹑尾巳位。天市垣，乃大火卯位，此谓之三垣也。如太阳居午得金水左右夹之，或水前金后，名曰引从辅弼拱夹是也。倘罗计截于卯酉，日在紫微，金水列于巳未，或同一官，并无别星混杂，此乃三公之象。或日月虚拱帝座，金依月，水依日，或午宫安命。日东月西，各升殿垣，或金水夹月入斗府。或木星在午，木为岁星，君象也。得金水巳未或寅戌二方拱合，亦曰三奇。此木所主，惟春夏得用，秋冬不取。

官令同于岁驾，

令者令星也。如甲乙寅卯生人，又值春令同官，禄主星驻于生年干支岁驾上是也。官星亦要得时，若木为官主更妙。

日月夹于命垣。

命宫得日月在两旁夹之，又值玉堂禄勋之位为妙，午宫命得此，尤妙。

命坐玉堂，主登岁殿。

玉堂即贵人也。唐符国印之地，亦喜坐命于此，岁殿即本年岁驾宫，顺数至本年干为岁殿是也。主星居之极妙。又如主星属辰年生木躔角道，亦谓之主登殿，忌金罗同位，余仿此论。

君临帝座，身处崇勋。

太阳君象也。居午乃帝座也。身乃太阴，坐禄勋为美，如甲禄到寅，辛禄到酉之类，太阴居之为妙。

命主得局而朝元，

元即本年岁星支辰是也。各得其局，如亥卯未三方四正拱之为妙，此亦罕值，乃少会见也。又如主是火得居寅午戌为入局，躔四火度为朝元。

太阳引远而从近。

太阳君象，要有引从。在前为引，在后为从，引宜远，从宜近，不宜火、土、计、孛、罗同行。

计罗截断，观其漏出何星。

漏蟾光宜值夜不宜残晦，并无干翳，又化福禄贵印为上，如化刑囚暗耗减论。漏官星值时令不空陷，官居上品。漏福星得时令，又化吉，享福最厚。漏命漏贵化福贵，乃堆财名。漏恩必得赃荣赏爵。漏杀有制无危。田财二星不可漏也。漏则主虚花。

官禄朝拱，无见他方恶曜。

官福二主列居九五之官，以拱命位为吉，对宫三方无恶曜则吉，有坏不取。

诸星群聚于强宫，

强宫者，即命、田、妻、官，乃四强之宫，次则福德、男女，财帛为次强，迁移谓之近强。

孤月独明于黄道。

黄道者，以十干阴阳所取，甲丙戊庚壬属阳，乙丁巳辛癸属阴，且如阳命从本生年太岁宫顺数正月至本生月住，就于月上逆数初一至本生日住，就于日上顺数子时至本生时住，即以时上起纳音之数数之，顺行第几位为黄道，逆行第几位为黑道。若是阴干亦从本生年太岁宫逆数月，月下顺数日，日上逆数时，时上起纳音，

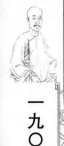

逆为黄道，顺为黑道，纳音数者，水一、火二、木三、金四、土五是也。

天马乘于生旺，母星占于高强。

申子辰，火为天马。巳酉丑，计是天马。寅午戌，水为天马。亥卯未，木为天马是也。母星即恩也。高强即强宫也。

官福互垣，贵明健以为上。

官福二主交互为贵，官星入福，福星入官，又化贵印，禄福得时得令，不值空陷为上。

金水辅日，在停均而为佳。

金水辅太阳，须要分明，不乱不破为佳。停均一作停午，乃正昼也。

殿驾贵勋，互相管摄。

岁殿、岁驾、贵人、禄勋，以上四星宜相倚赖。

刑囚难杀，俱各潜藏。

刑囚，乃十干所化曜也。难者，八宫主也。杀者，劫、的、刃、井，诸煞是也。

官曜显而福星明，官高禄厚。

官星即官禄主也。福星即福德主也。

科甲强而爵星弱，名重爵轻。

科甲即命对宫主是也。爵星即地元爵星也。子土丑水之类是也。

相天子理阴阳，必星聚两班而朝命。

居冢宰，理阴阳，必须恩阳吉星两旁拱夹命宫，或日月列居九五之次，乃辅相之命也。

临兆民行政令，乃宿分一道以辅君。

治万民总庶政，必宜吉恩辅佐太阳，余难，必列有制之垣。

主居六弱，用入四强。

第六官为奴仆。李虚中云：命主入奴仆，议论有殊，贵为君从，贱作人奴。

命、田、官、妻为四强宫，得用星吉曜，宜驻此位。

身命喜居五九，恩官畏入虚乡。

男女，迁移，号为五九之位，亦系三方也。身命主宜列于此。甲子生人无戌亥，恩星、官星，怕临此位也。

更观天马之运行，以定品流之高下。

宜看天马、地驿流年进入何宫，会官禄命宫会限岁，可知升迁品第，以定高低格局也。

富　格

母依日月，身坐田财。

母者，恩星也。与日月并行，故曰：傍母安身，主得亲友恩助，或得祖基或有横财。太阴系身坐田财官，有吉星助，主富。

田财互垣守垣，更逢生而司令。

田星入财，财星入田，名曰互垣。或各立本宫入垣，更得长生，乘于时令，尤妙。

日月朝命夹命，又入局而得经。

日月在九五曰朝命，在左右曰夹命，如入局得经，太阳躔星，太阴宁张更妙。

田财最喜临身命，身命又喜傍父母。

田财二星喜临身主、命主。恩星同太阴曰傍母安身，得人维持，恩同命主，曰母来顾子，有恩养之德也。

母星得拱，又临照于命财。

母星拱命，或临命宫，或拱财宫，或财星同立入官宫，皆吉。

奴煞伏降，不侵凌于官福。

余奴星及马前诸杀，皆伏降不相克官福星。

财喜临于墓库，田忌陷于空亡。

财星临于库，如金库丑，木库未，火库戌，水、土库辰之类，要财宫直此，亦喜财星居库。阳为空，阴为亡，如田财星居之不吉。

财化令，令生财，必致豪盛。

财星生令，令星生财，必富。

命入田，田入命，亦主丰腴。

田星入命，命星入田，必富，须无驳杂星为美。

官福生田财，名虚利实。

官星、福星生田财二主，富而少贵。

用财生官福，利重名高。

田财二星生官福二主，富贵双全。

暗耗厌见二四之宫，福禄喜居九五之位。

暗耗怕见田财二宫，祖业少靠。福禄二星宜居九五两宫三方，拱命为吉。

更逢限气之扶持，必见镃基之充裕。

若限度相生、相扶、有气，必定田宅充实。

贫 格

身命受伤，田财失陷。

太阴及坐命处，却被空陷受刑伤害也。田星、财星俱陷空弱之地、被克之位。

福禄背于身命，且居恶弱之宫。

福德、官禄二主俱背身命，入恶杀宫。

暗耗聚于田财，更落空亡之地。

暗耗聚在田宅、财帛二宫，又值空亡。

奴杀破库而破禄，主星夹杀而夹奴。

余奴入官禄，又不宜入库宫，有此必破。命主被杀克，或杀奴夹拱。

生值严冬，金水字临于身命。

冬令生人，水冷，金寒之届，五行不得其时，又值金水孛月依辅身命，不足道也。

坐逢弱限，火计彗战于田财。

若限入弱地，火孛不宜交战于田财二宫，计孛不宜相斗田财两宫，官福二位亦然。盖孛克火，计伤孛故也。

生忌泄于余奴，身嫌坐于恶杀。

炁孛、罗计谓之余奴，奴恩炁二星同行而泄其气，故不我福，惟炁星主吉。太阴身主怕居的刃、劫、亡之地，叠恶杀尤凶。

母命亏而官福俱陷，

命主恩星官福二主，惧怕陷于空亡恶弱之地。

限主弱而难杀交侵。

限主失所，更值难杀当途。假如午命五旬外入亥限，限主属木，飞入辰宫亢度，秋生本弱，又见八杀之宫，故凶。

主入六宫，定是艰辛劳苦。

命主入奴仆，必主奔波劳碌，凶星逼迫则为营伴之人。

命居隔界，终当迁转流离。

如胃三在戌，胃四过酉，乃是岐界之地，必出祖入赘之人，否则住居不定也。

更会奴煞于福德之乡，必须困老于穷途之下。

奴煞二星会于福德，伤乏困老之人。

贱 格

主居恶弱，身陷休囚。

命主坐恶弱之宫，太阴化刑囚，又临蚀晦，居休囚死绝之地。

吉星散乱以无情，凶曜战争而不静。

吉星入陷背而不合不拱，凶曜反入强宫相战相克。

奴宿或侵于命位，煞星或战于亨衢。

余奴入命，梗其诸吉星而无力，马前诸煞战于亨道而遏吉宿，用而无用，利而不利。

主曜失躔，奴余反居正位。

如木星居亢，既失其位，炁星反得寅亥居之，其余罗卯、戌计子丑、孛巳申皆是。

凶星当道，身命不近贵人。

限行见凶煞当道，或克限主，又身命二星不得近诸吉星与贵人。

阴阳晦蚀以无光，金水退留而失次。

日月遇蚀，暗昧失道而少精彩，金水二星常随太阳而行不过三宫，水宜先行，金宜后行，乃吉。如金行先，水返于后，或退、或留，失其次则乱。

身命拱值难，杀曜当权。

值难凶星拱照命身，及杀星秉令有势，但宫中有恶制恶而权最大。

日月夹刑囚，闲神攘殿。

太阳太阴被刑囚、凶星夹之午未二宫，乃日月之殿，被木炁土计居之，躔日月之度亦是。

无用忌奴而占贵守命，

奴星、忌星、杀星，不宜占贵守命。

得势值难而破福伤官。

值星、难星，得令有势，畏在官福二宫，或同官福主。

更安身命于骡马之前后，必效驱策于士夫之左右。

身命二主在马前后居住，主卑微小辈，或驱策区画从征近贵，末后功成，前必困苦之人也。

寿　格

田星司令，寿元逢生。

田星秉旺，纳音得令，二星逢生旺，主有寿也。

身处高强，无杀星而犯殿。

太阴泊处高强，诸杀不犯官福与田财之垣。

命居生旺，得岁令以入垣。

命坐生旺地，本命得岁令入最吉。

日月夹命守田宅，是寿元而最妙。

日月夹命宫，令星居田宅，若令星又是本命纳音星，最吉。如甲子乙丑金星寿元，又得秋令。

金水辅身临命位，为母曜而尤佳。

金水星辅太阴，或临本命位，或金水为母星乃妙。

贫而寿者辱，乃田财弱而身命强。

田星、财星陷空，值弱宫四废时，身命二主得令居强，虽贫有寿。

富而寿者荣，乃官福高而母令健。

官星、福星、母星、令星，皆居高强健旺，则富而又寿也。

大喜金水日月之满用，

盘中最喜太阳、太阴、金水二星，四者合照夹拱，两相合用为吉也。

最嫌火罗计孛之当途。

火、孛、计、罗四星当权，临限值杀尤恶，逢空制小可。

若田、令、身、命以无亏，必富寿而康宁。

田、令、身、命四主俱坐高强，并无少失，则主富寿康宁，五福之全备也。

倘宫、度、母、财俱有益，当安享而遐龄。

宫、度、母、财四星两相倚赖有益，相生化吉，限途不遇杀难，则安享长年寿算也。

天　格

主宿失垣，身星傍鬼。

主星失垣，躔克是也。如夏金躔室，秋木躔亢之类，或杀星同命主共躔克主，又太阴受伤诸煞同位。

破局刑囚攒命位，四正俱空。

破局者，破碎、阳刃、七杀、劫杀也。更化刑囚星守命，又值受克，用星受抑，四正空而无吉星助也。

司时杀难克限宫，三方无救。

秉令杀难星克遇限宫三方，并无解救，更加流年杀恶，主夭折。

母星令星俱陷，官宿福宿皆空。

人则以母恩相益为本，何宜失陷。令星系人之本源出处，亦不宜损之。官星、福星既空而无倚用。四者损废，自然夭折。

天杀会合，地杀交攻。

天杀原所值八杀难星也。地杀即马前劫杀、阳刃的杀之类。及流年杀星入命逼限，即当殒殁。

禄元破，寿元亏，齐到杀乡端可虑。

禄元者，我生彼是也。申子辰生人木是，寅午戌土是，亥卯未火是，巳酉丑水是。寿元者，即纳音也。三元星虽无亏，若限到杀乡，必凶。禄寿元星逢破则主死无疑。

难星强，限星弱，才交关界便须防。

杀难星强，行限星弱，克战岐界，限交吉凶，出泰入否之间，必宜防卒时之凶也。

更看流年星杀之并冲，以断某月何日之殒殁。

已上要断何时年月日，那季聚杀会凶决之。

贤　格

金水坐命，木炁扶身。

金水二星入命，或命坐金水，其星本垣也。木字星同太阴，必贤达者，或老成功而能设策处公道之人也。

名甲朝阳，躬亲临于君驾。

科名者，即甲乙木星也。科甲者，命官对宫主是也。得入午宫，或临太阳，或临岁驾，可为清贤之士，金水亦然也。

金水秉令，独相助于月华。

金水助月，或只一星随太阴，倘得月华上弦，秋令尤妙。

或身泊于斗牛之间，或命躔于奎壁之府。

斗牛奎壁之府，文武大人之位，若太阴泊守，或命主星于此，皆贤哲之人也。

日居日庙，单联两傍之金水。

如太阳坐星日马，昴日鸡，虚日鼠，房日兔，得两傍金水夹之为吉。

月入月垣，不见三方之土计。

太阴居张月鹿，危月燕，心月狐，又毕月乌之舍，不见三方土计为吉。

更免闲神混杂，端为气质清明。

已上无星杀扰乱，必主聪明出众，智慧超群，非贤人而何。

愚　格

土孛混杂，金水背驰。

土孛相战，星辰混乱，金水退留，用而无用，来而不来。

日月沉论又沾翳，命母落陷而失位。

太阳太阴值晦遇蚀，或被木字掩土计刑，又命母星失陷居弱，此谓不明也。

或昼行于夜曜，或阴遇于阳星。

日木土字计水为阳星，月火金罗孛为阴曜。又如昼生在未宫，安命，行限于寅卯之类，夜生午宫安命，行限未申之类。

奴杀交攻而不顾其君，

余奴杀星相战当场而不顾其君。

命母失陷而莫助其子。

母无力而莫助其子也。

身命居仆马，且受制于余奴。

命主同太阴俱坐六宫井、驿马、阳刃之地，更忌奴星犯主值杀。

值难混亨衢，返遮拦于吉宿。

八杀星值难星克战限道，反遏害原守吉星。

若更生星陷弱，必好自用而不移。

如是生星落陷居弱，信失礼亏，愚好自用，贱好自专，过而不改也。

如是福宿杀临，虽废修省以无益。

若福星福位遭杀克玷，必废修省之德，其福既破，所为无功也矣。

右定八者，允执一中。

右富贵、贫贱、寿夭、贤愚，信乎执中之理。

五曜四余，辨以生克制化。

五曜，金木水火土。四余，炁孛罗计。宜辨乎生克制化之理。

三方四正，观其钓射加临。

三方，申子辰之类。四正，子午卯酉之类。对冲加盘钓合拱关之理。

格局高低，俱皆详察。星辰好乐，合悉推明。

星辰既合格局，又当推其好乐之宜。

日为众曜之尊，月乃一身之主。

太阳，人君之象，宜升殿得位。太阴，人臣之象，一身之主，如人之命。倘生时有差，各星不准，惟太阴循行晦明经度，每每有宫度堪好。

太阳正照，诸杀罢战斗之锋。

如诸星值战斗之间，若太阳临之，必不相攻也。

孤月独明，一世享康宁之福。

若月独行，身命皆属化吉，居角斗井奎升殿及在明时，一世康宁也。

日月最喜拱夹，水金须要分明。

太阳太阴最宜吉星拱夹辅佐。金水分明，水前金后不宜混失退逆。

金水会垣，水忌退于金后。日月合朔，月宜占于日前。

水在金前，水受金生。月在日前，月借日光。

计罗明朔望之嫌，火土分昼夜之忌。

太阳忌朔逢罗，太阴忌望见计，昼生忌火罗，夜生忌土计。

火罗夏会，多招哭泣之灾。金水冬生，难免孤寒之叹。

夏生遇火罗，有刑伤哭泣之灾。冬生金寒水冷，未免孤寒之苦。

水金宜附近于身命，日月喜拱夹于福官。

金水星宜附近身命、日月喜拱夹于官福为妙。

日月次星张，有引从端为贵客。

日在星度，月躔张宿，各升殿位，金水引从无破，乃为贵客。

金水躔奎壁，无混杂必为仕人。

金水躔奎壁，奎壁乃贵人星、文薮星，当云：五星连壁，五星聚奎，此乃文地。金躔参壁度曰：金生水。水躔奎斗度曰：水生木。相生之德不混，为文人贵士也。

阴阳失殿，到老以无成。

日月居恶弱，计罗犯殿是也。

金水互垣，终身而有庆。

水居金垣，金入水垣，乃大吉也。

木炁拱身夹命，必有寿而聪明。

木、炁清高，善曜，文学之星，守命临身，必主聪明清秀，或泊孤寡，主有寿孤克也。

金孛骑马坐花，主无礼而淫荡。

金、孛入驿马桃花宫上，必放荡淫邪。

计罗不宜犯殿，火金不可易垣。

计、罗二星不宜居正垣之殿，入日月之度。火不可入金垣，金不可入火垣，疑其相攻、相克也。

金水会命居官禄，名遂功成。

金、水生助命位，益佐官禄，其功名可遂也。

孛罗克限化刑囚，人亡财散。

孛罗是恶星，若化刑囚，其凶尤甚。

火忌昼犯于太阳，土嫌夜截于孤月。

火化暗，昼生忌与太阳同躔。土化刑，夜生嫌与月同行。

日陷奴宫终不利，月居闲极反为祥。

太阳忌入奴宫，欠利也。《耶律经》云：兄弟宫虽为恶弱，太阴居之反吉也。

木炁贯命，多于林下逍遥。

木炁二星贯守命度，多宜林下。

土孛破官，徒向仕途奔走。

官星被土孛伤破，可为医、卜，吏、书卒难成名。

九流者，土计孛同于官禄。

土孛计会于官禄，宜是九流人也。

残疾者，火罗土杂于难宫。

火罗土聚于八杀宫，必然残疾也。

觜主播迁飘泊，逢生旺而作商流。

觜星安命，为人无定，如逢生旺，好为商贾于外。

鬼主诡诈奸谋，更强健必为戎首。

命躔鬼，太阴躔觜，皆浅薄之人也。为人诡诈，终见崎岖。

木为艺术好文才，金主刚方而嗜欲。

木星照临，主人技艺学术，亦是文人才士。金星守照，为人刚强方正，必好花酒色欲。

水乃漂荡而无守，火必性躁而不常。

水乃漂流动荡之星，守命性必如是。火为躁暴无常之星，临照性格主躁。

土主敦厚而沉潜，计能狡猾而深虑。

土性沉重过于熟虑。计主机巧多端，人难测度。

孛招谤怨，罗喜贪歌。

孛为谗谤毁怨之星，守命临身，多招怨谤之非也。罗乃爽快贪婪之曜，照临身命，作事刚断快利。

紫气清高，性必孤介。

紫气孤高节介之曜，守命临身，为人好静，有道德之士也。恐未免孤刑，难为骨肉者。

命逢刑曜而水孛落在厄宫，投河奔井。

刑曜即克身命之杀也。兼有水孛流荡之星在于疾厄，必主投河奔井之人也。

身临刃地而火罗坐于相貌，自缢悬梁。

刃为杀首而身星命主居此，况火罗暴躁之辰坐于相貌之宫，决主自缢悬梁刎颈之人矣。

福官驿马朝阳，玉堂贵客。

福主官星掌天马地驿，又近太阳，得位、得时，定是玉堂金马，高贵之客。

文魁火罗捧月，翰苑名公。

文星魁星，或是火罗之用，又在夜生捧月而行，无他星混照，决为翰苑名公。

极贵阴阳拱禄，朝向尤奇。

日月得体，或拱夹官禄，或拱夹官星，又得朝命向命者，尤奇，如若背陷固轻。

最富日月夹财，坐旺享福。

财帛宫得日月夹拱，或是日月拱夹财星，更财宫财星坐生旺宫，主享福受用，或犯四耗，主破财减福。

孤克者，木炁罗守身命，泊孤辰寡宿之乡。

木炁罗，乃孤星也。不宜守命，太阴忌泊孤辰寡宿之乡，主清高孤寡之士。

淫贱者，金水孛临身命，坐冠带咸池之上。

金水孛，乃是淫星，又临冠带咸池之上，其淫必矣。

水星化暗入四宫，必伤祖业。

水星本无定性，飘流之星也。况又化暗守田宅，主祖业无依。

太阴带禄登七位，定得妻财。

太阴阴星也。化禄临妻，主室家富厚，或太阴官禄之主，亦同此论。必有妻财也。不然主妻内助。

炁孛守嗣垣，儿必刑伤。

炁孛二星同在五官，必主刑伤子女也。

火罗入疾厄，妇多产难。

不论男女，火罗不宜入疾厄，如此者，男有暴病，女多产难。若非自灾，必伤骨肉。

女命格

非惟格局取用，专求用曜精神。

女命非以格局取用，专求用神生旺，得垣不失为美。

身命安清，财福无破。

妇人身命二位坐吉，财福二官不破，自然佐夫享福。

夫星化贵升殿，必有称呼。

夫星，七宫主也。若入垣升殿，化福禄贵权，又得时令，不值空亡，夫必贵论。如夫主是火坐翼度，或火宫，又值夏令夜生，不见水孛才妙。

身主入福坐财，乃归富室。

阴人专以身主倚赖，吉凶由此，如生秋月或夜明不逢残晦，化为吉神，居于财帛、福德，富室也。

夫子俱贵，堪期两造褒封。

如夫子二星坐玉堂，贵人化禄贵权印，或官福星又入官福宫是也。乃夫子俱贵，可受两诰封赠，值破不准。

阴阳并明，必主一生专擅。

但日月同官，必生于朔旦，月占日前，必卑夫夺权，自能创立，能知书数，不可一概而论。

五宫主入官福，子必出贤。

五宫，子位也。子星化禄福权贵，得时令入官禄福德，不宜空破，子必贤也。

七位宿到田财，夫当有业。

七官，乃夫位。彼宫主得时令，无空破，不化刑囚，又入财帛、田宅，夫必旺财业也。

夫星畏逢杀触，嗣宿怕见难伤。

如火为夫，畏见水孛克抑，如水为子，忌逢土计抵触也。

太阴升殿在福位，可贵于子。

太阴当望化吉，无瞖玷，或天门奎壁角娄张毕生子，必主聪明贤贵也。

太阳当道临对宫，必尊其夫。

对宫，夫位。太阳君象临午子宫安命是也。又如张度夜生必尊敬夫，忌土计水孛共位。

命为官，身为福，必居恭淑。夫化贵，子化禄，可任封章。

命主是官星，身主为福星，必可称呼夫人也。夫星化贵入玉堂得时令，子星化禄入官福贵人之位，必属贵人妻。

金孛匪宜临身，马刃莫教干命。

金字同入命，则主淫冶好事。马刃杀主星，极不宜化刑，身命无救则患祸凶也。

男女体用，怕者值难作党。

男女之命用曜，惧怕值难作党，诸杀克命克限。

阴阳宫度，喜者相合相生。

阴宫阳宫，阳度阴度，并宜相合相生，为福最贵。

观星要察其性情，论限宜明乎宫度。

火罗计字，性凶。水金炁木，性善。如克临度限，以性情善恶分之，得失便明。论限当识宫度吊合何宫何度，或克、或生、或合、或冲，故曰：同宫千里，宜辨岐界损益也。

垣分偏正，当知各宫生肖所属为宗。

各宫分野宿度，但所属生肖者为正垣。如辰宫亢金龙子宫虚日鼠是也。十二宫俱以此论。不得生肖者为偏垣。如辰宫角木蛟子宫危月燕是也。余仿此推。历行守垣，各乘时旺、兴废、升沉，宜识度化。

度擘浅深，须明岐界太阳所泊为准。

度有浅深，如尾三入寅度浅，尾十七入寅度深。又如胃三在戌、胃四入酉则为岐界，皆是浅度。

细观度宿，究察命源。

宜细观度分何星吉，何星凶，何星用力，何星有伤。究察命源度主有成、无成，格局虚实究限损益同宫岐界要占四正。

四空无曜，宫主须论。本度有星，加盘莫问。

星或同宫、或隔界，全观四正为要，如无星即观本宫主若何。本度有星不在加盘求论，并无星方在外求之。

居中则问宫神，隔界须观度主。

凡论坐地分有宫主、度主二宿，如立命巳宫属永，轸度又属水，宫度主，皆水也。倘躔翼度宫主乃水，度主乃火，则有两主也。如无即以宫主论也。据此即以居中宫度深却以宫主而论，躔度之浅即以度主论也。

宫度贵乎明健，值难喜其降伏。

宫主度主俱要得时令，健旺明白，不宜混杂为吉。如难星、杀星，宜空亡衰弱交制降伏，乃无害也。

欲知气数短长，须察根基强弱。

欲知其原命，用星逢时、背时。

身命高而本固，又何畏乎杀星。

身命强旺又得时令，且不甚畏杀难也。

奴杀旺而体衰，亦难问于限主。

奴杀二星秉令持势，身命主又陷弱失令，限主虽旺亦不济事。

关界上凶星迎送，必殒厥身。

限行入关界之乡，又被凶星战克，必凶。

标的中吉曜加临，必得其寿。

限途标的清历，喜无杀星遏克，又加吉星相迎，乃安享长寿。

太阳临难地，能散诸凶。

太阳，人君也。临杀地众凶自散，杀不能为害也。

杀星坐限宫，要知非福。

诸杀聚限，不逢空亡，无制伏，必然为祸大矣。

太阳为难，临蚀何凶？孛曜兴妖，逢庚反吉。

太阳为难虽忌，当逢蚀晦无凶，值此无大害。孛性恶，逢庚作催官，本命及官星逢之，官则升迁进禄，庶人则遇福也。

杀星不宜作党，宫主须忌失经。

杀星生旺临限并之流年杀星亦旺，其祸大也。杀星遇制伏空陷，为祸不大。

但逢克限之星，便是兴灾之日。

如限主属木，所忌金星伤克，其余仿此推之。

最怕当头太岁，亦防得势余奴。

如太岁冲限，或余奴犯度，皆主凶危，人离财耗。

黄泉路鬼门关，岂非险地。

子午卯酉为黄泉路，寅申巳亥为鬼门关，命限值会，更加杀星聚到，其灾必没。

劫杀头阳刃尾，亦是战场。

限入劫杀头、阳刃尾，出入之届，如遇在彼，亦须防患。

众星战杀定无忧，一杀当关深可虑。

众星聚于杀地，战克以并其凶，且不忧害也。如木杀逢金星制之。一杀当限得势，抑且无救患难，奈何。

若有余奴以敌杀，本主自如而无忧。

如安命亥宫，有炁星与金难同宫，乃余奴敌杀，或三方对照，合而拒之，而本主无忧患也。

更看岁君赶杀之有无，须详流年并限之善恶。

岁君赶杀填命，又会限度，多主倒限，宜分轻重断之。

此乃星家之妙论，实为术者之奇书。兴废得失，莫逃限途，损益吉凶，更约流年。敢会斯说而折中庸，定之一言以为法则。

第九章　星命汇考九

《张果星宗》七

五星歌赋

躔度赋

清浊始奠，

清者为天，浊者为地。

高卑既明。

高者为上，卑者为下。

天不爱道而洛书出，

文王时，神龟载书出于洛云云。

地不爱宝而河图呈。

伏羲时，龙马负图出于河。

分布于十二之位，周回于四七之宿。

十二位，十二宫也。四七宿，二十八宿也。

盖倚于天，明二曜东生而经次；蚁环于磨，则众星拱北而游行。

天左旋，日月星辰右转。

其顺轨也。则祥风以畅而和以至。

星之顺见也。主祥风和畅。

其逆度也。则乖气以召而异以生。

星之逆见也。必乖异召生。

大则关国家君臣治乱之兴衰，微而系寰区黎庶成败之轻重。

所以国家将兴，必有祯祥，国家将败，必有妖孽。

凡天之所覆，地之所载，

天之覆盖于上，地之负载于下。

皆星之所烛而曜之所经。

星如烛光所照，曜以经纬所布。

未有福臻而无本，未有祸害而无名。

祸福吉凶，皆本于天星所主。

原夫土在齐吴，虽夜生而福尤昌炽。火居宋鲁，纵日诞而禄目盈余。木临寅亥，是真垣精神百倍。水至巳申，诚入局气象俱新。阳君先月，躔狮子普照无私。阴后次阳，逊巨蟹自安非泛。何庆基获源泉之衍，鑃金精循辰酉之方。曷学问富山海之藏，本计曜入荆巫之次。名题雁塔，天首周邦。足躔蟾宫，太阳鲁分。水日合星张之位，陛庭补衮赞皇明。孛罗同箕尾之乡，廊庙作霖苏亿兆。金水凑于蛇穴，岂惟鹤发而休。火土会于牛宫，不独龟龄而已。多招横祸，火罗犯于身命之中。广纳殊祥，金木照乎方主之内。四空坐命，其人终世颛蒙。

三合对照皆无一星。

一吉随身，此命早年亨奋。

一星满用，又喜拱照。

水流鹑尾，巧计千般。孛坐元枵，权谋百变。掠他人之物以利己，盖缘水会计都。

水主智谋，计好狡猾。

捐自己之财以济人，必是木同紫气。

木主刚毅，炁为慈祥。

求医何数，火在八宫。伸讼曷频，罗窥十位。一身迍蹇，火星怕与水星交。没齿荣华，福曜爱逢禄曜并。眉颦常不足，只嫌水到扬州。性逸素无拘，盖喜火临燕地。早抛父母，太阳不喜遇罗睺。

太阳为父，怕逢罗蚀。

中弃妻孥，搀抢切忌逢天尾。

孛为妾星，忌计侵克。

女招产厄，暗曜伤身。男中暴灾，忌星克命。

命元有忌曜相侵。

金照卫而主寿，遇荧惑而夭天年。火躔宋以为荣，见太乙则早归泉路。官星隐陷，白头始得青衫。魁宿圆明，绿鬓已拖紫绶。孛在七宫，遇月始招妻妾。火临五位见木，方显儿孙。若乃初行驳限，中始向荣。

初限否或中限泰。

中遇凶星，末乃就吉。

中限滞或末限通。

刑星居相貌，三旬之内入愁门。囚曜居疾厄，五十来临寻死路。看行年之限数，加流岁之星辰。别过度之顺逆，以断吉凶。

星之过度，有顺有逆。

推入宫之先后而明祸福。

星之入宫，有前有后。

千涂一律，有准无差。

历象赋

天地推迁，阴阳极元。列万象于宇宙，布九曜于中天。日出扶桑，遇白羊而金乌朗烈，月生沧海，到金牛而玉兔辉煌。木入秦州，旺鬼而初归巨蟹。土居郑国，好亢而正庙秤宫。给谏功臣，定是水临双女。参政学士，盖缘土好宝瓶。南方荧惑在卯宫，贵饶衣食。西方太白向卫分，益寿延年。要知浅薄，无过土埋双女。欲问荣华，大抵金居亢位。克妻害子，太乙与天尾同宫。

孛计同躔于五七之宫。

足智多才，木星与太阳交会。

木日相会于身命之位。

中年命蹇，火孛而守申酉。末岁时通，日月定居子午。初否后泰，日月临于身命之宫。先吉后凶，金木照于鼠牛之地。金乘火位，其人少失双亲。火入金乡，此命早抛兄弟。妻无子息，都缘孛在七宫。子授官班，紫气在于儿位。多荣产业，木金会于田园。少失资财，金火同居财位。水火并居田宅，破家荡产。日木会于财宫，发福多财。财帛衰退，被水宿加临。田业多增，定月华照耀。生来少疾，日月金水相当。处世多迍，火罗计孛对照。频遭祸患，杀曜入于高强。

杀曜宜弱不宜强。

自小无灾，日月不临闲极。

日月宜强不宜弱。

年年获福，皆因三日逢金。

太阴泊处，前后宫共四十五度，谓三日宫。

日日有灾，盖谓八宫见火。

疾厄宫怕见火罗。

炁罗同步，其人好逸山林。

炁罗指空门、孤克言。

金土相逢，此辈盖能修合。

金土指道门修合。

三方若背，为人空贵无官。

二限主皆背陷。

一主加临，此命永成喜庆。

如一主临垣有用，则主一生福庆也。

元通赋

天地肇辟，星辰混同。

天地开辟之时，星辰混而为一。

循三百余度以不息，历二十八宿而无穷。

诸星行度，无一刻之停。

盈虚有时，只在夏冬之至。

盈者满也，虚者亏也。

疾徐以望，不离晦朔之中。

疾者速也，徐者迟也。

原夫日管狮子之宫，月为巨蟹之位，寅亥属木，而卯戌属火，辰酉皆金，而子丑皆土，水德一星，巳申两处。兼乎四曜，分长短出入之不齐。

四曜，炁孛罗计也。

照彼众人，有祸福吉凶之所据。

诸星所照，有吉有凶。

观其十一曜，布于十二宫。

五星六曜，临十二宫以定荣枯。

入于失次，则家破叠叠。

诸星怒失宫失次。

守于垣局，则腰金重重。

众曜喜归垣局。

罗炁而僧道喜遇，

罗炁乃缁黄之宿。

水木而仕宦欣逢。

水木为文学之星。

凡星数之通变，

凡谈星数，须通变为妙。

在生时之插笼。

如欲论命，定时辰之真假。

登明太乙之宫，金见产双生之子。

亥为登明，已为太乙。

太冲河魁之位，火明主兵将之职。

卯为太冲，戌为河魁，火星临此二宫，兵将之权。

如是魁星显，有震世之文。武宿高，作擎天之柱。为公为侯，顺于昼夜。

日喜昼而月喜夜。

或夭或贫，失乎向背。

凶星向而吉星背。

凡此生人，关乎星象。

大凡人生于世，皆系星辰所主。

高官重职，岂无伏逆迟留。

迟留伏逆，有喜有忌。

寸土卓锥，亦有好乐庙旺。

庙旺好乐，有吉有凶。

岂不以荣名水星，遇之者登科及第。文昌金宿，见之者天地都魁。岁居蟹鬼而顺将逆相，日上戌娄而八座三台。斗牛之次，上德庙地。星张之宿，罗曜喜来。前诸星以皆若，举一隅而自裁。

前论诸星，如是举一以反三可也。

入则宰职，出则宪台。禄马不闲，命重使君之职。

禄勋驿马，宜其关照。

福禄稍滞，权卑令尹之才。

官禄福德，主星陷弱。

少贫老富，命弱限高。先贵后刑，主沉身显。蚀神交于日月，则父母有伤。西没地逢氐孛，则妻儿可忌。计金相见，人必雕青。水木重临，文章秀丽。三方背而寿短，九事全而福备。

四元、三限、时、命为九事。

官禄不逢正合，恩荫出身。囚忌若临暗刑，徒流可畏。或文才出众而卿荐推取，或祖业破散而身自刑伤。一则福星强而田园被刑，一则学问高而官禄有陷。三元俱顺，则富贵俱足。四空无气，则成败相仍。限元明健，利名有成。

限主若高，自当获福。

身命归垣，衣禄不亏。

身命得体，终须禄自盈余。

疾厄遇火孛，女多产死之因。迁移犯土罗，男有旅亡之兆。有三合凶照，却一世无迍。

要看身命主何如。

有四直吉临，反平生少福。

因身命星受克故耳。

子有丧败，父犯恶逆。夫受官班而妇当命服。亦宜修人事以应天时，未可徒泥星辰之灾福。

天时人事，相为表里。

通微赋

太阳乐昼，自卯以至于申。

日喜于昼，自卯时以至申时生者佳。

月魄逢宵，终寅而始于酉。

月爱夜生，自酉时以至于寅时者为美。

寅午戌属火位，太阳偏乐此宫。

日为火之副，宜在寅午戌之宫。

申子辰属水局，太阴宜居此位。

月乃水之精妙，临申子辰之位。

泉枯牛螯，须凭金曜生成。月喜毕宫，切忌火金同度。

火金助月，忌在酉宫。

木嫌坎位，月晦离明。亥子乃江湖之位，太阳不足为奇。巳午乃盛夏之时，月魄晦明为忌。一天黯淡，只缘火曜临阳。六合溟蒙，必是罗睺犯日。月弄兔华生瑞彩，日居娄宿耀金乌。木临东井，要神首以加临。炁占金牛，见月孛而无害。男人切忌女人曜，

日木土水为阳星，月火金罗为阴星。

夜里须防日里星。

阳星喜昼，阴星喜夜。

罗睺居午，切忌水德当权。太乙躔虚，最喜太阴同度。计都切忌三阳位，太乙专喜夜里生，水孛同度性偏淫，水火同临寿必损。火金子位，土孛、巳宫，两相克战，切忌坐命。

如此者，非贫即夭。

老者切忌遇强星，壮岁却宜逢旺曜。朝云暮雨，水孛俱坐迁移。性躁猖狂，火罗同躔命度。仁慈聪俊，木正东方。性敏巧明，火行南律。罗首猛烈，计尾阴柔。太阳为性威严，月孛厥心淫毒。紫炁一心兮退藏，不为福兮不为殃。计都在历名豹尾，若非有刑必有忌。金水文辞为智巧，火孛通明必外迁。辰金巳水，为文章职学之科，酉月卯日，定卿监郎官之位。祖财困辱，田宅火被水来侵。人事和同，迁移木得阳临照。月孛周天皆裸体，惟宜朝斗与朝天。神首躔度以横天，所临庙寅而庙

午。金曜本性最无情，见木刚柔须相济。水星无心常好动，向昼楚晋郑为强。金乘火位，在西北则轻。火入金乡，见辰方无忌。命居福德尤怕相克。身主逢宵，好居官禄。孛罗夹命分后先，日月同宫宜庙旺。罗前孛后以有伤，先孛后罗而无害。论星先分昼夜，

> 昼喜阳星，夜喜阴星。

此说宜辨阴阳，昼先论日与命宫，夜则言阴归身度。三元不失，福寿必高。九曜得时，平生安荣。限星俱庙，举世昌荣。福德无星，少年多难。命星满用福非常，身主俱强须福寿。福德不近贵星，官禄徒为无用。有曜休宜作有从，

> 既然有曜，亦看孰吉孰凶。

德官俱陷福无因。四正有星终作福，三方无曜吉难评。根基蒂固，须凭命曜居高。自少多迍，必是福星先陷。吉有吉曜须作古，凶加凶曜必多凶。孛罗入限，惟怕忌以加临。火土临年，见劫刃而多忌。坐贵全凭福禄壮，命强无虑火金侵。戴天不怕凶神，履地何嫌恶曜。太阴长缺，子地必圆。太阳常明，离邦必正。计防风疾，

> 计为沉滞之星，必有是恙。

孛忌脱肛。

> 孛乃淫秽之宿，必主此恙。

两曜夹火以逢刑，必主颠狂而赴水。孛计扶身而带劫，当为自缢以悬梁。看星先寻刑劫，次论刃空。推限须忌天锋，尤防的煞。一星钓用喜非常，三主俱高必台辅。月在参，日在娄，罗箕计轸定封侯。吉曜强宫福必紧，凶星失陷必灾危。

玉衡经

昼生从日，喜居六阳之宫。

> 自子至巳，为六阳宫。

夜生从月，利见六阴之地。

自午至亥，为六阴地。

众星乱杀，禀阳尊不敢施威。

太阳正照，诸星罢战斗之锋。

三日逢刑，纵月光不能为福。

太阴泊处前后四十五度内，谓之三日宫。

若论阴阳，须看昼夜。

昼生从日，夜生从月。

背太阳于父有撼，背太阴于母有亏。五星俱要比和，但以得时为贵，四余不宜冲突，而喜独行为佳。伏逆无光，

伏则不见，逆则退行。

顺行有气。金星守命，好色而主清高。

金之色美，人皆好之，故主义。

木德临垣，刚毅而怀恻隐。水如守命，多学少成。火若当权，恣行酷毒。沉谋熟虑，为缘土入命宫。

土主信，主人沉重敦厚。

巧算多机，盖是计居垣位。独孛则为人悭吝，单罗则赋性贪婪。紫气照临，必主伶俐。

尚清高好道，主九流三教。

虽然星辰如此，又看月令若何。女命限到木躔，防夫害子。男命限到月躔，招妻纳妾。水孛如守田财，难招祖业。火罗若临父母，幼失慈亲。命主逢阳终富贵，安身傍母必尊荣。九宫遇孛，终身漂泊无拘。十地逢罗，年少夸豪逞讼。罗计若居子午，纵克而有情。木土偏爱阳宫，虽战而无损。彗星昼见，女人必以为殃。天乙夜行，男命见之反克。年月日时，四柱值杀立见刑徒。宫魁爵禄，四柱高强自然荣显。金月互垣，必有立成之分。阴阳失位，没齿贫困之人。主星居于母地，主傍贵而成家。母星飞入命垣，多因妻而致富。木居狮子，居官不能享官。计入三阳，有

禄不沾寸禄。水喜顺而不喜逆，土爱暖而不爱寒。以元合食，论人之享用。

元即天元禄也。合即甲与巳合，取巳月为合星，食即甲取丙木为食星。

以官魁爵，定人之前程。

官即甲炁也。魁即日月也。爵即子土也。

最喜者，四角之有星。所忌者，三方之无曜。马临官禄，出祖成家。禄在妻宫，因妻致富。男人命居子午，必强狠而专权。

子为端门，午为帝座，居高势。

女人命立巽乾，必淫冶而夸色。

巳为双女，亥为双鱼，马地好淫。

坐贵不宜冲贵，

只宜坐贵，不宜冲贵。

见合不宜见刑。

惟宜合吉，不宜见刑。

立身合论马元，失管则徒然奔走。聚财则观财库，无守则必致败亡。不须轻用闲奴，

兄弟主奴仆，主不宜入财帛，及财主亦不宜入闲极奴官。

此等须当我用。

惟喜身命主坐财库官。

杀不宜真，真难磨灭。

且如土克水，土掌的、刃、雄、廉为真难。

禄不宜破，破则贫穷。

禄宫禄元被恶杀侵占。

孤而加寡，妻子难为。空以加亡，利名难遂。

阳宫空，阴宫亡。阴宫空，阳宫亡。

刑不宜战，战则必刑。

如逢刑地，不宜有战克之星。

三刑带战，必然刑害。

刑战两全，其祸必矣。

合不宜冲，冲则必破。

合照星吉，不宜凶神冲破。

合还冲破，作事无成。论刑必论杀，刑杀重而难当。论官必论魁，官魁显而清贵。既参官星本宿，当以太阳相参。虽论刑煞星辰，合以天杀互论。两杀夹垣须破相，三刑临己必伤残。身命最喜入官，坐仆坐闲何所用。

官禄官喜身命主入，但闲极奴仆忌身命主坐。

日月不宜夹杀，夹禄夹贵以为荣。

凡杀星不宜日月夹拱也。惟有禄勋贵人喜日月拱夹。

子午为圣人端座之宫，诸杀莫入。辰戌为小人恶弱之地，天乙莫临。暗金可畏，若临命夭折无疑。

春亢、夏鬼、秋娄、冬牛，谓之暗金，不宜坐命于此。

杀火无情，若居杀，凶恶难免。

火星掌杀不宜居疾厄之地。

日月若居华盖，僧道流行。

辰戌丑未犯华盖，日月临之。

禄马如陷空亡，巫医术士。

寅申巳亥是禄马，空亡遇之。

桃花带合，男女皆为无礼之淫。隔角逢孤，纵有嗣续皆过房之子。

丑寅、巳午、未申、亥子，谓之隔角更带孤辰。

坐禄向马，乃利名显达之人。

命坐禄勋，对照驿马。

对禄坐贵，亦文章腾达之士。

禄勋对照，命坐贵人。

木罗会舍，喜入寅宫。水计相刑，怕居巳位。劫头乃非活路，刃未最是凶关。众凶作党，有不已之战争。

如孛罗交战，水计相刑，不伤限元无妨。

二母争权，乃太过于姑息。孤日临于命限，勤苦劳心。一月单行官禄，精宁可爱。妇人专以性宫为重，男人当以八杀为权。面目伤残，刑囚不宜伤相貌。心神漂泊，水孛最忌入迁移。对照逢罗，婚姻反掌。五宫逢孛，男女虚花。二主临财，财必丰厚。

或身命二主，或官福二星。

两强战克，田宅动摇。

如孛计交战，金罗相克。

命卑闲健，兄弟有争斗之风。主弱奴强，奴婢有侵凌之患。福星喜临垣，禄主宜镇位。以木凫金水为君子，

文人才士，为喜木凫金水。

以火罗计孛为小人。

武将功臣，但重火罗计孛。

十二煞神仔细推详，三百六十吉凶可考。阴阳守巽，至老耳目聪明。火孛临坤，未免腰背屈曲。罗居五位，眼必无光。水入寅宫，咽喉壅塞。鼻头带赤，火孛而守申宫。脸面委黄，土计而居辰位。计临申位，面上有亏。罗入命宫，胡须可验。孛罗到酉，心气往来。孛罗冲卯，风疾难禁。孛罗居于亥子，臀犯疮痍。金火战于辰酉，肺心咳嗽。罗逆行而不顺，多犯血光。火若退而迟留，难堪酒痢。更若孛星有党，血上加脓。那堪土宿来临，痔而带疾。木到巽而见杀，左手拘挛。凫入寅而逢刑，脚腿虚肿。要观疾病，先论陷星，吉凶了然，易如反掌。

四时赋

切以三冬之木，遇水而寒。

冬水不能始生木之功。

九夏之土，逢火而燥。

夏火太旺，生土反燥。

金埋土而反晦，土混水而致浊。无根之木，遇恶水而飘泛东西。

木躔金度，或与金同，夏月水势盛，反被漂流。

受制之土，见猛水而崩溃四出。

春夏生物之土，乃为受制，遇水反崩溃。

春金见月，淡薄无成。冬月遇金，饥寒刺骨。火逢月朗而无权，金得火明而焕发。寒月最宜干阳，

月借日光，固喜近阳，冬月尤吉。

夏火不妨见月。

夏火本炎，遇太阴以解酷热，火得令能助月。

未垣坐命，太阳行限则柔而能刚。

未乃阴宫，行限遇太阳则阴从阳，以刚济柔也。昴日度。

星度为元，太阴司用则懦而无力。

星乃阳度，行限遇太阴则阳从阴，受制于阴，故懦。

盛夏之火，何须木炁生扶。

木至六月则绝而不旺，见火反干。

六月之水，最怕火日枯涸。

六月水主辅阳，反为不美。

夏金遇日，销铄无聊。

夏金与日同躔，必熔。

秋木逢阳，凋零何补。戌垣之火，取用与卯垣不同。

戌火势微，不论四时，最怕水孛。卯火势盛，惟冬怕水孛。初生之火，宜木炁生扶。

酉宫之金，行限与辰宫有异。

土中之金，不大畏火罗。

冬水喜于南奔，戌火忌于发露。

居娄宿则吉，微弱宜藏。

冬春之木，见日则谓向阳。冰冻之土，会火始能发用。月圆火焰，奈争斗而无成。水冻金寒，纵相生而不发。寒土何生金之有，

所谓土寒者，不生之故。

秋水非滋木之时。

秋木凋零，不能足水之滋。

辰酉坐命，土犯月而尤佳。卯戌为垣，孛抱蟾而反害。残晦之月，见火增辉。

初八以前二十以后，三方对照，得火相助。

刚燥之土，遇水滋润。

夏土干燥，爱水滋润。

诸星皆退，主星独顺，乃中流砥柱之人。群曜都衰身星有用，则独步轩昂之士。土在子，木在午，似有冲而无害。命居申，土居亥，行此限以何妨。

申命不忌土计，在亥则土受制。

娄乃金石之火，触日方发。

娄金安命，相从太阳。

箕乃蒙泉之水，见金不清。

得木荫之乃清，若金伐木不得荫庇，沙泥所以不清。

惟参轸议论不殊，与亢星取用归一。丑宫坐命，不可以木为刑囚。星柳为垣，亦不可以木为难。岂不有水中之火，火中之金，金垣之木，木垣之土。冬水为命，太阳行限，财不足而福有余。春土作主，火星发用，彼无力而我何藉。

春土本不旺而火恩躔泄，则母无力而我何藉。

论星先要论时，论杀无过论理。火本畏水，巳宫翼火为登殿。金本畏火，戌宫娄度亦归经。木本怕金，辰宫角宿为登殿。土本怕木，寅宫艮土反长生。造化贵在

择用，术士妙在推详。此论先圣之秘奥，而后学必宝敬之。

广寒赋

立仪观象，创法算星。推天地之有准，定日月之可凭。风云庆会，顺言箕毕之由。

箕星好风，毕宿好雨。

朝暮昏晓，但看房昴之要。

房为日出之所，昴为月生之地。

日赋尔命，月躔乃身。子夜朗耀于双鱼，宜逢太乙。

夜半月居亥，宜孛星抱之。

五更辉煌于巨蟹，喜近长庚。

五更月居未喜，金星助之。

论其玉兔之形，到彼金牛之地，却怕火罗，毋嫌土计。先观阴晴圆缺，须辨晦明。

上下弦而月缺，十五六而月圆，日月相会而晦，日月相望而明。

次看子夜晨昏，以分向背。

日将出为晨，日已入为昏。子夜者，夜半之际也。夜生为向，昼生为背。

职属太后，配同母亲，遇群凶先主克母，逢恶曜亦当损身。

月为后、为母，又为身。

南有张，北有危，南北正殿。东有心，西有毕，东西正垣。既曰入垣而入庙，亦须相顺以相生。

逢吉星则吉，逢凶曜则凶。

入晋而躔觜参，财星守命。在郑而躔角亢，禄主居辰。身之如何，六奴仆位，庶出偏生。九迁移宫，过房离祖。同水见孛兮，痈疽痨瘵。同金见火兮，盲聋喑哑。如逢木兮，山间林下作生涯。若遇孛金，月下花前恣歌舞。其初也。出扶桑之地，生于蓬岛之间，或挂柳梢之上，倘躔斗柄之前，每日常行十三度。

一昼夜间行十三度。

逐月历遍一周天。

一月之内，历十二宫。

圆缺不齐，昨夜今夜。

正望之际，月固圆明。未望前，既望后，月尚缺矣。

晦明迥别，上弦下弦。

上弦之后，月渐明。下弦之后，月渐晦。

二十八宿循环，祸福晓矣。

二十八宿所属，太阴躔此者，有祸福之所据。

四十五度向背，吉凶了然。

四十五度中间，太阴泊此者，有吉凶之所辨。

与太乙同坐官宫，为官食禄。会天乙而居财帛，问舍求田。古人云：石崇巨富，月在白羊。甘罗为官，月居天秤。火月逢孛，虽韩信未免遭刑。金月遇罗，纵颜子亦须短命。刑囚犯月，须看三方。暗耗临身，犹观四正。

月犯刑囚暗耗等星，观看三方四正，有援庶可。

火月入边邮，苏长卿甘处牧羊。木月坐迁移，郭令公宜见虏阵。常论金命月居卯戌，火命月居巳申，水命月居子丑，土命月居寅亥。木孛犯月，命居于鹑火之位。土计临身，命躔于鹑首之宫。飞来阳刃，钓起三杀，重则犯刑恶死，轻则破相压身。有救则非常富贵，无助则难免夭贫。

以上数条，皆系身居难地。

命亥月辰，正是厄宫当受病。命寅月酉，是真奴仆主艰辛。人皆曰：凶莫凶于火罗计孛，吉莫吉于木孛金水。殊不知身命入鲁宋，不怕火罗。身命居齐吴，毋嫌土计。大凡人生天地之间，刚强正直，有勇敢为，火罗计孛使之然也。

不以火罗计孛为凶，勿以木孛金水为吉，各有所用不同。

凡金星伴月以躔亢，水星伴月而入轸，火星伴月向南斗，木星伴月朝东井。虽然一星伴月，自古宜有，不如众星朗朗，孤月独明。宫清身吉，休愁尔命。

第十章　星命汇考十

《张果星宗》八

观星要诀

看三主

即宫主、度主、身主是也。身主不傍鬼不冥晦。宫度三主要得局，不泄气，不迟留伏逆于恶地，极喜朝元升殿垣局，生我之度也。所以不怕三方忌星刑照，正是他来刑我，我居庙旺以何妨，不必论恩援二星于失次，亦富贵论之。

宫身度主喜朝阳，三主高强福寿昌。恩援不须来辅助，也应富贵始终良。

主犹人身，禀气强壮，且居廊庙之上，不受克制，近于天庭，终为贵也。

论四时

凡四时者，春温、夏热、秋清、冬寒，当分节前气后以定四时寒暑，故可论之。及后学不能精通，即道稀奇，八九之数，岂能通到于渊源。又如春木、夏火、秋金、冬水，四季月土，皆为令星。若宫度二主得时得令为美。《经》云：五星俱要比和，但以得时为贵。又云：看星须看得时星。

二十四气转流通，四时寒暑在其中。寒凝不可居阴极，暑热嫌居阳烁宫。

时谓天地之气，四时行焉，犹物之各得其时，流通则畅，滞塞则乖，五行亦如之，况人命乎。

分昼夜

昼生者，喜太阳，木土计炁水孛于阳宫、阳度，夜生者爱太阴，火金罗于阴宫、阴度，如合此者则福禄崇高，显贵论之。倘或昼曜反于夜，夜星背于昼，以为孤克，乃是刑星，则减福气。如昼行夜曜，夜行昼宿，亦不祥也。故曰：日生怕逢中宵宿，夜里须防日里星。

昼生日木土为奇，夜反孤星非所宜。月火金星为夜曜，日光晦昧克妻儿。

谓阳星居昼而阴星居夜，乃各得其所，苟有反背者，俱有所忌，当辨昼夜之分，则吉凶方验。

辨阴阳

凡初一、二、三、四、五日，戌亥子丑时生人，日月俱晦，如为宫度身三主有二失次者，兼刑煞有犯，则主孤独论之。若二十六、七、八、九、三十日，酉戌亥子丑时生人，亦谓日月俱晦论之，皆不足取也。

阴阳孤晦主孤牺，不损儿兮便损妻。日月分明妻子盛，无光父母主生离。

天得一以清，地得一以宁。天清地宁，物象咸亨，人物雍熙。且晦者，阴阳交错，天地暗昧，如日月无光，所以酉言父母之灾晦也。

推迟留

凡木火土金水而有迟留伏逆之辨，以尊其太阳故也。盖太阳者，君象也。五星者，臣下也。臣见君则让于礼，所以五星近太阳则迟，迟则行缓也。五星三方见太阳则留，留则不行也。五星与太阳同行则伏，伏则不见也。五星对照见太阳则逆，逆则退行也。《经》云：伏逆无光而顺行有气。

五星遇日须当伏，三合逢阳便是留。要识对宫为逆度，不逢阳处顺行周。

此谓群下尊君之礼，严敬有如此，不敢相犯，犯之则有触君之罪，惟顺而吉。

考伏逆

但凡迟留伏逆，在于庙旺受生之地，恩情之度，不相克战。又在君前礼不相拘，反能为吉。若迟留伏逆在于克泄鬼制之宫，相战相克之度，又在君后死绝之地，不祥之甚。《经》云：顺则优游，逆则退缩。留则拘系抑郁，伏则韬晦无光。

迟留庙旺在君前，富贵双全发少年。克我无情泄我气，伏逆君后反为迍。

伏与逆者，言其不敢与太阳相见也。五行居旺相之方，宾主有情，礼法不拘且吉，无情克战且凶。

明禄贵

凡宫身度主俱坐禄贵马乡，或禄贵拱之，或禄贵夹之为上。更兼宫度身主得经得位，不失次于恶地，乃为富贵福寿。若见身命度主在杀宫，星辰失次者，夭折贫穷之论。

宫身度主贵人宫，禄贵相生富寿翁。设使逢空星失次，一生蹇滞不亨通。

且禄与贵者，人之所欲也。全在三主归垣得地，乃为真禄，若值空亡弱陷，又为虚禄虚贵，得之无益。

利生旺

凡身命度主要居长生之地，帝旺之宫，倘命立败宫，身度主飞入死绝不得地，贫贱的矣。

宫身度主旺生乡，名利重重坐庙堂。若见空亡临败地，贫穷夭折绝三纲。

生旺则富贵，犹人气质敦厚，信而有之，则主富润屋而德润身矣。

忌断躔

木凋天秤与金牛，火怕申乡巳亦忧。土走双鱼人马位，金销天蝎白羊州。水漂羊角流巨蟹，计虎猪儿兔亦愁。紫炁亦嫌鸡唱晓，孛逢戌上是三丘。罗睺酉亥君须忌，日月无光卯酉头。纵尔神仙并活佛，涅槃尸解去悠悠。

此谓五星躔度相遇之宫，各有所忌之宫度也。主人晦昧反复甚则必死。

逢死绝

命坐败宫，身入死绝，纵吉亦贫。大限又在死绝之地，小限犯原流、旬空、太岁天空，决死之兆。

死绝休囚不足观，宫身度主怕相干。若逢二限行空地，薤露歌声日落山。

谓原守与流年犯旬空者，必死。

《薤露歌》者，送死之歌。田横死，门人义之而作。其歌曰："薤上露，何易晞！露晞明朝更复落，人死一去何时归。"

太岁冲

太岁者，至尊之煞，当权司令，诸星节制，命坐人君，在家不能为祸。若在大小限，为祸不可言。如当生太岁冲犯大限，流太岁犯小限，以凶断之。

原流太岁煞相冲，二限相干子哭翁。天德解援来救护，资财耗散一场空。

神煞露

假如命限是金行逢火度，火星与水交战流水，或三方对照正犯之，决死无疑，坐命亦然。

露杀交争气散倾，根源最怕忌流星。若然流煞相呼杀，导气修身要上升。

五行一例而推，今举一隅而知其三矣。

根源乃原守之辰，流星乃流岁之曜。

寿令泄

如纳音属火，命躔参水，夏生之人限行胃土度，为寿令俱泄，乃生土克度之故，度主又失经者，决死断之，命度身主仿此。

从来土宿能克水，寿令生彼号死鬼。流土再逢刑命限，仙人救助无道理。

纳音，鬼谷子所作，如甲子、乙丑海中金之类是也。

克命度

庸术概以宫分断之，误错多矣。○假如丑上安命女初、女一度，限行斗一、斗二、斗三、斗四。○戌上娄度安命，忌行箕风。○角木断躔命躔女初、女一、女二度者是。○寅宫斗一、斗二、斗三，限行亢金鬼关。○轸九度命者，胃土柳土内皆忌，如过轸十则无害也。○鬼觜参度，虎口真忌。○参度命者，女土之忌，若犯正真躔度，限行到此，必有大灾，应如影响，若有忌星居上则重，吉星居上则轻，不可一例而推。

六甲空

如命跟犯原空，流太岁又空，或限度主又空。决死而无疑矣。

空命空限并空神，纵尔聪明志不灵。太岁加空来激限，南柯一枕梦泉扃。

如土空则崩，木空则折，水空则流，金空则响，火空则发，大抵火空终归煨烬，不如金空者妙。

四刑忌

凡金骑人马，土埋双女，火烧牛角，木打宝瓶，命限逢此怒星者，决死之道也。

四刑三忌亦非良，怒处行凶逞恶强。星怒得时空有救，行逢怒杀岂为祥。

此四者贱格之谓，寅为人马，巳为双女，酉为金牛，子为宝瓶，遇此则为刑忌。

值难柄

值者，正二太阳之类也。难者，八杀宫主也。柄者，天囚天耗也。且如宫身度主犯此三端者，或值难度中安身命，或又限行此恶星。再加流星迭逢，如雪上加霜，必死无疑也。

柄神莫近命身宫，碌碌浮生一世穷。值难相刑犹可畏，莫教限犯死囚凶。

一云八杀宫主，即疾厄之宫主也。

怒失令

凡春土、夏金、秋木、冬火，为黑道之星，又为休废之曜，命身度主躔于此上，彼无力我何施，终是不祥。如限路值此，为灾莫大。无生旺恩星解救者，死无疑矣。

须知失令怒生嗔，黑道无光暗昧身。限主无情君切忌，无常一到作泉人。

谓失令者，亦犹人之失时，作事不通，手足无所措也。失令即无权也。东不遇而西不偶，惟枕泉石而乐幽林可也。

煞叠煞

如限见原天雄，再犯流天雄，并的刃劫囚等杀是也。故云：刃并天雄，劫加地雌，限路危则亡生丧魄，依此仿之验矣。

天雄的劫刃宫中，怕叠流年太岁冲。祸起萧墙生百出，官灾死败转为凶。

萧墙，门屏也。言祸起萧墙甚近也。

鬼见鬼

假如坐命斗木，限行亢金，本然失次，加流年金星，三合对照，犯限决死，轻则图圄破败断之无差矣。

鬼中见鬼犯刑星，大限相迎必见倾。若见克星流限内，十生九死决无情。

鬼即杀，杀即鬼也。主旺者当之为杀，主弱者当之为鬼，图圄，古之牢狱也。

利添利

凡宫度身主在于生局之地，如受父母之荫，或限行恩星与我有情，当以显达富贵论之。又如木躔水宿，水躔木度，以木为宫度主者，亦曰利添利也。

利中添利见恩星，源流生我转精神。富贵荣华人所欲，聪明智巧更通灵。

如遇恩星，生我之父母也。三主过之则受庇荫之下，如木有本，水有源。岂不为利泽于人哉。

空中空

太岁前一位即天空煞，太岁后一位为蓦越杀，又六甲空了身命，再限行流空与宫度主者，最宜忌之，的死无疑矣。

天空太岁最为凶，宫身度主莫重逢。再犯流空归命限，须知短命似颜公。

驾前天空、六甲旬空、流年空亡，三主星与限度临之即死。

扶阳势

但五星扶阳，有用者最吉，如宫度身主极妙，若克身命度之星朝阳者，必主天疾论之。

扶阳生岁福滔天，克我之星步莫前。命度朝阳都显达，杀神随势夭天年。

扶者，扶助我之辰，引从太阳者则吉，如遇克我之星，又遭杀神相并，必死。

生岁者，纳音宜受生，不宜受克。

三灭关

三关者，初关、中关、末关是也。凡初交限谓之初关，限行居中谓之中关，限行将末谓之末关，此所谓以限度之出入而分初中末之三关也。且如限行子宫危十一度，乃初关也。虚日五度，乃中关也。女土二度乃末关也。如有杀刃在初关者，其人必死于本月节之后也。如有杀刃在末关者，其人必死于本月节之前也。如有杀刃在中关者，其人必死于本月节之日也。此举大概者言，可以详推。

断躔失度过歧峰，险道休逢太岁冲。假使流星无克战，也应泉路见阎公。

又谓金木命忌星日度，水土命忌井木度，或于南斗日月忌胃土。

元妙经解

排列出类

五曜连珠	二星合璧	藏天履地
出乾入巽	文武两班	君臣庆会
守一空一	居三隔三	群星朝北
众曜拱南	天地开明	山泽通气
水火既济	风雷鼓舞	纵关横关
辟拱阖拱		

首尾阴阳居四正，火罗计孛守四维。

分布得经

子宫　水清宝瓶　土好齐瓶

丑宫　乙炁骑牛　孛星朝斗　长庚朝斗　水爱逢金　土好太常　火土得牛

寅宫	木计同寅	木罗会舍				
卯宫	太阳逢兔	火明天市	日出扶桑			
辰宫	金木逢龙	水润金明	金号太常	木躔角道	土归郑国	土罗相会
巳宫	金水会蛇	日水乘旺	水临双女			
午宫	日帝居阳	水阳相会	水名荣显			
未宫	金躔鬼宿	木入秦川	太乙抱蟾	金星助月	月挂柳梢	星聚东井　火号文昌
申宫	木土相会	月绕昆仑	火归坤地			
酉宫	金助月华	月到金牛	月升沧海			
戌宫	土日合照	火居娄宿	日遇白羊			
亥宫	金木乘旺	金居卫分	木临荧室	太乙朝天	木计逢鱼	

登殿入庙

七政各有殿、有庙，殿庙惟主星及命坐此，名曰登殿入庙，最喜日月同向，乃吾近君必取高贵。○《经》曰：日正庙奎八至十三度。○月正庙娄八至十三度，次庙毕九至毕一度。○木正庙角度。○火正庙心二至房三度，次庙房四至心初度。○土正庙斗十五至二十一度。○金正庙亢五至九度。○水正庙翼八至十三度。○孛正庙奎十一至十五度，次庙觜。○孛正庙星三度至五度。○计正庙轸十三至十六度，次壁四至七度。

凡星辰之登庙、升殿、入垣局者，如仕宦之在朝堂，乃上格之命也。须得星辰归于垣局，则官职显要。历三台八座，翰苑虽荣，若命格之高而星不入局，则虽有禄位，终为中品下品之贵，不能登于极品之贵也。

躔泄居嗔

碇泄者，如土躔金，木躔火，水躔木，火躔土之类，但木星逢火，火星逢土，亦为泄气。居嗔者，如木打宝瓶，泉枯牛壑，金骑人马，土埋双女，木触金龙之类，金愁见火，火入金乡，金火同周，水流巨蟹，火烧牛角，水漂白羊，故曰居嗔，略举一二，内中还有居嗔，宜细看诸星为是。

泄者，言我生之者泄我之气，耗散精神也。嗔者言我克彼也。我克彼，战斗无益。

失时得令

如春土、夏金、秋木、冬火、昼火、罗、月夜土、计木日，皆为失时，及冬水孛寒冷。不宜与月同躔并及守命主、大贫薄之人。得令者如春木、夏火、秋金、冬水、昼太阳土木，夜太阴、火罗金加为恩星得度，主大贵显也。

失时者，犹草木之逢冬，万卉俱死，岂比松柏独立霜雪之中也。得时者，犹花木之遇春，群芳俱茂，岂比百草立秋风之中也。

逢生反刑

居受生度，或曰长生位，或恩宫与母星对生，亦宜并度生我之星，最喜合宫满用，或为科禄，文魁等星，必贵。反刑者，如金与木反之。金躔奎木，木躔娄金，不得升殿是也。如水火未济亦然，或命主与刑星共度及冲向亦同。

长生，长字音掌，言人生长之时，读作长生者非也。

用杀疾贵

如命主是官禄，科名为满用，星辅日入格，而此星又是刃雄的劫符丧等杀，必带微疾而贵。若不满用，主夭。如一星作三四之用，为之满用，主贵。

疾贵者，言人有小疾不伤支体，暗生之疾，如扬雄不利于言者，亦如是也。

克杀全惊

如坐命金度见火，火必克金，辛甲生人而火，又是阳刃或并他杀则全惊矣，火者他来克杀也。非我克杀，乃杀克于我也。

辛以戌为刃，甲以卯为刃。卯戌二宫属火，故言辛甲生人为火刃。

官科禄旺

官禄主、科名主，天禄主，三者乃贵之原也。若得一星守命，顺行向我，或生我，或为身命主星，满用辅阳或关加对宫，主贵。

此星若在强宫，主贵。若在陷宫。虽贵而失禄。

卦禄斗杓

卦者，卦气也。禄者，禄勋也。斗者，斗杓也。此三者或并为一星，或禄主居斗杓，或斗杓居禄勋，或禄入卦宫，或卦入禄位，有系身命者贵。

分出奴党

炁孛罗计，乃五星之奴，不宜与身主度主及命主共躔，此则小人犯主之象也。若得四余独行，不杂七政之间则美也。

主星旺奴星弱则无害，主能制之。奴星强，主星弱，主不能制之，则害主矣。

截转用星

官科禄三宿最为要用，不喜背阳独立，背宫则不能贵也。若得罗计前后关截则不漏矣，又能主贵断也。

此为计罗截断，如计罗居巳亥，五星居子丑寅卯辰之类。

仇截根折

但克我者为仇星，忌隔断与主同行，如命坐翼度火为主，火躔亢水宇，乃我之仇星，躔轸角之间，而命火为其闸断，如木根被伐而折也。天丧必矣。若火躔远在他宫，及生旺之地，不足虑也。

令助身明

火罗本恶，若夜生人喜近太阴而反得令，能助身主之辉，逢金水夹辅、引从者亦然，得此皆主聪明富贵。《经》云：夜生月而火罗侍卫者是也。

此谓恶星得其用以助月，反为招福。

四吉夹辅

天经、地纬、禄勋、天福，谓之四吉星，只重二星夹命夹身，不宜斗杓、指破为妙。

五耗皆临

天耗、地耗、大耗、小耗及十干所化之耗并沓于命、于身，必主贫苦。流年诸耗又并于限，必遭盗贼。加流刃则遭官破财也。

阳宅稽本

阳乃父居强位，及有吉星夹辅引从则崇父之基，如命坐酉，太阳又为田宅之主，日升殿，左右金水夹之，则可稽其父业丰厚尊贵。若身命宫主引太阳居闲极，并入弱宫，父业必淡薄也。

闲极为兄弟之宫，虽有父业，兄弟分夺则必淡薄。

雄彗锄名

天雄、地雌，二星忌对冲官禄宫，及孛彗守官禄守命宫，或截或隔宫禄科名之星，必至锄名削利也。

锄削二字者，言戕害之意。

七政并旺

日月五星各得其所，富贵之原。如日午月未，水居巳申，金居辰酉，火居卯戌，木居寅亥，土居子丑是也。

四主咸屯

身主、命主、度主、寿元主，四主被恶曜所伤所夹，或居陷弱失经，必主贫天。

寿元主起例，且如甲子乙丑纳音是金，即金也。余同此推。

彼此强弱

如克我之仇星既强盛而我衰弱，全赖母子二星以援，在本宫及对关加合以生以救。故曰："炁木太盛，土计俱伤。若无火金，必主凶亡。"恐福高而身不能享者，正谓此也。

对关者，即对宫关照。加合者，即三合加临。

前后凶宁

仇难之星为凶，恩贵之星为宁，若得守身、守命，有凶有宁，须分前后之辨。凶星在前曰背我，在后曰向我，背则无害，向则必凶。宁星在前曰背我，在后曰向我，背则不贵，向则必荣。

背则无情，向则有意，仇难、恩贵，要分背向，方断吉凶。

参差星性

七政四余各有不同，木主文而繁，火主暴而狂，土主厚而迟愚，金主刚而寡爱，水主快而不定。日配父，如主星同主贵，吉星引从则父贵；月配母，吉星引从则母贤身贵。妇人命守月度，无恶星混杂则有貌男人。值月守命，若与木德同行，亦好容仪，主文章艺术。炁守命，主慈善，言语分明，少病有寿，或多孤寡。孛守命主言粗语大，胆壮有谋，为多奸诈，性高傲不耐是非，无嫉妒。计守命性多勇，胆大多奸。

此谓十一曜所主不同者，亦犹人之善恶贤否，德性刚柔者，要审星性以别之。

不一元辰

论星以本元为主，生年干支所属贵贱吉凶星辰各有不同。如甲生人值火既是禄，又是刃。辛生人专以火为刃。乙生人日乃文昌天厨，惟卯时生人必富贵。若丙戊生人日是刃，父宜早丧，见木取贵。丁生人以月为刃。巳生人月是身，又是刃，又作禄用。戊生人土为禄主，又为科名。庚生人水为禄元，金为刃星。壬生人值计本恶，而为禄主。癸生人值罗本凶，亦为禄用，皆主有贵权爵荣。

此篇正发果老云："五星六曜资我者吉，伤我者凶"，亦随岁而变乎。如金掌刃克木而凶，如土掌刃克水尤甚，此所掌煞者重，不掌煞者轻。

住明匪贱

明者，高明之地，如卯上谓之明堂，午上谓之轩辕，戌上谓之武库，身命主值此，乃高明之地也。不可作下贱命论。若贵人、禄马、文昌、斗杓、八杀，卦气所临之宫，而身命主值此亦为明宫也。

卯属火，戌亦属火，午乃太阳所居，亦火也。火为文明之象，故作高明之地。

亲驾须臣

岁殿、岁驾宫，惟身命居之此上，又喜太阳临之，与我相亲，如君臣辅会于昭阳之象，岂非为我之荣。若升殿入庙居垣，皆宜满用，辅会关系于命则贵。

如一星得三用者，谓之满用，须要升殿入垣，登驾临殿者贵。

身空害卸

太阴好静宜空，喜独行，或在六甲空，空则杀神不害。《经》云：太阴空而明万里。又曰：月居闲极反为祥。如坐命宫旺不畏空。

宫旺禄嬴

坐命天禄、贵人、唐符、国印、文昌、卦气、斗杓、注受、生旺等吉宫，只宜纳音生旺则贵。

此谓犹人之旺盛，则可任其大贵也。

避蛇履虎

行限凶送凶迎，始脱的刃宫，又值雌雄剑锋在前者，必死。

此谓脱凶跟。又行凶限。

值雪加冰

限见原煞星本可畏，又值流年杀并踏，必然死也。

煞垣损益

煞星不起本垣者，或在命损巳，在三宫损序，四宫损亲，五宫损子，七宫损妻。又以煞居垣者，见日月伤父母，见妻子伤妻子之类。皆以星为重，而有益我之星又不此论。

生我为益，克我为损，俱在宫分推之。

宿沓岖平

众曜踏为一宫，或踏一度，无非有生有克，故曰岖平不一。如月见火，逢望则食，逢昼则岖，逢夜生而未望者，反能助其光辉，如火孛在亥则交战。此论星沓之多者，亦宜详考。

众曜如同一宫，有得其垣局，有不得其垣局而相生相克者，故为凶为吉不一。

掌督善恶

如火罗计孛，乃凶星也。或生我，或化为福禄居善宫，未可便以凶宿论之，而且早岁富贵者有之。炁木金水，乃善星也。或克我，或化为刑囚居恶宫，反以为凶星论之，故非凶之凶，凶莫救也。非吉之吉，吉莫量也。

此谓遇善则善，逢恶则恶。

互换轻重

如命居田，田入命，命入财，财入命，官入命，命入官，福守命，命守福，所谓以轻易重也。皆主富贵。又有闲入命，命守闲，命入杀，杀入命，命入奴，奴入命，所谓以重易轻也。已上互换之说，身命兼论为是。

以轻易重者，不富则贵。以重易轻者，不贫则贱。

母子侧向

生我者，母星也。我生者，子星也。母星解仇，子星御仇，只宜近向于我之宫，或通关对合左右相顾则吉。或以月为母，水为子者，非此子母之谓也。向者，向我身命也。侧者，侧面背行反去不顾之谓也。

母子二星宜朝向之，仇难二星宜侧背之。

体用屈伸

命主曰体，限主曰用。《经》云：命弱限强，如槁苗之得雨。命强限弱，如逆水之上滩。

《经》云：命弱限强，发成无久。命强限弱，终不荣超。

日月著明

《经》曰：尊莫尊乎日月。盖日月者，阴阳之精气，诸星之领袖。昼生从日，夜生从月，必须日月分明，吉星引从方是真格，乃富贵之原也。如日逢火罗，木炁临狮子，月逢土计，天乙赶月。或诸杀星侵犯日月。又曰：日月居晦位，皆非吉论。故曰：贵人日月要分明，日月分明是贵人。且日为君，为父。月为后，为母。身命官福近太阳者贵。又日月夹身命及夹官福，皆为贵显有近君也。若凶杀四余侵杂，如君侧之有恶人，虽贵而不久，亦不显矣。故身命主星向阳则得父力，月明近命则得好母，若日月虽向命，或昼月夜日，或寒月孤居，父母虽好，终是相失反背之论也。

此论日月之向时不向时则有昼夜之分，以日月为人之父母，又为君后，所以人命近之则有父子恩爱，假使背之，虽有恩爱而不合也。

福官清健

《经》曰：美莫美于福官。盖福星高则平生有财，有福而有寿。官星清则为官，有名有誉而尊显。二星只要入庙归垣，近太阳太阴无凶煞冲制，方为发福。故曰：文星不若福星高。官禄朝阳格局强是也。

福官二星者，仕宦赖之以扶身，苟有失陷，则不利于仕途而蹭蹬也。

身命为元

命主，即坐处二十八宿之属是也。身主，即月是也。及太阴所躔之度亦是也。盖星家有命主度主之辩，不可徒以命宫之主为命主论也。然度主亦不可舍也。譬如曰宫主者州也。度主者县也。莫不县而州。愚谓宫主者由人家也。度主者由家之主也。一宫之内，大率有三等之主，坐度之星，犹家之主也。凡人家亲友随一人之好恶，故度主是木则以水为恩，以金为仇。若度主不是木，则又别论。若以命宫之主泛论，祸福必无切验也。故知诸家论宫主不论度主者，皆不若果老之说为亲切。愚断以果老为经，以诸家为纬，以度主为先，以宫主为次，知所先后则近道矣。身主诸家皆为紧要，而果老曰：兼身命度之主并用，尤为关键。推此身命度主，岂可泛论哉。

予之所见，非独宫度主论，尚有四主切要，即宫主、度主、身主、身度主者。盖宫度、身度皆我之主也。其中非在宫度主辨，因有恩难之分，所以各生异说，于中逢恩而不发者，有遇难而无咎者，以其执泥一端无变通之理故也。善观星者，论四时昼夜，辨阴阳晦明，推迟留伏逆，分向背拱夹，斯乃万古不易之论也。

诀曰：世人未识星家理，不务心传务口耳。生时坐度作虚名，只把命宫星作主。阴阳经纬何纵横，俗眼无由见终始。诸星皆可论宫神，命元切以度为主。此是先生元妙诀，须得高贤方说与。

凡看官福、田财、妻嗣等星者，只以各宫宫主而取，惟有命元者，当从度主论也。故云：诸星皆可论宫神，命元切以度为主。

子丑官土，寅亥官木，卯戌官火，辰酉官金，申巳官水，午官太阳，未宫太阴。

要知荣枯惟看月，张毕危心命尤切。半夜之前喜独行，禄贵斗杓添皎洁。虽是无光得位宜，落木寒蟾非令节。不关恶杀寿萱庭，眼目光明双鬓雪。纵横木字漏关明，犹是星家称卓绝。

此论身主为重，荣枯得失皆系于身。若命躔月度，又为月兼身命，所谓一星两用。故云：要知荣枯惟看月，张毕危心命尤切。

角斗奎井木、亢牛娄鬼金、氐女胃柳土、房虚昴星日、心危毕张月、尾室觜翼火、箕壁轸参水定身主，皆以月为身主。

背对迎关

星辰在命限之前曰向，在命限之后曰背。星辰在对照宫曰相对，在三合宫曰关照。星辰在前曰迎，在后曰送。此论元守星并流年兼看，以定祸福。

钓起飞来

对照拱照关照皆为钓起，原守本宫本垣，谓之飞来。钓吉则吉，飞凶则凶。此法惟推流年星辰验之而为应。

钓起有生克之分，飞来有吉凶之辨。

横冲直撞

星盘南北为直撞，东西为横冲，以相对相冲言之，对吉则吉，对凶则凶，亦主流年星辰验之。如是身命、官福、田财、妻子，亦宜验其对照休咎何如。

论十二宫所守拱照活变看法

一、凡看五星之法，须是排定太阳，以生时加在太阳度上，则知安命在何宫，方为端的。须是以度主为要，宫主次之。盖宫主州郡也。度主县邑也。由县而州，县为切近二主，须要生旺得时为妙。凡身主切于命主，度主切于宫主，夜生人重身度主，日生人重命度主。《经》云：身好命不好，有福无寿。命好身不好，有寿无福。

安命以太阳度为主，以生时加于上，顺数本人生时，逢卯止，即为命宫是何宫主也。

一、凡论命之法，先观立命何宫、何度，以宫为轻，度主为重，最怕外星来克命度者为忌。或宫主克度为轻，或加吉星，反有利名之许。又看三方对冲生克亦然。宫主失躔者，生平减力，度主失次者，祖业难招。若限强有力者，主发财。故曰：命弱限强，如枯苗之得雨，此之谓也。

三方乃申子辰、寅午戌、亥卯未、巳酉丑之类，对冲者，宫之相对也。

一、看命务要求其主星命度、命主、身度、身主。须看强弱以论祸福，不必主星一一高强，一一得地。《经》云：一星得地，终为贵显吉人。又云：使一星背而莫救其非，纵群曜吉而莫能为福。又云：一宿加临，此命永为吉庆。譬如五七官员在任，不必员员识面，其中一员官得力，则侍从州郡莫不刮目。观星当以理明，推其次第。

此一段以天星人物论之，譬如唐之狄梁公在朝，天下士夫称为斗南一人，举贤推能，士大夫称之曰：桃李尽在公门，即此之喻也。

一、看命须看四正为紧，或日月照四正，金木照四正，福禄照四正，及用星居四正之位，皆是贵显受用之人。又有火罗计孛守四强，及化得好者，皆为合格。若是刑囚暗耗等星守于四正宫中，而逢刑位克制之星，皆主破财。

一、凡日生人以太阳为重，夜生人以太阴为主。如太阳逢恶曜昼生，如太阴遇凶星夜诞。合此者，无不贫夭。如日生吉宿逢阳，夜生吉星钓月，有此者，无不富贵。犹当会合十五度中为切要也。

一、十二宫皆要详看，先看其宫，后看其主。凡宫为祖，起星为巳，且如田宅宫忌破，空亡劫耗守之，若起星居高，无祖业自创成。若宫好主起不好，虽有田宅而不能受用，革故鼎新方可。若五星本坏，将四余代用，主宅屋不新，亦不甚高广也。如妻主坏，以四余代用者，主无正妻，或重婚。为子主坏者，或非亲子。又看其主，主起远近何如，加禄贵生旺则吉，余宫例此推。

四余者，五星之余，如炁孛罗计也。虽为恶曜，若得地，亦为善用也。

一、十二宫中主星虽有定位，然以本主考之，则钓起飞来，满盘活泼泼的，底昧者弗思本主而拘于星曜，乃专日月之夹拱，福禄之贴照，官魁之引从，金水之秀丽，木炁之慈善。凡此类者便以为吉。才见金寅木子水戌土巳火入金乡，金乘火位，昼火夜土之类，例排为凶，殊不知一宫之星，自有六七等议论，随其所躔，品藻浅深，斟酌轻重，生成克制，无穷妙用，岂可以一言而尽，一途而拘哉。盖观星者，遇一命在目便是一公案在前，必用明断，如快刀剖竹，无纤毫碍滞。若胸中无有真见，则言凶而虑其吉，言吉而疑其凶，糊涂不决，皂白不分，或有所学未至，妄以敢断自许，至于随指随错，祸福无凭也。必心传有原，识见无差，议论如影响之答，一时言之而不自觉，方为善断。

论命如老吏断案，一字一理而无失者，方是星家之鼻祖也。

一、凡五星随宫用之则随人盘论之，亦如前法，逐宫论定，不可失次。又看其得令则有力，失令则无力，又忌断躔失次，与四余相会加诸煞大凶，亦可随煞而论之。又看三方对冲生克何如，相援则吉，相克则凶。

人盘者，即原守坐下星辰在各宫各度上，以定吉凶。

一、立命既定，更看是昼生夜生。昼生人不要火金孛月罗照命，夜生人不要土木日炁照命，名曰五残星，皆主贫贱，不然则多忧少乐，生平成败，坎坷到老。

昼生不宜遇阴星，夜生不宜遇阳星。

一、昼生人则要太阳在寅卯辰巳午未上，方应朝阳向明之格。如昼生人太阳在申酉戌亥子丑上，皆非合格。夜生要太阴照命，行限亦要火罗月孛当限，方为得体。

一、命坐禄、坐库、坐贵、长生、驾殿，及荫旺、卦气、斗杓、唐符、国印之乡，皆主富贵。

数星皆果老所用之秘，与五星又不同。

一、命坐的劫、阳刃、天雄、空亡、死绝、飞廉杀者，或命度掌杀者，皆主其人性不好，心险行怪，狠暴不仁，衣食劳碌，一生成败，或刑克父母，骨肉不全，出祖破家，过房自立方免。

此星在诸杀上推之，不在五星中见之。

一、命坐空亡及主星起坐空，或桃花带马入者，又有金水照之，皆主其人慷慨风流，歌唱风月。女人值之，决主为娼。

女人桃花带马，主背夫远逃，不然离乡寻夫远行。

一、十干坐命，且如六甲生人，不要立命在金度上，名曰鬼克，皆主不安劳役，只喜坐受生克彼宿上。坐水度坐名曰父母之上，坐土度名曰坐财帛之上，坐火度名曰脱局。当以意消详，得时得令为好，其余十干当仿此推之。

本坐命度，宜年干相生，不喜相克，人多不知其秘，纳音亦同此论。

一、日从阳，夜从阴。如日生人寅午戌申子辰坐命，以日木土水用事，夜生人巳酉丑亥卯未坐命，以月金火用事，为福最厚。若日从阴，夜从阳，则为背，乃阴错阳差，为福最缓。《经》曰：三方若背，其人空贵无宫。

此以向背言之。空贵无官者，犹封赠之官，有职而无权者。

一、夹命要日月夹命、福禄夹命、官魁夹命、印贵夹命，三合拱命者亦然，皆主富贵。或命度主、身命主起坐别处而夹拱之者，但无驳杂，皆是大贵。

此数者，皆得纯粹清贵之论。

一、劫的、亡神、羊刃之宫，或吉星夹其上者，其凶暴不可胜言，亦致死于非命。

一、看命星辰俱善柔，亦不为大事业，又要一凶星以助其权。大凡吉星多、凶星少则从吉论，凶多吉少从凶断。贵人之命，非权不能以治世。

善柔者，指星辰纯粹无杂，又一恶星间之为贵。

一、凡命宫恶弱之星则要其居陷弱，明显之星则欲其居高强。

一、凡命不要星辰十分显见，如禄居禄，福守福，金水夹日守命，皆是大显，名曰敷露，不能大富贵。

一、贵人之命，多是陷弱不可观者，其中有一星得用，坐杀得时，及官禄有钓起吉星暗加其位者，皆贵。

一、看诸星皆如看命之法一同，亦看三方及正照，方判吉凶。凡看命宫钓起飞来，次看横冲直撞吉凶何如。若田宅宫吉，安享父业，终身无灾。官禄星吉，仆马昌盛，荣贵多财。妻妾宫吉，倡随偕老，昆仲和睦。此乃五福全备之人。倘此三位值凶星照破，虽富贵亦不能安享。《经》曰：四直之正最要相生而为妙，正谓此也。盖田宅与疾厄、相貌同一局，官禄与财帛、奴仆同一局，妻妾与福德、兄弟同一局也。

凡看各宫神、各主星，俱要论三方对照，有无生克，星辰何如。

一、须看时令为紧，春木、夏火、秋金、冬水、季土，若金令金水守照，反为孤贫，与身同躔亦然。盖冬火罗近太阳不妨，又看旺相休囚死绝为紧。

一、看日月至紧，天地以日月为主。若日月明净，方为贵显。《经》云：贵人日月要分明是也。

一、论命之法，先看经纬二星要紧，次看三元、禄主、天马、地驿，再看吉星分布局面，相生相克何如，又看诸杀，方布列之，仔细推详，吉凶可判。

凡天经地纬二星，宜夹拱得地为贵，又天马、地驿、三元、禄主，俱宜乘旺、归垣、升殿为贵。

一、凡命度主起辅阳，在强吉之宫，必富。官禄主起辅阳，必贵。虽凡人亦近贵。

先生云：凡历头诸凶曜，自是人欠审。

一、凡吉星退陷者，减力一半。杀会阴阳者，杀化为吉者，不妨，大体只有灾。○火罗计孛只宜独行，若交会大凶，随宫而忌之，或相生得用有力，为富不仁。对冲三方相遇，主克父母。孛守命三方对照者，必孤为僧道。相得者吉，克入者凶，或行限遇之，必好善出家。遇此后限依旧。

大体者，犹言人之身体也。木孛好清高而人值则好清闲，惟孤单而已。

一、人命多有生时不定，以子为亥，亥为子，以初为末，末为初，则坐度不同，星辰转动，故言祸福不准，须是加减定其灾祥，受生受克，方能言其吉凶。《经》云：一不可拘，二须敢断。以祸福不应，未可据言休咎必然之理。大抵村落之人，无谯楼更鼓，又有晦冥风雨，气候不齐，难以定时，又有溺爱不明，闻人说此时为凶，彼时为吉，便以吉者为主，故祸福不应。推命者当以意消详，不可以误传误，自坏术法也。

《七政历》所载有夜子时之分，有上四刻下四刻之法，上四刻正阴，下四刻正阳。夜子时上四刻作今日日辰，下四刻作明日日辰，惟此难分。

论女命

女命以夫星为主，看起在何宫，若得位，或吉星生之，或从阳三方对照加吉星者，必嫁好夫。可随人盘逐宫推详，入宫禄得地，主夫有贵。入福德主夫有福。入财帛主夫有财。入兄弟主夫有见弃相嫌，恐与兄弟有情。入田宅主夫有业。入奴仆主夫劳碌，喜为庖厨，或与奴仆通。入男女主有子媳。入七宫或因亲而成。入疾厄主夫有疾。入迁移主夫远出，或离祖。入相貌主夫有貌。入命宫与吉加临得用相生，富贵双全。又看得经失经如何，或加杀或加四余，逐宫推看，恐三方对照何如，不可概论。

女命重夫星，要夫星显而无克制者贵。如夫星暗藏受制落陷不得时者，主贫贱。夫贵妻亦贵，夫贱妻亦贱，理之必然也。

一、女命必看身主如何，一身最要清吉，不可驳杂，金水相从太阴则吉，逢恶星则凶，又看人盘得所，不可执论，逐宫推之则可。忌三方血刃加沓，计罗照命，或沓在刃宫，或守照，必主血气疾亡，大忌飞廉、刃锋交破。

一、凡丁亥生人，以太阴为刃主，逢飞廉大凶。次看福主如何，福主失经入弱宫，必无福。入强宫得所则生平有福。

一、女命在驿马，又带水孛照身命者，或在五弱之宫，皆主淫奔。其余与男子同断。

一、女命不宜太阳在命，或拱照命，加以身强，皆主欺夫夺权，性急有男子之志。

一、娼妓之命必犯桃花、计孛、金孛、水孛，福德不好，夫星不陷必驳杂，相貌好，男女宫受伤犯恶星。

计孛金水，皆女人之象，又犯淫星，必主下贱为娼。

一、女人忌四余星旺，皆主重婚。月孛当头，伶俐太过，克夫害子，犹有丑声，多
淫下贱。若命坐咸池者，必淫。行限遇之，淫而凶。土孛淫秽，金昴无择，水
火淫而刑，火土孤孀。或男女星旺而得地，当生贵子，主有好称呼也。

咸池者，即桃花杀也。乃子午卯酉沐浴之地。

论财帛

一、财帛宫，人生受用之大端也。或福禄照财帛、日月照财帛、田财互垣，身命二
主临财，及财星又逢生旺，得令得时，皆是有财之人。既有财，则可以养妻
子、致名利、用奴仆。若财主失经，刑囚暗耗照财，此是无受用之人。若财帛
不好，未可据言其贫，又看田宅何如。

财为养命之源，人人得而喜，苟有失所，则为贫士矣。

论兄弟

一、兄弟之分与吾本同一气。果老云：命卑关健，兄弟有争衅之风。盖命与兄弟，
须是各安其分可也。若我旺则克彼，彼怒则仇我。故果老有争斗之论，闲星入
命者亦然。如田财官福入其宫者，主兄弟豪富。空亡劫杀的杀入此，主兄弟贫
贱。孤寡居之则孤雁独行。官符居之，必逞讼。刃雄居之，必带疾。马星入则
兄弟东西。咸池入则酒色迷恋，又看宫主何如。

吉星入兄弟宫，如唐元宗友五王，建花萼春辉楼与五王同乐。凶星入兄弟宫，
使兄弟如仇敌怨争也。

论田宅

一、田宅之位，人生受用之源。或田主不起，或有福禄照田宅，日月照田宅，身命

主坐田宅，亦是有财帛名望之人。既有田宅，则人生受用皆由此出。〇又妇人田宅最紧，如刑囚暗耗坐其宫，并有恶杀加之，皆主破财，外家冷落，兄弟无情。

此宫惟喜土星居之，则安稳丰腴。

论男女

水宫一数、火二、木三、金四、土五，加吉星则足其数，加凶星刑克者必孤。若主起在强实宫，各添其数。若凶星三方对照者，稍轻。大概诸宫相得相生者吉，相刑相克者凶。皆随星论之。

如水居男女宫，水数一则以一子断之是也。余仿此。

一、男女宫坐贵人、禄马、长生，及有吉星照者，皆主得贵子，及孝顺贤能之子，更加吉星三方对照者，子宫必好。如子坐的劫死绝之宫，及无吉星照者，皆不得好子，并无子断。

如吉神到男女宫相生者，亦主好子，相克者有子亦不孝。

一、男女宫有火罗计孛，及化刑囚暗耗，皆主其人多子，妇人一年一产，及老皆不得力，如鸡抱鸭相似，不然乃忤逆之儿，多出在外，虽有若无。

一、夜生太阳独照男女宫，无星辅之，皆主无子。有星辅之，反有子。日生太阴独见男女宫亦然。以其孤阳不生，孤阴不成故也。犹有主星飞在强弱宫，分轻重论之。如主星飞在强实位，只主损头胎，终还有子，先女后男之类。如主星落陷弱之地，则主多生多克。如白虎六害华盖临之，流年旬中又空，则可知其无子矣。

孤阴、孤阳者，犹男子之无妻，女人之无夫。旷夫寡女，安得而有子乎，必得阴阳相合，男女交媾，方有子息而后可。

一、如男女主男女宫暂为流旬所空，只是此十年无子，过旬又许生子，不可执一。如男女主是我命之杀，又在阳刃、的杀、六害、白虎之宫，则多生不肖之儿，如在天月二德、殿驾、贵人、禄马、官福、田财之宫，与恩星同守，或男女主是恩星者，生子多得力也。

旬空者，乃流年空亡也。凡值此者，有十年空虚也。盖一旬乃十年。

论奴仆

一、身坐奴仆有吉有凶，多有身命主人奴仆而贵者，亦有身命主人奴仆而贱者，何也。如奴宫原是禄马、贵人、长生、帝旺、殿驾、崇勋之地，皆不可以奴仆论为奴出身。如原是的杀、劫杀、阳刃、亡神、飞廉、死绝败之地而身命又陷其上，此是奔波工役无成之人，方以奴仆言之。

一、奴宫不独辖人贵贱、劳逸，亦主仆马侍从，本星坐于强旺之地，更加吉星生之，必主奴仆丰盛。若主星弱，奴星强，反被奴欺。故果老云：主弱奴强，奴婢有侵凌之患，大抵以身命高强为上也。

如驿马在奴仆宫，多主外走，或离远乡而不回也。

论夫妻

一、妻宫是禄贵、长生、帝旺之地，皆主好妻，美貌多能。如是死绝、的杀、劫杀之宫，皆不得好妻。更会孤寡恶宿，必主无妻。术家云：鼓盆星，五行绝处是也。会丧吊二符，计都必克妻，如妻主是杀星，坐强实、殿驾，或守财帛、田宅，主妻多做大模样，欺凌夫主也。

如以金为妻，若得其正位，必主妻有姿色而贤，若有水字相侵则不然。

如妻宫主落陷居空弱地，有的杀、六害、白虎加其宫分，及临其主所守之地者，必多克害。如妻星化值难，值咸池的杀同宫，必多产厄而亡。如妻星是太阳，或入未，或在午，或入兄弟，多主因亲致富，姨兄弟为之。或妻星单在华盖及阳刃，我命坐白虎，则多与妻不和，隔角之类。如妻星落陷，又得金气有力，必有小妻偕老。又如妻星坐咸池，与兄弟主奴仆主同宫，又有的杀、驿马夹之者，则主其妻与外人及奴仆通情者，极验，不可不察。

论疾厄

八杀之宫，非特主人疾厄，亦主人一生操权。若权星、印星、禄星、福星居之，皆主其人有重权。身命入八杀得令得时，诸星扶之，贵格也。《经》云：身命登八杀，科名须早发，八杀入命来，灾殃那可脱。

八杀者，疾厄宫之主星也。其星主有权衡，掌边鄙之能也。不可混作凶星而推。

一、看疾厄先看命度身度受克否，又起处坐杀与不坐杀，更看疾厄宫有何星坐其上。如有火、罗、计、孛、刑、囚、暗耗诸凶并会其上者，皆主重疾。如无星而三方对照有凶星者，主带疾。

一、身命居八杀刃雄相并，或杀星照临，主重疾。八杀主守照得所，主贵。土计罗带天雄阳刃，夜生与月同躔，必主破相。

论迁移

一、迁移主星守命，主迁居，或加杀限危，重则徒流，轻则远行也。

一、游行在驿马，主人过房出祖，坐长生马者，有四方之志。

一、游行遇吉星，则出入见贵扶持，会恶杀及浮沉水孛，主飘荡而亡归也。

一、天马、地驿星会，多动也。或主星在马宫，或小限入迁移，皆主有动也。此诀最善，不可轻泄。

凡看迁移，必以马星为主，若用马必用鞍，无鞍不可骑，有马必用拦，无拦则不止，乃为流马也。如寅午戌马居申，以未为鞍，以酉为拦，方为有用，此是一秘诀，世人无传。

论官禄

一、官禄宫不宜财星生旺守照，及犯天雄、阳刃诸杀，主人贪财坏名，亦不宜官星克命。《经》云：官禄克命，以名立身，以名败身。更不宜十宫逢罗，主人粗豪健讼。

官星只宜文魁、印星，禄神守照则为纯粹。

一、官禄不要杀星克其宫，名曰官鬼。如官禄在亥，却不宜金星入，亦不宜三合四正宫值之，皆主其人健讼，不然遭官破家，亦主无官食禄之分，诸宫皆仿此。

论福德

一、须先看福德宫为要，福德、官禄二宫最喜吉星临照，若见福居福，禄居禄，身命主入官福，日月照官福，水日金月各居官福，皆是有福之人。如福禄二宫无星守照，或三方四正有吉星暗加其上者，亦吉。未有此二宫，无吉星照临者，是为富贵之人。凡看福德、田宅、财帛三者为重，若俱无吉星，不可以为吉，只是庸常命断之。

福德一宫，人生赖之以安荣，苟有凶星杂之，以害人之福气，则一生衣禄已矣乎。

论相貌

金星独行，相貌清秀温润。木星瘦长清爽。水星眼目俊丽。火星日生则面紫黑，夜生则红白。土星肥白长大，夜生矮黑。孛星额角骨露，日生长大、好颜色，夜生额角露而细小。罗睺头角阔大，骨骼粗多须。计长面骨粗露，夜则身小眼露。孛星好相貌多须。太阴湿润白，夜黑小。太阳日黑色赤，夜生清白爽气。凡看相貌，如命里有星，须看先入者断之。若命与相貌皆有星，亦依例断之，及三合对照推之。主星起会刑囚、暗耗，主破相暗疾，不然雕花刺纹之辈。且相貌之宫，乃人性情之所钟，善恶之乡也。吉星临照则为人君子，若杀星来据，更与福德阳刃同会，必寡情薄德，不仁不义之徒也。

金命，主人直方平而正，遇土则肥大，主有义。

木命，主人昂藏，瘦而挺，直而长，多有仁心。

水命，主人形起而浮润，眉粗眼大而多智也。

火命，主人上尖下阔，性急而好礼。

土命，为人肥大敦厚，有信而不失。

盖人生处世，以福德为最。有福则立妻子、立名利、致富贵。福德既亏前数者，未见其为福也。若福德宫无星，更看三方对照，有吉星照福德者，皆为有福之人，为人性必端厚，量必宽洪，心必仁慈，气必温柔，有寿考之人。是可以定人之性情，每试累验。若有刑囚暗耗诸杀居福者，必是刻薄凶狠，大宽小急，心多好杀，不仁不义，言不忠信，诡谲诈欺，奸谋机巧之人，未见其为福也。

第十一章　星命汇考十一

《张果星宗》九

谈星奥论

余在江湖二十余年，遍求谈命之士甚多，技艺须广却无实学，虽果老一书诸篇精详甚明，予询试验之，内有数条不准。天雄遇官星，禄宫及月孛同躔，前后不验。今将有准断条，并仿佛格局凡例，续附于左。

郑希诚者，岂非虚中袁李琴堂苟判僧之下乎。上达天文精星象，以人禀二五之精血而生，亦犹天地之禀阴阳而生人民也。以五星定五常，以五脏而应五星，以求人之祸福、疾病也。故天命与人命相关，非小数也。

一、排命先求星历端正，太阴晨昏，起度不差，若差之毫厘，谬以千里。取三方对照生克带贵杀若何，夜生重身度主要紧。观命局面在乎通变。○假如四火为命，或失经于水，得木孛为援吉。若水孛又高于木孛，辗转相生，亦可取用。○飞廉守照，遇星制伏不为害，○诸星沉退，一星满用，大贵。

一、看命度带杀，限度重并，遇生星即死。○假如庚戌八月生人安命室火，木为劫杀，土为浮沉，火为剑锋飞廉，三十二岁行斗木，水中死。

一、官福星宜守照身命，若化禄魁、天地人元，大吉。

一、恩星随身为富格。○假如坐命四土火为恩，与月同行，又是夜生得令得时，更遇生旺，诸吉扶之，为一二三品之贵。

一、飞廉守命主天，须看格局，格局高强有援有救，水命不为忌。○如丙子正月生，命泊尾度，孛守照土在命为援。○又如室火安命正月，水为飞廉守照。若值太阳或木土同宫，反吉。若坐的杀、劫刃，行弱限，必凶。格高不忌。

一、八杀朝天，或守照得所，皆贵人。○假如戌亥安命，金火独守照，得令得时为上。○又如泊命柳土度，及翼亢泊命者，金火土兼为八杀，主独去占天门，得所为贵。杀至天门，乃至尊之位，虽有恶行而化为善人。

一、命在刃，不宜金守照，加火罗愈恶，寿不延长。木命人不得其死，逢空稍轻。

一、流刃并天雄，遇木气为杀最重。○坐命四土或四月度者，或原月与木炁同躔，行限值刃有灾，家口不宁。限虽不遇，太阴逐月行宫，遇此刃炁，决主刑杖或坠之灾。○丙辰刃气在张，行限见之多灾，流行太阴遇之，同日受杖八十。○予命在女，炁月同度在亥，丙辰年壬辰月戊寅日，太阴值流炁木在角度，小限并刃值月官符，大限在氐值病符，原炁三方切照氐八度，忽高楼跌下，半月不知人事。

此要原守星与流年星度、限度参详有准。

一、月杀飞廉最要看。○假如我命八月，月杀在亥，太岁值亥，木嫌炁月同躔室度，所喜炁生身度，火与彼有情，作事尽有方略，未免亦有险撞。

一、看命不拘昼夜，须看太阴落在何宫、何度，有无拱夹吉凶，与命相参取用。又看本生日干化曜，金木水火土加在月上与别曜有无克制。假如我命甲子，日干甲己化土，太阴即属土，不宜月炁同躔，主有疾。炁为财福，又日生人稍轻，行四月度，主脾胃疾。炁若带杀，痁疾经年不愈，脱限外方可。

一、看命度带杀与不带杀，起在何宫度，有无相战，方论吉凶。○假如金为命度，又是飞廉、羊刃等杀，或与火罗冲战，或与太阴同道，决主重疾。若带孤劫刃，亦主孤乏。若带杀升殿入垣，更三元会此，皆是显达上格。

命度带杀，重者主残疾，逢克战主天。

一、八杀宫刃雄并，或身命主星坐临此宫，或杀星临照，皆主重疾。八杀主守照得所，主权贵。

一、八字中诸劫刃并在年时上，主疾，否则夭。若诸吉贵禄注受斗杓、符印在年日时上，大吉，贵。○如甲辰、甲子、甲申、九月、十一月，注受禄马生旺在寅，寅时最好。

一、命坐刃锋，逢空加福官国印得力，贵格。

一、天元星最要紧，或守命得令相资，或是身命主聪明，加生旺贵禄为奇。

天元者，如甲天元属木而木星守命，或命度纯木尤奇。

一、同年月日时之命出处不同，何也。想太阴交宫过度，有浅深先后，以八刻之分，假如前四刻月在心五度，论太阴行事，后四刻到尾初，论火取用，故有不同，夜生人乃身度主为要，因往推来可验。

此在时分八刻之论，一有先后次第，度数交行之上见之。

一、三元最宜照官禄，若安命在奎娄，更天元星得令得地，会官福，必中进士状元。

一、身命坐空，怕刃对照，主夭，行限见凶星难过，坐命对生时又遇杀守照，亦夭。

命既坐空已险危矣，安受杀难冲照，死亡必矣，又何以福寿乎。

一、四金泊命主起杀宫，盖杀气太重，命不长久。若福禄身好发用，只宜引阳贵。

大抵看命要分寒暑，大寒不可背太阳火罗近水，月孛不利，大热反是。

一、缢死必犯阑干杀。○有甲戌生人，柳土泊命，土起亢罗守照，一生发用，五十七限脱锋入劫，自缢死。○又甲寅生人，寅时轸水立命，月起官禄，参水四度，十八岁限入张为生员，自吊死，以亢轸参度数为阑干故也。○又有乙卯生人，壁水为命，日月夹水，中进士，官至六十二行卯限，末将入刃缢死，何也。盖宫火怒毕七，原阑干杀起毕七，与孛同道，命水又是廉劫，主不宜夹拱，故缢死。不独看阑干，但诸杀并沓寿元，根基浅薄，亦主横死。

阑干之星，亦主伤残自缢之祸，若遇官事，主徒杖等刑。自子年在午、丑年在未则冲即是。如在命度有恶杀相并，决主非灾面死。

一、月带刃，不宜与火罗同躔，主目疾。若在巳上，主耳聋。○火罗带杀险，火命人稍轻，如己未生人二月九月，又是未申泊命，月是杀主，最嫌与刑金同宫，若得令，先荣后刑。○又如丁丑二月生，金月在子，火在午，亥宫泊命，金为兄弟，带杀行杀限，被弟持刀杀死。

金为刃器也。又行杀限主有是事，言命之理信有之矣。

一、寒月要随阳日月同躔，又是四月泊命，更官福田财又好，为上格。

一、看官魁星要紧，名利人根基既好，更官魁在命，或在官福，在八杀独行得令，为显官。○如甲壬生人，炁月为官魁，乙生人水日是也。

一、五星带天雄、阳刃，近太阳，主目疾。四日泊命尤验，日守照亦然。若日带孤廉刃守照，或遇杀星辅夹，俱主天。

日月为天之眼目，如带杀则害之，如人之眼目，故主是疾。

一、用星或命或官本弱，得援星亲切者为上。

一、命坐孤劫，或孤劫星守照者，必主害六亲，各有轻重分之。

一、命坐四金土对照，金势强，假使金木同度，决然不利，因财致祸，刑杀重并者尤甚。

一、冬令金水严凝，若守照或是命度，乃孤乏之人也。

一、计罗截断，跳出一星，又嫌五残守照，经书甚有理，中间多五残守照而富贵。○如白布政己亥四月二十九日子时危十二度泊命，计罗辰戌漏一炁在斗木，到大梁月孛胃宿土同躔，诸星皆不可取，年少登科，吾想月为天元禄，主身度起高故也。○又如己亥七月卯时柳土泊命，炁漏关日月五星拱夹，早妨父母，出外发迹，此格可准。○又有六月午时氐度安命，五星南离趋拱，此是贵格。○又如己亥八月十四日午时寅尾泊命，炁在斗，月在危，脱氐土身亡，吾想月带刃雄，不宜与火巳亥对冲，加金罗三方对照，谓三方四正俱是杀故也。

一贵一富，皆由星辰得局，度数得时，得相生扶拱而致人有富贵者也。苟有毫厘克陷则不然也。

一、太乙抱鬼之说，曾有秋残夜半不可孤居之论，吾观贵命多有月学同行，或前或后，或沉或晦，亦在辰戌丑宫者不妨，此又不可一概而取。

一、妇人命最难看，有坐临官马者，有坐咸池守照者，身星清吉亦无他事，虽发用一生多病，若杀宫安身命，终带妨克。

一、女土泊命木守照不妨，行限好即发用，财福克命之故。

一、看太阴要紧，李侍郎己巳十二月十四日亥时，程副使十三日亥时，俱翼火度泊命，监生举人出身，诸星无异，止是月躔毕度者，一生为风宪官，五十八致仕，富贵极厚，七十一死。〇月躔井一者，一生为部官，五十九病，六十死。〇又如乙卯八月辛丑日申时，金月在辰，又有己亥日申时者，二日命俱坐虚，日孛守照，诸星一般，太阴与木日在巳者，早中进士、御史、尚书，子贵，寿至六十。〇月在辰者为贤良，保起居京官八品，行房日氐土，死其年四十四。子不贵，想日月为身命，木为财福，俱起八杀故也。

大抵人之富贵、寿夭，皆由星度之得位、不得位者也。故有先富而后贫，先贵而后贱者，气数之不齐，星度之不顺，非人事之不修，德行之不高也。吁，天也命也。岂人事乎。

一、诸星拱西北，一月顺而当阳宫度俱强亦为大格，行限弱则不能言。〇如壬申四月亥时在斗泊命壬戌日者，月坐官禄，官至一二品。〇乙丑日月坐福德，官至四品三品，俱六十二入午限死，太阳在酉孤立，癸酉流年阳刃在命，俱死于官，得唐符卦气在午，结果甚美。〇又如壬申正月巳时胃土泊命，计罗己亥一孛满用，月与日在亥者，登进士，官至三品，一子月在八杀者，生员无子，三十五岁入刃病亡。重在太阴，不可不察。

一、火罗攻破日鼠，有太阴得所，火罗不得令，水土火生人不忌。一、元武引驾水在日前，又值吉神化三元最妙，太岁兼之为上格。四水泊命取之，在午未辰巳愈妙，更太阳得地，有光。

此得引从之吉扶助相资，尽是吉神，且水助阳光也。

一、朱雀朝天，或捧御单行得所，为上格，化三元最妙。假如戌亥安命火守化为三
元，或木为三元三方宫度相资，亦上格也。

一、昴日安命，刃火与日同躔，本凶，若逢夜生，秋令不妨，更得金水相扶，主贵
有寿。

一、身命在空亡名死窟，加刃拱祸偏烈，太岁实之，死于非命。

一、日月引领诸星拱朝帝阙，及文武两班，天地开明，大贵格也。世人多不见。

以北方为帝阙，犹紫微垣也。而众星拱北辰之理也。

一、宫主克度轻，八杀不宜克命，宫主克命，遇之不吉，格局好须不妨，结果终
不善。

一、土计罗带天雄、阳刃，夜生与月共度，必有破相之疾，太阳带之亦然。

一、丁酉十月丑时翼火泊命，金守照月与火同度，在轸十二三，必是瞽者。金能音
乐，月带刃杀，最不宜火逼故也。

一、身命坐八杀，得时得令，诸吉扶之，贵格。○如丁卯五月午时轸十度泊命，罗
计截断寅申，一金漏出在酉，本美，争奈杀土克命，水在鬼，月带刃同水坐
禄，见水得子妨妻，三十五行水，身为内使，刃尾劫首见计不好，总论一金得
力故也。○假如戌亥子坐命，八杀守照，更遇吉神，大贵。

大抵论命要十一曜之得局，诸杀神不为害，限度相扶，终为平和，可以言富
贵也。

一、诸星皆晦，惟一福专权，又化催官，或为三元，又值禄旺之地，不以昼夜为
忌，此是大格局。虽有官禄从阳，若在弱宫与命相战，皆不取用，与身命相资
者贵。

一、犯三刑勾绞，○如卯刑子是子安命者，八字日支又是子者，四旬外行卯限犯刑
而死。○又如丑刑戌身命主起在戌，又日支是戌，再行杀地必犯刑死，若日干
不相犯，行杀限或狱中死，八杀或犯杀，主生毒死，守星善，善死，犯者终非

吉人。

一、身命坐劫、廉、刃、锋，无星压者，若星得局，主发用贵显，限遇诸杀并沓，重者亦主死于非命，或见凶星火罗计孛，发恶疮死。○又有坐吉星，限遇杀交并，亦主横死。○有壬申生人，七月卯时星日泊命水，辅阳在午，唐符卦气在局，中年保为训导，癸酉流年六十二岁，限交室火见计，六月被同僚打死检尸，此是阳刃与木对照于命，申反刑亥，加勾绞、亡神、贯索在亥，炁月在丑，罗火在巳酉，诸杀交攻故也。

命坐吉星，限遇恶杀者，如一盏灯，本是光明之象，炳炳焕焕然，猛猛的忽被一阵狂风吹灭，亦犹吉星被凶杀而害之，以人命详之，由是理也。

一、安命立身，坐实占高强。且如六辛生人，酉上泊命，遇丁酉日最佳，若身命福禄星好，一二品格，戌为刃处安命，遇戌日凶。大凡命坐日支为第一，坐年月时上次之。○又如金星在巳遇己巳日，又是巳上安命，文旺官高。○又如水旺到卯，又遇卯日，更在卯宫安命，大贵。

一、八字有合天月二德，命度身好，大贵格，或时带天月二德亦美。○假如巳生人，寅戌为天月二德，月日时有寅戌相合为奇。

一、四月泊命，月起失经，土计或罗孛带杀夹拱，夭亡。金水虽好，若带重杀夹拱，亦不久长。大抵太阴只宜独居，夜深火金与月助光相宜，带天元中举，与孛同躔妨母，若有坐位已不妨，寒月不可孤居。

太阴独居谓之孤月独明，主人清贵，出于母荫，若得一吉星伴之尤妙。

一、孛随火后，行火限忌之，若四火安命，或火命人，主寿不长，火旺尤可。隔二三度主夭，十六度外有援亦不妨。

四火者，尾火虎、室火猪、觜火猴、翼火蛇之类。

一、四木安命，木上同度得躔，又得生旺，财帛拥进，更财福二宫有吉星扶，为上格。

四木者，斗木獬、奎木狼、井木犴，角木蛟之类。

一、四土安命，宜火得令独居守照，或去近土为上格。再不宜近罗，谓逢生不宜重见，若火太燥为下格。

四土者，女土蝠、胃土雉、柳土獐、氐土貉之类。

一、四日泊命，不宜木悖与日同躔，日生人主夭。○若火罗日同躔，只不益亲，于己不妨。○惟四日不怕廉火。

四日者，房日兔、星日马、昂日鸡，虚日鼠是也。

一、妻星入迁移，招重婚之妇，迁移主亦不宜守照，主迁移。

一、身命坐孤劫，无吉星辅者，结果欠好，纵有福禄享用，到底不得力，或死于外方，不见妻子面。凡杀宜空，福禄、吉星不可空。

一、看命格最要紧，中间星辰有吉有凶。○且如火罗计字守辰戌丑未，或月坐杀得地，先贵后刑。

一、命坐旺地行库限，不吉，或死亡，或剥官，有援不妨。

一、壬癸生人，土为阳刃，又为血支血忌。若四水或月度安命，土计克度，主血光灾。如是五六月为飞廉主必夭。又金命人见土，不甚凶。

一、坐天狗无子。○如癸酉年五月未时命坐角。○丁酉日者，木月同度在室，有子无官。○戊戌日者，月躔壁水，有官无子。○予想身度主朝天，月为天狗，得水光彩，所以有官无子。木为劫杀，五月木盛之时，足以蔽月，天狗官星俱晦，故官禄不得遂，天狗不得肆，所以无官有子。又如坐天狗者，加火孛不吉，照命限必然无子，若得吉星，又当有子，不可执一论之。○天狗在男女之宫，主受克亦绝嗣。

一、太岁填实恶星，或在命限，主灾，犯者死。太岁众杀之主，与诸杀会，岂无灾难哉。

一、两岐断躔处立命，主夭，否则贫乏，乃坐处不得安稳故也。二十八宿交界之处，有盈有亏。须考究推断。○假如乙卯九月十四日戊亥时生人，胃土十五度坐命，殊不知戊亥时胃气尽矣，又入昂初管事，最忌火罗为锋，若太阳坐杀，或犯火罗，此命十三先克父，十四后克母，交限断躔故也。

一、共命寿夭不同，吾观时有八刻，刻内有准卒风、暴雨、阴晴、晦朔，是一个时中有变两三样天气，更有日月循行交宫过度，明晦不一，虽曰共时其刻，有不同天时人事相合，未免争差。有仿佛者，时刻相去不远，出于大不同者，初末交界故也。

一、星对照，如金在毕九度，行限尾五度，其年应克。若奎木安命，其年不安，如壁水安命，生我者吉。

一、日月食时生子，主夭，或瞽。天神威怒、雷震风烈之时生子，大不利，到老有非常之祸。

一、月兼身命，若起坐孤劫廉刃，虽有生旺扶助，亦主夭折。

一、刃劫首尾交界，两岐立命，主夭。○夜土昼火守命，谓五残星，非贫即夭。

一、命度主或身度主为天元，若守照或起得所，为文学科名造化。

一、四金泊命，金与水守照，金助水，力乏则不能克，木为财行，四木度不利。

一、诸星背行、亦有隐匿而不知显者。如己亥生人，四月子时危十二度泊命，计罗辰戌截，一炁在斗，诸曜背西沉之地，孛随月后，俱伤于胃木，又到大梁，行限似不可取。此人二十五进士、御史，三十三副使布政，四十三四侍郎尚书，盖身命月为天元与孛在胃正旺之地，火金为官魁，前后引从，此大格也。氐末死，正十七岁。

一、《经》云：官禄宫主忌见天雄。○如戊辰生人，正月酉时张七度坐命，土守照月伤女，土金日在危，犯天雄如何，酉限宫至三品，入奎二品，六十五升兵部尚书，七十致仕，盖木命不畏土也。

一、《经》云：四月坐命，惟土计可怕，有辛卯生人，十月十五日戌时，毕十三度坐命，土计月在昂，二十六岁中进士，四十六二三品，盖是水日在卯，元武引驾，夜生人用身度昂日为主故也。然土为八杀，迁移退行，与月有情，母子先零仃，被凶人劫去，后显，然后复姓，与母同居。

因其土计犯月，故主母子伶仃，尚妙。酉宫土计有相，此为身命得时，日在卯，正太阳所出之门户，又得水护阳光，岂不为贵命看之。

一、男女宫见太阴，并金水先得女。罗计在五宫，主执拗性情，多有克害。如逢木土太阳，主先生男。如夜值之，恐难存养。

一、罗近太阳，父凶。又有寿考者，谓首星捧日。夜生者吉，盖夜日无光，喜罗火故也。

一、《经》云：八杀宫兼闲极，身命所临皆不取。○杨监生甲辰三月戌时，亢金坐命，土资亢火守照，为天地人元，有学，四十四脱鬼金，死在途，无子，件件无成，况金为飞廉、剑锋，夜土愈凶。○又甲辰七月巳时，亢金坐命，土资亢木在角金拱日，贫乏之人。

一、身起死败地，行衰限破家，行限见败星或天地耗，及对大耗，皆耗财。

一、杀宫坐命，不喜杀星来生，主夭。○如甲辰生人，亢度立命，金带剑锋或飞廉，最不宜土来亢上。盖土为雄虎的杀，若身吉，主贵。若罗孛犯身，主贱。四十五行鬼金杀，即死。

甲辰生以金为剑锋，以土为天雄、的杀。

一、命度带劫刃廉的耗符杀并重，及遇生星，其势愈恶，行杀限夭亡。○如癸未五六月生人，女土安命者是也。

癸未生羊刃是土，五六月又是月廉。

一、四水安命，遇金带长生，贵禄守照，或生水，大吉，愈老愈健。○如癸酉生人，金带锋廉守照，虽生水贵亦夭。

一、身命二宫会注受、斗杓、卦气、生旺，本吉，然本原受亏，名利虚花，百无一成。

本原者，身命主也。既受亏损，有何益哉。

一、水为孤劫，计为雄刃，夹日主胎中妨父，刃雄星与太阴合著度上，即妨母。

一、流年星如井木安命，木入亢娄火带杀入命，宜谨身节用。

一、土躔牛居垣而泄气，木躔斗入庙而退行，得失相伴。

一、如命躔角、斗、井、奎、木度，甲乙年生人，又属木，纳音又是木，纯作木论。春令极重木，利乎昼生尤妙，余皆仿此推之。

此得五者类象而推所以，不受克者，主一生平安。

一、罗计躔日度，太阳飞入神杀，或在阴宫，父主早亡，不得善死。若罗计犯月度，太阴飞入恶煞，或在阳宫，母主恶亡。罗怕头，忌带刃，孛怕尾，忌带浮沉劫耗的。炁怕冲，忌掌飞廉，计怕怒，忌为刃雄。依此仿之。

一、日为父，月为母。务要光明，主父母富贵。不宜阳刃、天雄、地雌之位，又不宜罗计炁孛掩蚀，主父母伤残。况四日度四月度，亦父母之度也。好星守之，得父母力。恶星躔之，主伤父母，及眼目之疾。金见火则克妻，火见水则克子。

一、日躔月度居月位，月躔日度居日宫，谓之阴错阳差，主伤父母，亦恐妻子难为。但凡月胜者克父，日胜者克母，余仿此。

一、身命躔阴度者，主次胎生，或小胎之子也。又有一家昼用日躔，夜论月躔。阳度者一三五七九，阴度者二四六八十是也。宫身度三主俱躔阳度者，主当富贵。谓之三阳开泰格，男要纯阳，女要纯阴为妙。

一、刃星不宜辅阴阳，主父母痨瘵，气疾身亡也。若加命身主躔日度或月度者，必主夭折，否则带疾蠢鲁论之。如甲生人火罗，昼生逢阳，乙生人金星，不宜辅阴阳。辛罗火壬土计丙戌丁巳，阴阳为刃，如为宫度身主辅阳，自身荣贵，父母终是不顺，依此论之。

一、日月犯魁罡，辰为魁，戌为罡，若日月临此，或合朔之时生者，的克父母，亦恐寿难长。

一、日月剥蚀，命安四日度，或四月度，主夭折，愚鲁不足道者论之。如再限行四月四日之度，决死断矣。

一、日月合在田宅，或在官禄、或对望妻宫、或夹官禄、或夹田宅，吉福命断之。

若宫身度主失次者，不美。贫人与富人为邻有竭矣。

一、日月会贵人之地，无凶星破者为上也。

一、日月夹贵，及尊贵断之。

一、日月拱斗者，为上格人命，罕逢之。

一、日月夹崇勋无破者，及享用之人也。

一、日月拱夹太岁，大吉论之，即岁驾宫也。

一、日月拱夹岁殿，亦吉。丙寅生人，辰上是岁殿也。

一、二气者，即日月也。大小耗宫或耗星上日月拱夹者，必贫贱，有始无终之人。

一、日月拱夹天雄、地雌，再加恶杀得志，似虎添翼，草虫出脚，若守命得用，日月拱夹，有权柄论之。

一、日月拱夹亡神、劫杀，兼命度主弱，乃贫贱孤，独宜入空门也。

一、日月即二曜也。不宜拱夹、的杀，其人一生无后财，若风中之絮，水上之萍也。

一、日月拱夹阳刃，宜作武职军人，士庶不祥，利于公门刑法之中人也。女人犯此，产中亡矣，刃在命，又喜日月拱夹，大权武贵，惊人之势要也。

阳刃在天为紫暗星，专主诛戮。故以武官得之可以助权也。

一、炁星守命，三方见木，若木星守命，三方见炁，或木守命对宫见炁，其人多博学有艺术，只恐妻子执拗，首尾有克。

一、水火同躔未发其衅，再限行火或水度中，乃唤醒为忌，主夭寿论之。

一、金木相战，或木胜金弱，两边伤力，未多害焉。如木为度主，再行金度，决死断之。

一、木土相克，辰戌丑月生，土星旺未发其恶，再行限木必死。

一、金埋土晦，秋月生人，金与土计同行，埋金失色，加限行土度，死无疑矣。遇水字泄之为妙。

一、土浑水浊，春夏之水，洋洋漂渺，浊浑于清，不宜土计，更见火罗聚集一度，敌强有损也。

一、昼生火胜于水，不忌水孛同道。夜则水胜于火，不宜见水，再限行水度，必夭折定矣。

一、纳音之星，司令之星，不可与值难相战，必有损矣。否则带疾伤于妻子是也。

一、命有两岐者，若非过房出祖，必自移根换业，否则两头烟爨居之可也。

一、月在初度两岐之间，母不贞洁，或重婚再嫁，必叫两母。否则过房入赘，迁变基址。已亥宫尤忌也。

以太阴为母，两岐者，将在两宫交界之间而行箕宿，又交斗宿，此即两岐主此说。

一、星在初度，或两三星交过宫，必须出祖过房，自成自立，生来劳碌，难得安乐，心常不足，有头无尾。

一、尾娄二宿坐命，主难为子息之断。

一、井斗安命主重婚妻子，其人敢言敢断，机谋不露，惟井度坐命十有九弱，限途多舛，假饶承荫者，终见破损，依此详之。

一、孛在前，月在后，谓之太乙抱鬼，贫贱夭折。冬生尤畏。

一、太阴在前，木在后，未上安命，谓之桂林一枝格也。

一、东井度水火土，或水火孛，或金木水，或土孛罗在上交战，不能施为而无禁忌也。

一、金助月华，主聪明有文章，然寒月遇金，又非荣显人也。金与月同在已、未、申三宫最贵。

一、落木寒蟾，非荣达之士，主贫困，或孤炁当头，主孤。

一、夜生人独火居，子为一阳来复，女土安命，尤奇。

一、寒月孤居，主母寡。逢水孛，主母淫，自贫贱。

一、日为父，月为母，务要光明，或升殿入垣者，主父母富贵荣达。升殿者，如日躔星、虚、房、昴四度，如月躔张、危、心、毕四度是也。

一、日月升殿入垣，固为美矣。但不宜日月掌刃雄、廉杀，及孤劫等星辅佐者，又主父母早克，谓之暗中加临故也。

一、日月掩蚀者，主伤残父母。日蚀者父早丧，月蚀者母早亡。初一二日，昼生太阳遭罗计必蚀，主克父。十五六，夜生人太阴遇计罗必蚀。

一、日月掩蚀之时，忌坐命日月之度。如日蚀怕坐命日度，月蚀怕坐命月度。有此者，非贫即天。或主盲聋音哑残疾之人。

一、日月怕临杀地，亦主难为父母。如日月居羊刃、天雄、地雌、剑锋、飞廉、孤寡、亡劫等杀地是也。日居之，昼生父先去。月居之，夜生母先逝。

一、日月之殿，亦父母之度也。如四日度为父，四月度为母，有好星在四日、四月度者，主得父母力。有恶星在四日、四月度者，主伤父母也。亦忌。昼生先克父，夜生先克母。

一、日月坐煞宫，犯炁孛罗计昼火夜土者，必主父母早伤，或无刑克，主本身有疾，或足目损坏，带破相有之，其中又有无疾者，只主父母隔角，情上不顺，或远出他乡，三年五载而不见父母亦是也。或父母贫寒，不得父母之力者，亦同此论。

一、火罗怕头，更带刃、雄、廉、锋、耗、符等煞，金命限人愈甚。

一、水孛怕尾，忌带浮、沉、亡、劫、的、耗等煞，火命限人尤畏。

一、木炁怕冲，畏掌亡、劫、耗、符等煞，土命限人尤畏。

一、土计怕怒，忌掌刃、雄、廉、耗等煞，水命限人尤凶。

一、金怕掌刃、锋、廉、的、耗、符等煞，木命限人尤凶。

一、太阳掌刃、雄、廉、符、耗煞，又罗计火孛犯日，或昼生限行日度者，必凶。

一、太阴掌刃、雄、廉、符、耗煞兼有土计侵犯，又有四月之度，主凶。此二者又主父母骨肉难为，或妻子刑克。

一、木巽于风，主倒限，谓之风摇叶落，行限木宫木度者是。

一、寅刑巳，巳刑申，子刑卯，卯刑子，丑刑未，未刑丑，丑刑戌，戌刑丑，辰刑辰，午刑午，酉刑酉，亥刑亥，谓自刑。其刑冲压逼，专看流年太岁神杀之星，故宜断之。

一、行运限者，切忌元流二冲，尤怕流行克战，爵禄之人要冲禄马，迁官进职，事必有功。

运限在神杀之宫，克战之乡，最怕刑冲压逼。

如庚子生人运限到巳，太岁在亥，谓之冲。

运限到卯，太岁在子，谓之刑。

运限到辰，太岁在巳，谓之压。

运限到巳，太岁在辰，谓之逼。若见此数，再见忌宿，定主灾危。

元元妙论

凡水火土木皆能自生自旺，惟金得火而后有用，无星辅皆主不好。盖谓天地肃杀之气，收敛万物，秉权则生意斩然。上帝好生，抑之不令肃杀之气盛，所以废之，时道四星有余，独金无余，以此。

凡土陷山崩，枯枝败叶，长江浩荡，烂斧绣针，爝火大明，吉凶救解，最须详辨。

土星落空，谓之土陷山崩，必主退败可畏。如有恶星降夹逼迫，多见气蹙噎吃之疾，必主倒限。如火会谓之填凹补缺，金会谓之山啸呈宝，又主名利发达。

木星落空，谓之枯枝败叶。如金会则琢削成材，火会则焚折灰灭，水会则漂槎泛筏，不免流荡。水星落空，谓之长江浩荡，退败无余。如金会则洪水滔天，常有不测之灾。

金星落空，谓之烂斧绣针，则是常用之物，又主利名有成。

火星落空，谓之爝火大明，乃是离中火虚，反主发达，夜生尤妙，盖火遇夜则明故也。

第十二章　星命汇考十二

《张果星宗》十

宫度主论

宫之所属是宫主也。宿之所属即度主也。凡安命处有命宫之主，有命度之主，名虽有二，其论则一。如宫强而度弱者，不美，或度高而宫衰者，不善，必须要宫度二主皆强，斯为尽美而尽善矣。且加子宫坐命躔虚日度，土为宫主，起在四土升殿，或居子丑本垣，日为度主，起居四日升殿，或在午宫本位，又生于昼，此所谓宫度皆强也。倘土星起寅亥二宫，或次四木度，下又逢木炁照克，兼太阳西沉失明，或昼逢木炁所蔽，又带刃劫廉雄等煞，此所谓宫度皆弱也。如宫度皆强者，不贵即富。或宫度皆弱者，非夭即贫。倘宫主度主一强一弱，则知得失于其中矣。此论虽然如是，更看太阴身星为重。盖月者一日行十三度，关系祸福最紧。故云：要知荣枯惟看月。《经》云：宫身度主喜朝阳，三主高强福寿昌，恩援不须来辅助，也应富贵始终良。然此三主者，第一重身主，第二重度主，第三看宫主。又云：昼生看命度主，夜生看身度主，斯论亦当。

宫者，十二宫也。度者，二十八宿也。此举一宫一度者言之，余皆可以例推。廉谓飞廉，雄谓天雄也。身主尤为切要。宫身度名曰三主，兼身度主，又有四主之论，学者详之。

生杀星论

生我者，为恩星、为母曜。克我者，为难星、为杀星。果老谓生杀作吉凶之根。如木为主用，见金克为凶，遇水生为吉，其理固然如是，但于中生之者而无益，克之者亦无妨。假如冬月水木相生，夏季火土相资，此所谓生之者无益也。故云：三冬之木，遇水而寒，九夏之土，逢火而燥。又如春季金木相克，夏令水火交战，此所谓克之者无妨也。故云：金木共躔，春有利名秋必折，水荧同步，冬须破落夏能成。观此生克之理，兼四时而论之可矣。然谈星者，要活泼融通，始得其妙。所谓智者，如盘中之走珠。愚者，按图而索骥。如若执恩星以言福，拘难星以决祸，此所谓胶柱鼓瑟，刻舟求剑，此等之学，未足与议也。

生杀者，即恩难星也。生中不生，如水生木，水被土伤则水不能生木矣。克中不克，如火克金，火被水制则火不能克金矣。此二条乃发明生克之意，其余可以例推。

纬克经论

五星本自得经，用之当有力，或被所忌之星凌犯于本殿、本垣之内，亦受制于彼力，不可得胜也。或已失经，尤不宜矣。木星有用，忌金星侵犯斗、角、井、奎之木殿，及寅亥之木垣。火星有用，忌水孛月侵犯尾、翼、觜、室之火殿，及卯戌之火垣。土星有用，忌木炁侵犯女、氐、柳、胃之土殿，及子丑之土垣。金星有用，忌火罗侵犯牛、亢、鬼、娄之金殿，及辰酉之金垣。水星有用，忌土计侵犯箕、轸、参、壁之水殿，及巳申之水垣。

太阳有用，忌木炁罗睺侵犯于虚、房、星、昴太阳之殿，及午宫太阳之正垣。太阴有用，忌土计侵犯于危、心、张、毕太阴之殿，及未宫太阴之正垣。凡所忌之星固不可犯其垣殿，亦不可照临身命，亦不宜限度就之，值此者，须求援救，使其无救则必然凶矣。若忌星坐垣殿之上，而有强星凌制者，反以为幸，谓彼既遭伤，则不能奋其害人之势矣。大抵用一星有一忌，详其用而决之可也。

纬者十一曜也。经者二十八宿也。此言星主得所而度数受克。

经克纬论

夫经克纬者，五星躔于受克之垣殿，在天则或色不正，或隐不明，犹身自救不及，奚暇与人为福。虽有用之，力不及矣。若木炁纬于牛、亢、鬼、娄之金殿，辰、酉之金垣。火罗躔于箕、壁、参、轸之水殿，危、心、张、毕之月殿，及巳、申、未之水月垣。土计纬于斗、角、井、奎之木殿，及寅亥之木垣。金星纬于尾、室、翼、觜之火殿，及卯戌火垣之内。木孛纬于女、氐、柳、胃之土度，及子丑土垣之内，俱为受制。若所用之星而纬于受制之度，力固不及，或加凌克从而欺之，辱尤甚也。或生我之星，复伤本殿本垣之中者，谓之表里遭伤，其害重矣。当求救援之星，乃危处求生之象，功归于救之星也。或救援之星，又居受制之度，或遭凌犯，彼既已危，何暇援人，又须求星救彼，然后假力以救此也。若为害之星纬于受制之度，反以为幸，谓彼既受辱而无复有凌人之势也。切忌反有星以救彼危，有所恃其势，再苏，为害益甚矣。

此言星主受度数之克。垣者，指宫分言，殿者，指度数言。

诸星统论

天道左旋，七政右转，其相生相克之情，有君臣、父子、夫妇、兄弟、朋友之伦焉，其伏见疾迟留退之行，有降伏、有凌犯、有战斗、有攻击、有救援、有护卫之事焉。有昭然在于其上者，有隐然在于其下者，有攻彼而害此者，有损此而益彼者，有弱中之强者，有强中之弱者，彼此隐见强弱之中，其机元微，当随机探索，顾其彼此，察其本末，审其明晦，辨其强弱，搜其救援，求其资助，以决其胜负。如土之受伤，法当助金制木，以救其土，所谓虚则补母，实则泻子，扶弱抑强，此其法也。随其立用而依法断之，则吉凶、得失、贵贱、荣枯，昭然判矣。

观此统论数款，深有义理，宜细详之。

身度主论

人之生也。有命斯有身，命主既本于太阳，则身主当系于太阴，故以月离之度为身度主矣。盖吾身之生，得身度主星之元气，故始诞之时，月纬之度，最为要紧，是以身主切于命主，而身度主尤切于身主也。假如有同年同月隔日同时，有同年同月同日异时者，本日之星其度则一。推日时之异，月纬之度不同，即身寓之度不同也。或有同宿而异度者，固无不同，移时之间，同过其宿则不同者必矣。况一日有十三度之移，因此知身度当为尤重也。身度之宫自有贵贱可分，身宫所寓之度，亦有贤愚之判。凡身度居身命、财田、官福、妻妾、迁移之宫者，上也。如身度居兄弟、子息、奴仆、疾厄、相貌之宫者，次之，谓宫有高低之列，于是乎有贵贱之分。身度之主著升殿入垣，不值侵凌之曜，更为救援资助星之势盛者，必主光明正直，身有荣贵之象。若身主受制，惟有余气代之，更有援星救之者，犹可望其荣贵。或身主失度，退留迟弱，又值凌犯之曜，救之者怯，必因之而流于下愚，福田由是而亏矣。若身主受制退留或遭凌犯，余炁又弱，略有星救者，尚不与议，损中求益也。大抵膺爵禄享荣华则在于身，故田财、官福虽好，身星落陷，将何以承其福禄，使若得之，亦不能长久矣。

此专论身度主也。此谓太阴为身之度主余气代之者，如水为身度主失陷，得孛星高强者，亦可代之。援者，救援也。

身命主论

身命之主能救助科星、寿元、官福、田财诸用星者，为有益之主也。若欺凌科星、寿元、官福、田财诸用星者，无益主也。身命之主侵犯诸用星之宫殿，或诸所用之星，自失躔于身命主星宫殿之中，亦受害于身命之主矣。其间有益此而损彼者，有损此而益彼者，损益之中，造化深长，然有因之而损财益寿益官者，有因之而难进取者，破败飘荡者，招绵绵之讼者，有因之而孤伤离别者，伤残肢体者，遭刑戮之惨者，伤官退职者，置身荆棘之地者，不终天数者，此皆无益之主所致也。凡身命二主自相克者，则不为忌，盖身主不克命主也。如命在巳申，月在子丑，若水星与土星同行，则不忌其克。凡宫身与元守岁驾相冲，多主离祖孤克。凡命与身坐隔界，及诸星宿初末度，或身命入奴宫，奴星入命，又如奴星拱夹身命，俱偏生庶出也。

此言身命二主兼看富贵、贫贱、寿夭、贤愚、祸福、疾病，皆见身命度之所关系也。

财帛主论

财帛主星升殿入垣，或守本宫，或明盛当天，或救助之星，势盛照临者，可言其富。若财受制被克，有救代者，虽退破之余，尤可与其再蓄。若财星益田主，必多储积增置。财星反克田宅者，必因而破家也。财星救助官星者，富益厚，贵益隆。财星反犯官星者，必因之而伤官禄，或因之而起讼。财星犯寿元，虽富足而不享天年。财元退留受制无救者，其来有限，所费无厌，更值犯者强盛，恐无隔宿之留矣，有救代者，尚可以望温润之象也。

此专论财星，财帛乃高强之宫，喜主星旺则生财矣。主星弱而受制者，亦不生财矣。

兄弟主论

兄弟主升殿入垣，或守本宫，无干犯之曜，有救助之星者，棣萼联芳。使宫主退留失躔，或遭忌星所破，则只影高飞。有代之者，或异胞也。有救之者，当可聚也。兄弟之主益官、益财、益宅者，必因同气之力而致富、而致贵。若兄弟之主侵官、侵财、侵田宅者，必因之以起争端，或兄弟之主伤寿元者，或因之而伤寿矣。

兄弟之宫主星与各宫主不相克者，主兄弟相和，如唐元宗与五王长枕大衾而共宿，建花萼相辉之楼而共乐，怡怡如也。

田宅主论

田宅主升殿入垣，强旺或守本宫，或明盛照临，有救助者，必见成基业丰厚。或退留失度受克，虽广有田宅，亦必破而后已。有救有代者，当可复也。受制之余，无救无代者，岂惟离祖破败，更无兴复之时。其间又有生于异室，或移根换叶者，亦由此以致之也。若田宅之主反侵官主者，必因之而招讼。凡侵他宫之主，随其以断之，或流年宫主受制，或忌星侵犯宫殿之所，亦必有伤离之咎，或服制之凶也。田宅为父母之宫，日月为父母之象，故论父母须合田宅、日月而论之。如罗火犯太阳，或难星克日及带剑锋，主先克父。如土侵太阴，或难星克月及月带剑锋，主克母。或日生以太阳落阴宫阴度，父先亡。夜生以太阴落阳宫阳度，母先亡。又田宅宫主受克，日生先克母，夜生先克父。此阴阳反背之义，背日伤父，背月伤母也。

以田宅为祖基，故以父母论之，且祖业，乃父母之所授也。

男女主论

男女主星升殿入垣，无干犯之曜，有救助之星，多育聪明荣贵之子。若余气明盛，力胜子之主者，又当育庶生之贵子也。或子星受制凌犯者盛，若有星救援尚可有之，以余气代之者，异胞之子可也。子星留退受制，无救代者，但望正室之生难矣。子星退留不及，其数受制遭伤，或只生女而已。子息之主救助官星者，因之而荣贵，救助田财者，因之而起家而至富，救助福寿元者，因之而益福益寿，救助身命主星者，必敬顺之义。凡救助诸用星者，为有益之子也。若子息之主侵凌田财者，因之而破家退耗，侵凌官星者，因而招讼伤官，侵凌身命寿元者，有悖上之患及反噬之虞，值此者，不仁、不义、不忠、不孝，于此见矣。凡双生者，男女宫及主星，如在双鱼、双女、人马、阴阳四宫，皆含双意，必主双生，或在双生立命，亦在此四宫也。

凡问男女之数，只以水一、火二、木三、金四、土五取之，凡取只以寅申巳亥上取之。

奴仆主论

奴仆主升殿入垣，有救助者，必多仆从，或主星或援星守宫得为力。若主星失度，退留沉溺者，虽仆不可留也。宫主伤克身命，及侵犯财官之主，非但不能听其驱策，又恐反有疾视之虞，或因之而伤官、破财、致祸。若侵妻妾主者，又有难言之害也。

妻妾主论

妻妾主星升殿入垣，有救助之星照临者，必得贞顺偕和之妻。余气盛者，有美丽之妾也。妻星益助官星者，必因之而贵。反犯官星者必因之而讼。妻星援助田宅者，必因之而起家。反侵田宅者无益，邻官主者贵。妻星受制退留者，或被忌星凌宫殿之上者，多主刑克，彼此相敌，庶可偕老，余气力胜代之，必主再婚无力，代之或娼、或妾、或再醮之妇继之也。若无救代之星，终于不娶而已矣。

此宫得吉星，又得扶救之星，而宫主得其正垣无克犯者，主夫妻如琴瑟之和，贤如孟光者。

疾厄主论

疾厄主星明盛则主无疾，若受制退留，或遭凌犯，则主多病。其疾症类随煞所主，如木孛属肝胆及头目筋脉，逢金克则主肝气风邪、目疾，或因木伤。如火罗属心与小肠及诸血，逢水孛则主寒热、心痛、舌病、酒痔，失血，无发，或因火焚。土计属脾胃及四肢，逢木气则主胃弱脾伤、皮肿唇烈，或因疫死。金属肺与大肠及胃气，逢火罗则主瘰痨、肺热、咳嗽、鼻塞，或因刃死。水孛属腰肾、膀胱及下部，逢土计则主肾虚、血浊耳聋，或因溺死。日月主眼目，或日月逢蚀，或煞犯日月，皆主失明。若疾厄主星所临，与的刃煞居之，主带疾破相。有救援者轻，无救援者重。或疾厄之主侵凌身命者，必犯刑宪，侵制寿元者，必因疾以尽天年。

此论俱与八十一难经意义相同，但日月木火土金水与人之五脏相符，合主病症，亦如是也。

迁移主论

迁移主得度无凌，又救援力盛者，必膺顺动之荣。或宫主受制退留迟弱，行有趑趄，难求利达，或身命主居迁移，或迁移遇身命主，或身命被迁移、驿马照破及驿马入迁移之位，必主平生作事进退，非出祖过房，必移根换叶，或为萍梗之客。

凡看迁移主星近君位，则主在京畿。或东、或西、或南、或北、或远、或近，随禄马所向之宫断之。

官禄主论

官禄主星升殿入垣，明盛当天，有救护而无干犯，余曜并强者，必获穹窿之贵也。援星明者，著威盛者，秉节钺威严之权，援星依日月之光者，有鹓班禁侍之荣。察官主余气之力，审援星表里之势，以定品位之高下也。若援星之上更有援星，尤佳。使官主失度退留，又遭凌犯，却得援星重重，并力救之，及有余气代者，当于援星得志之地，大见荣显。若救援乏星赤自号损，又无外护之曜，则难求荣进，或援星宛转救之尚可。如又无代用之星，更凌犯之曜有党，虽于荣地，不免履冰之凶矣。盖官星力盛则贵，不盛则贱，更详日月强盛以断之。凡官星如损所用之星，则为不吉。若克田财必由此以破家伤财，克科星反因此以难第，克子息主必因之而绝后，克兄弟主必因之而伤手足，伤福元必因之而亏福，制寿元反因之而伤天年也。如益所用之星，方为吉论。救助科名必因之而正奏，救助田财必因之而置产储蓄，救助福寿必因之而享福益算，救助子息及兄弟者，必因之而益后裔，益祖气也。损益之中，其理得矣。

官禄本高强之宫，宜福禄、寿元居之，则为显宦。如受克制，则居下品。恶煞克之，主遭刑不善。

福德主论

福德主星盛者福厚，弱者福浅。身居上而无福者有之，有福而居下者，未之有也。福元升殿入垣，救助之星，明盛守照，必膺莫大之福。如福元失度退留，或遭忌凌犯，则无纯粹之福矣。或身为贵人，因此不享朦胧之福者有之，如人居帘幕高堂之内，因此不享安恬之福者亦有之，有星救代者，尚可言福，若官福身命之主俱亏，又无救代之星，不惟难言其福，又恐因此而流下矣。

德者，福之基也。福者，人之德也。犹人心之所生。苟若不行善，不积德，虽有福而无福，诚使行善而修德，虽无福而有福也。故云福德。

相貌主论

相貌宫分居诸宫之末，以天宫论之，反为诸宫之首也。宫主得度，明盛有救助之星，必赋清秀之质。若宫主受制退留凌犯强盛，又无救援之星者，容仪必不美也。已上十二宫星辰并皆要吊起飞来，横冲直撞，挨官查度，逐宫认论。故曰：明见不如暗见，明拱不如暗拱是也。十二宫之论，皆以宫主度主而论，吉曜则吉，凶曜则凶。但以生者、助者为吉，救援者次之，其于克者，并空的亡劫者，皆凶也。

七政四时论

论　木

夫木者，东方青帝之神，庖羲氏执规司事，故曰木为仁，仁者生，生者圆。所谓规行生泰之权，持华秀丽之令。

万物非时不生，观星非时不验，因其时令，察其盛衰，则祸福轻重，自有称量于其间矣。

春令之木，渐有生长之象，孟春之时，犹有微寒未退，借火罗以温其枝，则木无盘屈之拘，当有舒泰之美。如木与太阳同宫，名为向阳花木，必然早占鳌头，富贵之人也。设使水孛相逢则根损枝枯，不能华茂。

春末夏初之木，有枝有蔓有条有干，多见金而发福，金能琢削其木，有栋梁之才。《经》曰：木繁而无金琢削，纵荣华而末岁孤穷。

夏令之木，根燥叶干盘而且直，屈而已伸，喜水孛济润而无枯槁苏醒，欣欣生意，荣华之人。

凡草木皆托春生而夏长也。当此之时，物皆茂盛而华也。虽秉火令而行水度，则有生生不绝而化化无穷矣，必要消详强弱以断之。

夏末秋初之木，斯时气脉虚矣。昼生忌躔四火之度，又不宜与太阳交互，盖是日烈木焦，不足论也。昼生木躔四水之度，而与太阳交光，此是上下济润，不可以木焦日烈而论，乃水之秀丽，枝叶繁茂，精神富贵。九月寒露之边，遇火罗助，自能变化。

冬令之木，斯时万物萧疏，如昼生与太阳交光，谓之日边红杏，布占先魁，遇此造化岂不美哉。兼能有干，文才清高。如日生遇火罗，谓之寒谷回春，富贵双全。如无太阳火罗同宫，到生巳午未之时，借日光霁冰霜冻解，犹可舒畅。或木躔四火之度，又与太阳交辉，可作十全之福也。如遇夜生，木躔四土之度，又逢水孛冻折，穷之极矣。

论　火

夫火者，南方赤帝之神，神农氏执衡司事，故曰火为礼，礼者齐，齐者平也。所谓衡行炎阳之令，主成齐之权。

春令之火，正、二月之时，寒气未消，最喜火罗木炁互度，见太阴夜生光彩，文武富贵。火本酷烈，逢木慈仁，以善化恶，以刚制柔，刚柔相济，贵而能决，威福权衡。春末夏初之际，火入水宫，水入火地，名为桃花滚浪，水暖花红，名利双清。但火不宜与水孛同行，谓之受克，逢土有救，能破水孛之气，名曰子来救母，禄自丰盈。见金为党鬼，独火之气脉虚也。

夏末秋初之火，斯时秋阳杲杲，借水以济其盛，乃刚柔变化，最不宜与木炁同照、火罗朝拱。太阳无水济润，迎照度限，万物摧枯，一陷千丈。如有一水贯日，一孛济火，为之淋漓，普济苍生，万物苏茂，精神宛转，富贵。《经》云：火焰而无水淘溶，纵发而早年夭折。又有先见火日，后见水孛，此谓之久旱干焦，稿苗得雨，先主艰难而后快活。又有先见水孛，后见火日，谓之久雨逢晴，先主快活而后艰辛。

冬令之火，斯时黑帝司权，水德用事，而火失时最喜木炁相扶，若夜火贯日，加以禄印爵贵佐之，反能富贵，名扬天下之人也。其火最忌水孛、土计、罗睺交互，火之气脉虚矣。如有一木飞来，泄水之气，助火出色，所谓水生木，木生火，命脉健矣。此乃精神转运，合为贵论。

论 土

夫土者中央黄帝之神，轩辕氏执绳司事，故曰土为信，信者诚，诚者直。所谓绳，居五行之中，负载养育之权。

春令之土，昼生与太阳交会，盖是阳和一点，天地皆春。若有官令、禄印、爵魁佐之，主守成富贵。夜生最喜火照。土德朝拱太阳，盖火土俱名精彩，代日行权用事，北方生者，一人之下，万人之上，忠臣良将。

土有生万物之功，其德至大，故得阳数五，三才五行皆不可失。

春初生者，土计不宜与水孛交会，谓之泥逢泛滑，如土躔四水之度，又逢水孛。春末夏初生者，谓之土陷山崩，皆非好格，盖四五月间洪水滔天，斯时土之气脉虚矣。

夏令之土，最喜水字，若得同宫以润土之精神，斯时也。万物长养结实，遇水发生，清源可爱，富贵无言。

夏末初秋之土，不宜与罗火交会，谓之火燥土烈，无水字济润，万物摧枯，一落千丈。昼生土与太阳交辉，亦为日烈土焦，如逢水字，此谓上生下润，土之精彩，万物秀丽，大降吉祥。

冬令之土，最喜日温，自能变化。夜生木炁、火罗佐助，土之精神光彩，朝拱太阳，皆主文武富贵。倘与水字同躔，极主贫寒。若得一木飞来，泄水之气，而又遇火飞来合度，此谓精神辗转为妙。

论 金

夫金者，西方白帝之神，金天氏执矩司令，故曰金马为义，义者成，成者方。所谓矩行收敛之令，主肃杀之权。春令之金，不怕火罗，借火罗以温助，谓之炼金成器，变化气质，不宜与水字同行，春初生者，凝互寒冻未退，无火日温之，极主贫寒。

春月之金，性柔体弱。

夏令之金，不宜生水，就赖水以制其刚，烁石逢源，主利名显达，夏令罗火何以相逢，冬月如斯自能发福。秋令之金，乃白帝司权，金神用事不怕火罗而克，不喜土计而生，借水映色，正此谓也。金白水清，最喜秋生者，贵。若金水朝拱太阳，最为奇特，《经》曰：金坚而无火锻炼，终见凶顽。盖火尚杀伐，水尚澄清，文武皆沾，刚柔相济，名扬四海。

用金之论，木盛则金钝而费力，土盛则金埋而少光辉，水盛则体寒，火盛则体镕熔，金盛则太刚而折，只以四时论之，得中和为贵。

冬令之金，斯时寒凝冻结，昼喜日光而温之，夜喜火罗而照之，定主文职蒙恩。不宜与水字交互，极主贫寒，水冷故也。最妙昼土逢阳以温其土，可助其金，主威武之职，又逢火罗拱互降祥，正所谓金罗相会，阃外司权。

论　水

夫水者，北方黑帝之神，高阳氏执权司事，故曰水为智，智者谋，谋者重。所谓权行严凝之令，主杀物之权。执性不定，决诸东则东流，决诸西则西流，遇冬则结，遇夏则散。

夫水之为能长养万物者，为天地之血脉，贯通无滞，赖土以发生，为万民之粒食也。

春令之水，斯时冰霜冻冷，借木炁火罗温之，自能变化，昼生水孛太阳同行，名曰光霁澄彻，谓之冰霜冻解，心宇清吉，作事整肃，政令威仪，当主台省扬名。所忌金星交互，昼生为妙，夜生贫寒。二三月间天气畅和，遇水济润，发生万物，作事超群，但四五月间泛滥无定，必无福矣。

夏令之水及洪水滔天，得土堤防最为奇妙。《经》云：水盛而无土堤防，遂归愚浊。若有土旺不以为倒限论，反主名利发达。

惟六月之水最怕火，日罗枯涸，遇土计则受克。

秋令之水，七八月间既济万物，不宜受克，既能借土堤防而不泛滥，又能润土，结实万物，清源可爱，富贵荣华。若水受克泄者，皆水之气脉虚矣，却不为福。

冬令之水，秉令行权，虽曰水神用事，能非令也。斯时点水成冰，冻结寒滞，不能变化，得火为上令，得土为次令，得太阳佐之，方可言令也。江河之水，缘何有冻，井内之水，缘何无冻，盖土多则水暖而清，江河之水凝寒成冻，不能变化，喜日光霁，火土温之，天降吉祥。

然冬水自得其时，不用金生，使之见金，反为无义。乃曰：道义相忘，唯喜在于火木也。

论　日

春天之日秀丽，万物得宜，最妙三台引护，水金佐之，谓向阳花红。当春最不宜云雨之星与日交会，枝叶繁茂，掩日光辉，不能变化，木火炁罗交会，朝拱太阳，代日行权用事，火日俱名有气，人皆喜之，天降吉祥，殊不知火罗能化木气之权，以为吉言。

云雨星者，即水孛土计金是也。

夏令之日，火烈阳刚，人皆可畏。最喜水孛同行，济润变化，乃是晴霁兼行，万物精彩，富贵自然。最怕木炁火罗朝拱太阳，万物摧枯，一陷千丈。

孟夏之月，日在毕宿。曹植赋云：帝炎掌节，祝融司方，维扶桑之高燎，炽九日之重光。

秋天之日方而不圆，六亲早离。最喜金水辅日而行，方是淋雨济润，万物苏茂，精神可爱，富贵荣华。如见火日迎照，无水济润，乃火炎威未退，为祸最惨。

诗曰：秋日凄凄，百卉具腓。

冬天之日温暖熙熙，人皆可爱。午时为福之大也。夜生喜木金火罗，朝日火日皆有光霁，文武双全，不宜夜生。又见水孛土计为云雨之星，掩日光彩，限行遇之，为祸最重。若水日同行，得木飞来，泄水之气，遇火飞来，合度取火出色，乃太阳光霁，此谓雷下天时，人皆富贵。或有行限先见水孛，后见火日，谓之久雨逢晴，先主艰难而后容易。又有先行火日后见水孛，此谓之久晴逢雨，先主容易而后艰难。

论 月

春天之月，照耀山林，虽花雨风流而晦月，亦当不美。最喜太阳逢时，阳辉明暖，丰盈财福。夜月见木则万木清清，文章秀发。夜月见火，为火月交辉，人生富贵。如夜月见木，更带桃花之星，生于二月之时，为花月争辉，皆风流潇洒，精神光彩。斯时之月，不宜与土计交会，谓之云掩月华，不足论也。又不宜孛宠之星随月而行，掩太阴之光，为祸甚重。

春月要有光明之象，物物皆亨，本阴精之气而受光于日者，但与土计之余气则不为美也。

夏天之月，扬辉布暖，春风和气，温恬可人，水孛润之而不寒，罗火照之而不燥。斯时之月，喜木气以相扶，忌土计以掩蚀。金虽力薄，夜诞而喜月同行，月本无光，昼假太阳而有辉。

秋天之月，光辉朗耀，普照乾坤，出人头地，逢水相涵，如碧潭之皎洁，得金为助，则精神而倍佳。弦望之际，岂宜罗火以争光，晦朔之期，那堪土计而相迎。见孛者为太乙抱蟾，而食禄非凡，会炁者，乃祥云捧月，必清高而显贵。

四时之月，惟秋月独明，谓秋气清爽，金乘令旺，所以人禀之则贵。

冬天之月，严凝可畏，发辉旦旦，孤洁有余。虽清光遍于河海，而寒月亦当欠舒。所忌者水孛相逢，最嫌者土计关照。金星伴之以无情，木气扶之安有益。生于昼者，借日光而布暖。诞子夜者，伏火罗以助辉。善观星者，勿论生克，先明四时，须分昼夜，于斯消详，可为至矣。

冬气闭塞，寒气朦胧，蔽月色之光华，藏蟾光之皓魄，虽富贵而无风月也。

阴阳并明说

夫以太阳安命以明其体，以太阴为身以明其用，论命则人之所可同，身则人所不可同，如命宫诸富贵贫贱格，与此身无相涉，皆所不论，必须与身有干系深重者方是。

阴阳者，即日、月、太阳、太阴也。人以身命系之。

日之与月，其次舍在天相近，故在子午卯酉四正，子为端门，午为帝座，卯为明堂，皆日月所居，酉为西没之所。人生身命在此四宫，皆富贵之人。安命在午，日在巳，月在未，为阴阳夹命，日月在男女迁移，夹拱有力，必有权柄，能卓立。日午月子，日卯月酉，皆富贵命也。月卯日酉，皆残坏命也。日居月度，月居日度，亦反背也。其人必庶出二母，日生忌火，夜生忌土，亦当活法论。诗曰：十二宫中不言主，强云昼火夜忌土，何以不忌水木金，是致五星皆莽鲁。行限若是见日月，妙不可言。或限中日月夹拱，皆能致福。火罗犯日，土计犯月，皆损害六亲。朔日蚀望月蚀，命在日月度，不天即盲哑之人。日月同在命宫，其人多贵。巳为阳极，月不宜居，亥为阴极，日不宜居，月巳妨母，日亥妨父。日月拱命拱主皆贵，拱田财必发，拱迁移必外发，拱妻子必得贤妻子，拱疾厄必少疾病。以类言之，百无一失。日为主躔木度，月为主躔土度，皆失次也。

次舍者，指宫分度数而言。月卯日酉，谓阴阳反背也。盲者目不能见，哑者口不能言。

太阴黄道论

月有九行，以黄道为经纬之主，青道二出黄道东，赤道二出黄道南，白道二出黄道西，黑道二出黄道北，四时更可随黄道而变迁。春黄道始于东，夏黄道始于南，秋黄道始于西，冬黄道始于北。其日南陆北陆，又是天道而旋也。以九道捷法推之。

谈星者，多不知九道之行，盖九道者非为他而设，特为太阴而论。太阴者，身之主也。以太阴分为四时行度，以定黄道、青道、白道、赤道、黑道也。

太阴九行例

日行黄道，月行九道。黄道者中道也。九道者九行也。何谓九行，盖黄道者一也。青道者二也。白道者二也。赤道者二也。黑道者二也。故名九行。

且如春令生月躔角、斗、奎、井、木度，谓月行黄道。月躔尾、室、觜、翼度房、虚、昂、星、火、度，谓月行青道。如月躔箕、壁、参、轸、心、危、毕、张度，谓月行白道。月躔亢、牛、娄、鬼、金度，谓月行赤道。月躔氐、女、胃、柳、土度，谓月行黑道。

其论以当时者为黄道，我生者为青道，生我者为白道，克我者为赤道，我克者为黑道。又如旺者为黄道，相者为青道，休者为白道，囚者为赤道，死者为黑道。

又如夏生月躔尾、室、觜、翼、房、虚、昴、星、火度，谓月行黄道。月躔氐、女、胃、柳、土度，谓月行青道。月躔角、斗、奎、井、木度，谓月行白道。月躔箕、壁、参、轸、度、心、张、危、毕、水度，谓月行赤道。月躔亢、牛、娄、鬼、金度，谓之月行黑道。

又如秋生月躔亢、牛、娄、鬼、金度，谓月行黄道。月躔箕、壁、参、轸、心、危、毕、张、水度，谓月行青道。月躔氐、女、胃、柳、土度，谓月行白道。月躔尾、室、觜、翼、房、虚、昴、星、火度，谓月行赤道。月躔角、斗、奎、井、木度，谓月行黑道。

又如冬生月躔箕、壁、参、轸、心、危、毕、张水度，谓月行黄道。如月行躔角、斗、奎、井、木度，谓月行青道。月躔亢、牛、娄、鬼、金度，谓月行白道。月躔氐、女、胃、柳、土度，谓月行赤道。月躔尾、室、觜、翼、房、虚、昴、星、火度，谓月行黑道。

四时太阴所经之度

横取	黄道一即中道	青道二	白道二	赤道二	黑道二
立春	木四木度	火四火度	水四水度	金四金度	土四土度
立夏	火四火度	土四土度	木四木度	水四水度	金四金度
立秋	金四金度	水四水度	土四土度	火四火度	木四木度
立冬	水四水度	木四木度	金四金度	土四土度	火四火度

已上五行系月所经由之度，以此推之，可知九道之行如行日度则从火，月度则从水论。

角、斗、奎、井，即四木度也。尾、室、觜、翼，即四火度也。亢、牛、鬼、娄，即四金度也。箕、壁、参、轸，即四水度也。氐、女、胃、柳，即四土度也。房、虚、昴、星，即四日度也。心、危、毕、张，即四月度也。

太阴九道断

论命以日月为身所系，考九道晦明，如人身生世而禀赋厚薄，道行所属而为吉凶，黄道得五星之吉为福，土计孛罗为减力。盖四余暗道之曜，非黄道所可见也。见则必掩晦。黑道正四余得志之所，又非五星所可从也。

黄道为人聪明，清和粹美，春风和气，洒落通变，黄道虽弱亦可为吉，但怕黄道遇掩晦，是月行于天而片云蔽之甚，以其昏晦也。

青道多清洁，有风节廉操，进退以礼。

青白道为孤高之所，若更命局与当生孤刑煞局，无禄贵驾殿者必孤克，更空亡刃破交横，必是僧道，有吉局，亦为贵中孤命。

赤道太阳光辉之所，为人多权略，任势敢为。

黑道愚而好自用，贱而好自专，心高无实，志大无成之人。黑道虽富贵入诸吉局，亦必自艰难中起。

凡太阴专紧于九道之内，次参得何星之用，如妻星主内助而起，亦由内亲而成功名，田宅主得父母力财，得财官主贵，更参诸局无失矣。

太阴度主说

如太阴度娄，娄金也。当以金星论。如金星得垣，占高强，有夹拱与禄贵驾殿相系，更见土来生之，吉。立命巳，人必贵。如金星失躔为他星所断，或截其脉不与禄贵、驾殿相系，却与阳刃、的杀相干，此又下贱矣。

如金星失道，太阴得夹拱，或见黄道所喜之星，禄马、殿驾、贵人相涉，亦为吉星，如金星在辰升殿，当官禄。或火在申子辰当令或难，值此不可以身主居官断也。盖受火之欺，为令所役，为官所驱，何福之有。若更有土与火之脉相贯穿，此又转凶为吉之道。盖火欲伤金，见土则火生土，土又生金矣，挽回一团福气。

金在上宫，却看土星是何宫，主妻得妻妾力，男得男女力，官则贵，福则富，乃土为持重之星，有培植之功，为人亦有持久之福。若为火所燥，无土挽回，凶焰，为人多受漂忽震荡之祸，得吉尤凶也。若金见水，却看水是何宫，主田妻男吉，官福尤高，是身得此福。若生无用之星，奴仆兄弟无益于我，精神气脉为彼所窃，平生为人无力，以小失大。如金见木为财，看是何宫，主妻得妻财，奴得奴用之类。活法推之，无不中矣。

太阴即身之度主也。的煞羊刃二者为祸甚速，所谓生生不已，化化无穷之妙，于此可见。

太阴引从夹拱说

引从夹拱，当辨其孰吉孰凶，如月度娄前三十度，内有吉星为引，后三十度，内有吉星为从。引宜远者为吉，从宜近者为是。前后夹拱匀停，不论何星多寡，皆为引从。夹拱但看叶和争斗如何耳。前引后从，又要求太阴之前不以多少近前一星，以之为主，若前面之星与所主之星皆相生，无战克，非贵则富，有战克不纯粹矣。月前所主之星与日月有伤，此为下贱。若月与官禄贵殿驾，无非富贵。前后拥从匀停，所主之星与月相得，前面诸星相战争，只要不伤月前主星，不碍其名利。若三合钓来，亦如此论。但当明剖合道、望道之说，在月前为紧，富贵皆特力为之，不借他人。合道、望道必因人而成，此二项望衢尚可成功，合衢非仰他人，则不可贵格，亦是荫官拱夹中，亦有福有祸，如夹吉则吉，拱凶则凶，又在详推之也。

望衢、合衢即望道、合道也。望道指对照言，合道指合照言。

太阴犯殿伤宿说

犯殿者，如主弱下凌，恃其权而犯殿，如太阴度胃而罗计占昂毕二宿。昂毕日月也。天之日月，人之君后，罗乃黑道狂暴之星，犯其日月，身前有此凶星，安得不凶。

犯殿者，即罗计土火占四日四月之度是也。

伤宿者，上刚下暴，各恃其力，如太阴在胃，立命在子丑，木星在月前，身命皆系乎土，木将来伤之，退度尤凶，主为人犷狠愚执，更当阳刃劫杀之类，必是凶恶之徒，当受刑法，否则夭折。又有此格而富贵者，乃坐禄马、贵垣、殿驾、庙旺，日月联格，有以伏凶星之势，虽犯殿不妨也。推者宜加详察，不可以一概而论之也。

伤宿者，即克命克身之星，在太阴之前。

太阴让殿说

让殿者，如人不临正室而邃别处所让之殿，有吉则福，有凶则祸。如太阴度柳星二度之间，诸星在翼轸之类，独让张宿在中，或月度翼轸诸星在柳星，亦是前为紧，后为缓。当禄贵殿驾为富贵，中间更有金水各一星在张宿，谓之一星朝后，谓之留守护垣，此更吉也。若让殿有土计罗孛之类，不谓朝后，谓让殿受欺，此凶格也。

让者逊也。让吉则吉，让凶则凶。

太阴出垣说

罗计界出太阴，若登殿驾禄贵者吉，居杀者凶。月乃柔星，有晦朔弦望，全借诸星辅之。日生宜木水孛，夜生宜金孛火罗，宜在太阴之前后，最怕阴阳反背，诸星失志，太阴前有吉星相近，禄贵后有恶曜赶趁，尤急。

出垣者，太阴在计罗之外也。

太阴晦朔弦望说

晦者，月大三十日、月小二十九日。朔者，初一日也。上弦初七初八，下弦二十二三，望者十五十六。盖太阴分九道之行，有晦朔弦望之论。月本无光，借日为明。凡生晦朔日前后者，则月无光矣，昼生倚太阳之光，夜生仗火罗助辉，遇金水亦可。上弦下弦亦有二论。上弦生者，月渐著明，谓之进气。下弦生者，月渐减明，谓之退气，进气者，有余。退气者，不足。又云：上弦之月喜生申酉戌亥之时，下弦之月喜生亥子丑寅之时。于斯之月。俱爱火罗侍卫，亦宜金水相助，望前望后，月正光辉之际，又不宜火罗同宫，或合拱对照，皆不言美，名为火月争光。或火罗掌刃雄廉锋煞者，非早失慈亲，主自己目疾。于中金月交辉，水涵蟾魄，太乙抱蟾，生逢冬令，或居水土木宫，或躔水土木度，皆为失所。纵使荣达，亦先难后易，或起自贫寒，设使贵显，亦主孤论。凡日月交蚀，必竟日蚀在初一日，月蚀在十五十六。如日犯罗计，昼生必蚀，如月犯罗计，夜生主蚀。

晦朔月之无光，弦望月之有辉，孤月独明，惟初八以后至二十三以前。夜生者为妙，其他日不取，惟冬天孤月独明，反不为美。又嫌金孛水木炁相伴，极喜火罗之助为上。

第十三章　星命汇考十三

《张果星宗》十一

太阴论

太阴乃水之精也。人之身也。一日行十三度为准，人生以十二时所属何度盈亏、明晦，即管人之祸福。今术者多不识晨昏度，只论琴堂虚实，以故不精不验。

朔后为昏度，望后为晨度。

太阳元火之气，为诸曜之主，不变不化。月与金、木、水、火、土、炁、孛、罗、计皆变化不常。故日为君，月为臣，五行为人民。月借日之光，五行借月之光，所以用月美者富贵多。凡四余作权柄，又为干戈，与七政共格，为文武同行，必镇守边疆之命。

《性理》云：月本黑色如漆盘，则受日之光，先儒之理明矣。

一、未为太阴宫何也。盖午后阴生，为水之精，而亥卯未合木局，惟未宫井度最长，所赖水垣得子母相顾，以成太阴之象，土不能伤月故也。午为太阳，午与未合，臣借君光，月借日光故耳。

一、太阴在天有三府，奎壁斗也。最是文明之宫。凡月在斗，生于有光之际，就斗牛泊命，行氐土度，中进士状元，若晦冥之际，亦斗泊命，只得妻财子力，行氐角限发财福而已。

一、月居斗而命安奎，乃月明官禄行丑限，为御史。若角住命，月在斗，为富格也。

一、月在井，诸星不杂，又安命于鬼井卯地，有星拱起，乃是天官大夫，毕度高中。

一、月在奎宿为太阴朝天，酉宫安命，行限见月，中举，壁水度，中进士。

一、月在壁者，以毕月安命，生光辉之际，行奎壁度，联科作布政官。若生上下弦之际，只纳粟奏名。

一、月在奎氐星同行西宫立命，生于亥子时，乃祥云捧月之象。限见月即高科，子限为太守，行斗度，死于路。

一、月最不宜坐箕、参、尾、女四度，反复成败之人。

一、月躔心者，金星相伴，巳宫立命，行未限发科。或木星伴必雕巧妆花之人。月在毕，命在午，官为御史。

一、月挂柳梢，五度之外不取。又未宫安命毕度中，魁有火在四土度，行胃土度，即死。四土度无火，行娄奎度，作翰林官。

　　柳度在未，乃月之本宫。至柳四柳五过午官，故不取。

一、月喜漏罗计之外，以月为身命、官福、田财，方为得体。若月为迁移、八煞、闲极、奴仆、相貌之主，纵有光亦弄巧成拙，先荣后辱，或流落江湖者多。

一、月居闲极止有三所，命在酉，月在未。命在丑，月在亥。命在巳，月在卯。虽得格无大贵。若以他宫为闲极论，及僧道贫薄之命。《经》云：月居闲极反为祥，更喜临于华盖。

　　月乃身主，居兄弟之宫，主清闲富贵。

一、太阴最宜临财帛，加财星高起，必享千钟之禄，若月被蚀掩，因祖财成败。

一、月与妻星同宫，因妻致富，或因亲致亲。若财星原陷，必自成自立致富。又怕白虎飞廉的煞大小耗沓之财，虽发未免先成后败。

一、日月同入财宫，必招横财，昼生以财求名，夜生先贫后富，加罗计发骤。

一、月孛同入财宫，若财宫属金，必因酒色坏财，或因酒色丧身。

孛乃月之余，好酒好色，若同财会金，必主是事。

一、月同金入财宫，必得母财发达，惟在寅宫，谓金骑人马，必败母之财，废母之业。

一、月在星以午为财帛者，复带金刃，必盗父之财，兼本身庶出，以月为身在午不光故也。

一、兄弟属土属木带杀，克太阴于财宫，必主兄弟争夺不和。

一、申宫安命，太阴在未及酉宫，毕月度立命，太阴不离于申宫之毕，皆是做官方面致富，钱粮之官。

一、太阴喜居官禄，务要有光为贵格，若在辰戌丑未宫，只为纳粟奏名之士。

一、月在寅亥宫为官禄者，最怕落木寒蟾，必是寒儒。

一、月在子午卯酉为官禄者，酉宫主风宪，余三宫皆杂流及五六品之阶。

酉官乃月之所出之官。

一、月掌财星入官禄，以财夺名，亦纳粟之官。

一、月兼奴入官宫，乃吏员之命。

一、月喜孤，居官禄则清，有星混之则浊，或生上弦，纵昼月亦清，生下弦昼生乃秀而不实，又看官禄主如何。

一、假如日在申，月在寅，命在亥，合大富贵，子亦秀气合格也。

一、如月在寅，以寅为官宫，金同行，必谪降仕路，加飞廉天雄，必犯御刑。

一、月生残晦之际，带迁移，主入官宫，又带刃雄等煞，必因名得罪，徒流千里，及与为官人争告。

一、月带八煞入官禄，金木为飞廉白虎剑锋侵战，行此限加四余，流来必死乱兵之下。

月乃母后之象，性本善慈，人依之为母，何况遇此凶煞，则杀身而殒命者，岂能免乎。

一、火助月于官禄，主权贵，一扫千兵之命，惟月带刃不喜近于火罗。

一、月入官禄而贫，盖因寒字拱之，及金水严凝侵之，而宫空亡耗难沓之，及月躔初末度并受制之度故也。

一、有望月居官禄而不显者，盖夜生论身度为要，看本度所属何星，若是月三方掩映争光，罗计亲之为武臣，惟秋夜望月主秀气。

一、春月居官见金水者，王府训导之命也。

月与金水皆聚阴之象，柔弱之身，当任此职。

一、人月坐箕，风生于望，夜因木在箕而生风，纵光明为狂妄之士也。

一、人月生望夜坐翼巳为奇妙，然居巳为阳极，阴不可居，而月化禄，金掌八煞，复居难地，少年高科，行官宫为哺，艮革前程。

一、有申宫坐命，月在亥，生于望夜前，以财入宫禄主享祖财纳粟，因月带刃行于室火，火罗三方迫之，又木在巳，生风之地，而限又弱，行此限失火，官司刑克。巳属巽卦象，取巽为风。

一、有翼火住命，月生望夜在参水猿，又谓福居禄位，乃一清寒之人，何也。盖水为的劫廉雄，水月为鬼克，故不能发也。

一、有六月十二日，月亦在房，命在虚，为教读之人，养子为盗，无结果，何也。盖因盛夏之际，以阳气胜阴，复在火宫，太阳傍照，月带煞，复有劫刃两旁得文昌在焉，颇知文墨，其实火日盛，窃亥木之财而贫也。

一、人心月住命，月坐星生于望夜，木同行于张，为道官何也。盖阴占极阳之地，主出祖过房，木枭掌孤劫，所以为斯文道官。

一、月在戌奎，生在望夜，以未垣安命，六己生人何以至贫而孤，戊寅生人何以至富而贵，郑先生云：己人带刃所以贫孤，戊人带贵所以富贵。

未垣安命，己生人刃在未，戊生人贵人在未，所以有贵贱之分，宜细推之可见。

一、月居奴仆而庶生者，贵。盖月为母，为庶，今月起奴宫，高照三方，与财帛官禄有情，所以富贵，设若月居奴仆带煞无光，而奴元复起高照，即皂隶之徒。

月坐奴遇贵人，为刀笔之吏。次则书手成家。

一、身主入八煞，务要入天门方合贵格，煞主背太阴为贱格。

一、月望入迁移，反富贵何也。日看三方局主何如，殊不知斯命在卯月为身，在未字在亥天关也。又玉兔腾空之象，所以为富贵也。

　字在十二宫皆裸形，至于亥乃天门也。必着朱衣而过之，所以不为祸而为福。

一、孟子命在亥月，在卯学，在未，纵漏关格，所以三迁之教。大抵月在迁移者，多因事业反复处见成就。

一、有未望之月在张而命在辰，岂非禄居福位，多主大贵，见月即当中，所以身入福，亦是碧玉大格。

一、如用太阴者，不拘所在何宫，随日变化之，忌喜怒之曜相参，无有不准。

一、刘国师命坐亥月，占斗柄而诸星灿灿，拱南木又躔毕，所以为君师。《经》云：月为人之母，即有生化之气，故为用神切也。

一、太阴最嫌斗煞，或土去计来，或火去罗来，其水孛木炁皆顺行不妨，怕斗。斗者死，顺者灾。若月被斗在难地，则乱兵而亡。若斗在生地，因祸中得福。又如四月度犯斗，亦不好。

　太阴本沉静之星，喜居阴宫，宜逢吉宿及同宵之辰，所以为福，况逢战斗之煞，安有不为祸乎，天星有如此，况人民乎。

一、宁王命万水朝宗格，木月夹命于亥地，因土计罗刃于卯死，后凶危。

一、如小儿命，看太阴三日宫所躔何如，又太阴一时过一度，交接初刻末刻，仔细消详，上四刻下四刻，验之所属，方知奥妙。

一、月居火地，最怕水孛迫之，必溺水误医之厄。

一、木近月为煞者，必脾胃疟疾。

一、金近月于木度，必喘嗽及克妻。

一、罗近月于四金者，必有足目之疾，一孛月向坐四金者，主酒色病祸。

一、水月同坐四木度，主行医九流之人。

一、炁月同坐四木度，主僧道之人。

一、金月同坐心月孤，主巧艺之匠。

一、论太阴何以为福早、为福迟，即看度深度浅是也。

凡太阴有贵格者，有太乙抱蟾，身居闲极，日月守照，一星伴月，火月同宵，日月趋朝，金助月华，母依日月，祥云捧月，日月同宫，日月互垣，火金逢月，木月清贵之类，皆作贵命而推之也。

一、月在限即论月，在四正三方亦论月，不见月，方看他星。

一、晚年行月星，其限不好，即不善终。见月好，即能享福。

一、月喜居太阳之前，不喜太阳之后，名曰背君。

一、论官品高低，须看官星所泊之度及格局，并用神在何处，若是官星度困则看用神之度何如，但格局用神兼得所者，京堂命也。

一、用神格局俱好，只有财星混于官恩星，远乎驾方面之官。

一、格局高，内有所破，此外任四五品之官。

一、文魁星高，太阴作科道等官。

一、余气用神健，必掌兵。

一、罗为官魁或向驾，亦在京得宠。

一、用外盘格局及七政混杂，及杂流之职。财禄交驰，财马互换，及禄到财宫，乃纳粟监生命也。

一、有不入泮门而白衣做官者，此可论斗标、卦气、禄马元、天经、地纬、唐符、国印、贵人、三元为要，次看内盘恩星提携，必身主微，宫主度主溺，只是限好，因聪明文笔得京官。若身度健，太阳高强，有夹拱，此得父荫，原格无破，亦渐升至京堂，原有破只升外任。

斗杓、卦气、天经、地纬、唐符、国印诸吉星皆详起例，此张果通元之秘星。

一、论王侯驸伯命，盖侯伯要禄马逢空休囚，爵恩星到早，而诸星皆会高强，用神亦在驾前。只论身星财帛为要，身星好有才志，财星好享厚福，身星晦、财星疲，无才能而且穷也。

一、指挥千百户命与杂流同论，亦宜官恩好，行限好，方许高升，与前侯伯命兼看为是。

一、总兵参将与都堂命同，只是武官文星欠高，身星欠清，终不能近君也。

当以权印刃劫等煞同论，方有助威权之用也。

一、太监命与僧道同，只是身福、田财星好，享福、有权柄也。

一、有极贵而无子者，盖未垣安命，以火为子、为官，火至西而发。故得极贵而无子。若丑安命，以金为子、为官，金至西而囚，故得子而不发贵。看本星所泊何处，高照何方，若有福星弱官星高，得贵而不得子，官星高福星健，主福与子俱好。《经》云：福德男女同一局也。若男女主好福德弱，虽有子不得尽终。

一、有僧道尼姑后还俗生子者，皆因原恩福官度休囚，煞神孤寡切照，后限遇夫妻星动，驿马桃花星照，孤寡皆去，故生子也。

论五星相生

火宜独居生星，不宜重见，如木生更不宜见炁。

木喜相生，须要得时，如秋木落陷，水孛同生，则木浮矣，限行煞地加浮沉，主水厄。

土主罗火夹生，根本虽固，失之太骤，若守命主，其非疾似疾，加煞则疾。

金喜土计夹生，根本固，但发迟，遇生旺则高。

水宜金生，但秀而欠实，凡金水皆秀星，不若木土火罗之盛。

论五星相克

金遇火罗克，最凶，加重煞则伤残，盖飞廉阳刃为重也。金不宜为飞廉阳刃，罗火不宜为天雄地雌。

木不宜金克，若金为飞廉阳刃，最凶，他煞稍轻。

水不宜土克，强遏则水不顺流，加计则水渴矣，或主气滞，女人主月水不通。

火忌水克，加字则凶。

土忌木克，加炁则重，主疾，限遇之难疗，或疟疾，加煞则经年不愈。

此以物理论之诚然矣，以及人身五脏禀天之五行论之，其疾病各有所属，信不误也。惟有土星为害则久。

论吉星守命

木主慈，清修近文，加水则文章盖世，安于巳或未或奎为最。金性刚烈，主燥不藏事，得所则好义，遇水则淫，字次之，见炁孤硬。水星多智巧，无善星三方对照则性流无定，遇字则泛滥矣，遇土同躔，如水命人及坐命于水则沉晦，如主为奴，原无生旺禄贵宫而为大小耗天地耗并，则为潜偷之人，终身晦滞无能为。土主厚重，得局守信，如在巳虽破局，或土命人则星照本家，或长生禄马贵人加临，皆作好论，如壬寅壬申生人，长生贵人在巳是也。火罗助之，其性不甚响快，貌亦不扬。土计同宫，其人执拗，自是窒塞不通。火得局好礼，化耗反主耗财虚花，使用若不得地，则弄巧成拙，加煞急躁，主身常生疮痍，或至于癫而寿不远。日喜金水同宫，则人材美貌，或能言。日忌与罗同守命，非足疾，则目疾。日遇字在前后者，皆不吉，但后重于前，亦主有疾，或瞽、或目疾、或主伤亲，火尤甚。但火主上字，或上或下。月喜望夜或上下弦，宜金火助之，字在后则好，在前则不吉，月遇计则主目疾。月与土同躔，亦与火日同论。凡日宜昼，月宜夜，昼月守命或遇火罗则晦，亦主人貌黑，土计宜昼不宜夜，炁木亦然。凡紫炁守命，皆主多友鬓，躔水土度者多，金度者少，又夜火好礼，昼土持重，矮肥。木主慈爱，人必清秀，金性刚不藏事，遇火则淫乱，在妻宫加煞，则妻淫。水木主清秀，如会文昌星，或巳亥学堂，或奎井亥宫皆为文章之士。夜火奎壁，火命亦然。奎木伶俐三方咸池，咸池或遇金字主风流，奴主高则为乐人，水土守命晦甚，昼火坐命，夜土切照亦然。昼火暴怒，夜土顽愚。天经地纬，拱身拱命，皆为上，只不喜遇斗标指破，斗标居官，官不起，亦贵格。五曜联珠，四余不杂为贵，但不宜背命。五星聚天门，命坐其间，大贵，亦不宜余气间之。四余七政皆欲得所，宜向东南，不宜西没，虽居离明，又不宜背命。或五曜联珠，命坐其间，亦富贵。如命在卯，七政在南，趋从必贵，位至八座。凡观星皆宜拱命，不宜背命。格高命高主富贵，虽居暗地，不可作下论。或巳亥有星，其余皆无星。亥巳安命主贵，大抵巳上安命不如亥上为妙。

大抵五星及四余守人身命，皆从其星象之性情形貌性质，以比人之赋异者，各有所禀。

论杀星守命

刃并天雄，劫加地雌，守星善则险处获财，限路危则亡生丧魄。飞廉阳刃忌见罗计。官符、病符、月符不宜重见，见则有囹圄之患。天马、地驿会木孛，一生招是惹非。天耗地耗守田财，终身贫穷偃蹇。若大小耗并，劫盗辱身。劫刃地雌遇妻星，扬鞭再醮。天雄白虎入官宫，多招横祸。阳刃在命性必横，劫煞在命性必孤，又云：天雄在命性必雄，阳刃在命必有疾，加天雄必破相。炁罗相会亦主孤。大小限见月符，又须伤上损下。孤辰寡宿会劫刃华盖，则为泉石间人。天耗会的劫刃亡，非雷伤则当虎噬。度健限强，亦主身亡。不知暗煞加临，三方切照。财福失经，命元虽弱而又荣华，盖缘夹拱有力。日月目之象、亦亲之象，计罗近之则目有疾，阳刃极重，天雄、地雌、劫煞、飞廉次之，父母忌之亦然，日月犯刃，火罗带煞，守命必伤亲，或目疾。日月逢蚀，非眼盲则足跛。金火不宜同途，罗孛次之。如乙亥生人，又是正月，此水孛为劫主又是飞廉，或五月十月是耗主，况乙亥火命人水孛为煞太重，女人则主夭，男人尤重。如壬午癸未生人，得孛在卯，贵旺同临，此人必发。生旺皆不重见，或生地坐命不宜行旺限，老人遇之则死，否则衰败，迁移主冲，主徒流，若限主前，煞主后，亦有此患。迁移克破田财，度主衰弱，主破家荡产，或我生他主晦，限亦然，为其泄气故也。身命二主，怕逢奴元。奴仆之主，不宜守命，主劳碌。凡用星皆不宜见奴元。官禄宫主忌见天雄，但官主不喜克命。若福德主克命，乃为上格。财元则可，田宅次之，须加贵人生旺禄马之属为美。大概财主官主要与命会则吉。但朝阳之星喜官星命主度主，其余不可概论，如行限再见此度中，决然利遂。如煞星朝阳则势张，恶为扶阳势，命限犯之则凶。八煞主不喜朝阳，亦不宜克命，不宜克官。假如酉宫命限行子宫遇木，此为煞克官也。祸害缠绵。若胃土安命，为祸尤重，或克纳音之星。若朝阳再行此度，轻则出百端之祸，重则决死断之。但论诸煞守命，要命度主身主三者无相克犯，又在强宫，诸煞临之则无害也。

图圄，古之拘罪人之室，今之牢狱也。扬鞭，古之结亲招婿，以丝鞭为信。再醮，凡女临嫁，母酌酒以醮之，曰必敬必恭，相尔夫子。此言扬鞭再醮者，再适其夫也。壬癸生人贵人在卯，孛能助之故发，凡人之命坐主高强，有吉星扶之，主贵凶煞临之，主贱。此天时人事之常情也。只是吉神恶煞颠倒错乱交互，则为主疾厄而伤寿也。

性情论

日之为性宽缓，慈心有大人之气量，习君子之威仪，出入端庄，言语真实，肯怜贫念老，抚幼恤孤。火罗同度，足将进而趑趄，口将言而嗫嚅。木孛同度，孤克有余。水孛同宫，刚柔相济。春日迟丽温恬可人，夏日刚烈刑克六亲，秋日干晒方而不圆，冬日可爱人皆曝之。

日乃人君之象，至尊至贵，非诸星可比伦者也。

月之为宿，虽性聪敏，终受问于人。盖月票阳精，妻顺于夫，性不自专，谋事多密。至于孤克之曜也。与土蚀晦，口纳言而心等计。但春月美丽，照耀山林，夏月可爱，春风和气，秋月朗俊，出人头地，冬月虽清，严凝可畏，发辉旦旦，孤洁有余。自爱自好之性，人所未之知也。

月乃后母之象，与日配至尊贵，亦不可与诸星比伦者也。

金子五行主义，为性刚直，方多员少。带咸池则淫冶，带阳刃则刚方，多义气之人，乃始终之士，但骨肉无情，恩中生怨。然可喜者，作事敢为，肯任劳苦。

赋云：雪浪琼瑰，云间珠玉，孕神光于日月，见精彩之风雷，成室自多，常灿飞霞之色，人间如得，全资烈火之功。

木于五行主仁，为性从直，有柔有刚，挽之则前，舍之则往。所谓道合则从，不合则去，不肯以私灭公，徇情说众。不失背则负艺诸般，聪明伶俐，事不惮烦，心怀恻隐。

木有摇壑昂霄之德，凌云蔽日之功。

水于五行主智，为性员变，喜怒无常，激之则扬，抵之则怒，顺之则喜，终智巧之人，多能之士，人物和气，骨肉无情，能施恩布惠，能逐波随流，只是于事多般勤始而怠终，东西无定。

雷飞瀑布，相连南北之流，练挂烟霞，对峙东西之浪。

火于五行主礼，为性暴躁，有喜有怒，触之则气奋斗牛，悦之则顺如风草，终是有头无尾，有口无心。但观其性者，如苛虐之为，然察其由者，实隘狭之故，若受水之制，温恭有礼，辞逊谦让，勇而后悔。

腾光辉于宇宙，布垣赤于乾坤。

土于五行主信，为性机变，有方有员，触之则怒恨于心，悦之则喜无不信。但心难恻隐，事要密为，虽言语默而暗计有余，纵于事紧而反宽反缓，不宽急之心性，不忙煞之触人。

气能成物，功以育物，发乎根荄，杜乎萼蕊，火燥反成其殃，土养木疏，必成其器。

炁乃木余，仁之小者，所知者百子之书，所能者九流之技，烦心好静，事能多晓。到七宫妻主无男，到五宫儿多僧道。若居财帛，不取无义之财，若入命宫，妨妻害子实其性之孤高，为南方之强也。若会计都，巧言花语，又非前论。

炁孛罗计为四余，喜独行为吉。命主身主遇之，相生则吉，反克则凶。

孛乃水余，智之小者，所知者功利之私，所能者眼前之巧。夸多斗靡，矜己忽人，喜从谀不喜箴规，爱人情不爱清致。泊阳刃咸池，则赌博为生，会计都罗睺，则巧言令色。与炁同会，反为柔弱之人，只是内藏奸计。到天门，乃着朱衣之所，外貌有余，爱声名，喜功利。到狮子则狠而无礼，饕而有余。到摩羯则暗计难量，外假尊重，内实娇淫，为妨夫克子之星，为鼓盆绝弦之曜。

此星十二宫皆脱裸，却来亥上着朱衣，庄子妻死不哭，鼓盆而歌，故有此杀之论。

罗乃火余，礼之小者，性至于躁，躁必厌烦，烦必怒生，生成勇敢。盖火余而易灭，一怒而易消，事曾为而后悔，心刚劲而胆寒，居十二宫则面斑有麻，到八煞宫则为酒痔气疾，或主损目，女常血挠。如居官禄惹是招非，若在七宫妻多反目。

此星在天逆行，号为天首。

计乃土余，信之小者，机巧有余，能言之士，内外异态，二三其心，所作匪常，所谋不一，到中年方保可安，安之则刑，六亲孝服常见。

此星在天逆行为天尾，与罗星相对。

论七政四余躔次喜忌

太阳为父，在强宫金水引从与吉星会，主父富贵。在命宫吉。在财帛则父有财。在兄弟则父失力。在田宅则父富。在男女则父平安，得子力。在奴仆则父劳碌，或为奴。在妻宫则主有好妻。在疾厄则主有疾。在迁移则父出外为商。在官禄则父有荣，加吉星方可。在福德主父有福。在相貌则父平平有貌。已上宫分太阳加临，金水拱夹得用，日生则父大吉，喜金相见大妙，土计亦可，火入垣则可犯阳，则不可，忌木炁掩光，罗主克剥，夜生人则轻。故曰日从阳为吉。太阳无辅，名曰孤君，男子不得祖业，女人外家必零落。临生之时父不在家，见养金水在宫及拱夹者吉，三方得吉星方可。太阳而作煞，主单行，三方四正无冲激，则作吉，如太阳既是煞，又会煞，引从作党，极凶。凡太阳忌煞夹，若在一边则好。日月皆论中气，次以月为母，如上下弦是煞，论日月非中气，则看田宅宫论父母。

太阳在子宫化天宜，主无成，夜吉。在丑宫化天幽，主清闲。在寅宫化天桑星，大吉。在卯宫化天乌，主聪明。在辰宫化天爽，主显达。在巳宫化幽微，主乘旺。在午宫化少微，乐宫。在未宫化天耀，官迁。在申宫化天暗星，作事更改。在酉宫化九空星，无成。在戌宫化天枢，入庙旺。在亥宫化玉玺星，主聪明。

太阴为母，入强宫得经得所，与吉星相会则母有力，失经失所，凶星则克母。入命宫吉。入财帛有财。入兄弟有情，吉。入田宅则主母家有田宅。入男女先女后男吉。入奴仆主劳碌起家，必庶母生，不然末胎。入妻宫主因亲得妻，入疾厄有权有疾，母灾多病。入迁移则平平，主过房出祖。入官禄则贵益盛，入福德则平生有福。入相貌则母貌美，坐咸池则母淫，主有外。心煞并凶。忌见土计，最凶。火罗稍凶，夜生犹可。金水木相随则吉，夜生人最佳，月向中旬生者有力，下旬生者无力。凡男女命太阴皆爱清贵，及落在吉宫者妙。

太阴在子化天姬，夜吉。在丑化天机，荣贵。在寅化天昧，祸害。在卯化天琼，喜宫。在辰化天璇，官显。在巳化玉鹿，显达。在午化天衣，享福。在未化天圭，旺喜。在申化天潢，主富贵。在酉化天柱，在戌化天辅，在亥化天晔。

木星喜春令，宜见水孛生之，寅亥二宫吉，未宫亦吉也。巳申二宫受生，吉，为人清秀，善恶考之。凡木在卯宫多利，忌见金火，秋冬皆失令，加诸煞即凶。与太阳交会吉，必克父。卯戌二宫泄气，平平。见土计子丑二宫怒，见炁则余奴犯主，反孤。

木星居丑化天荫，寅化天渊，卯化太微，辰化玉龙，巳化天福，午化天德，未化玉班，申化天鸾，亥化中台，俱吉。

火星喜见木炁相生，又不喜重见。从阴则喜，犯阳则凶。夏令吉，独行有权。卯戌二宫吉，申巳宫乐，寅宫吉。巳宫躔轸则受制，躔翼则朱雀乘风，夜生反吉，有光明。忌见水孛，凶。冬令不吉，加罗大凶。日生忌犯阳，夜生则可躔辰酉。火入金乡，则早抛兄弟。子丑宫泄气，见金则怒。

火星丑化黄道，寅化天升，卯化天乙，午化天赫，申化喜神，戌化天轨，亥化天纛，俱吉，余宫凶。

土星喜火罗相生，亦不宜重见，重见则太骤，一发反见祸。子丑二宫吉，卯戌二宫吉，辰戌丑未月得令，从太阳少吉，日生更吉。忌见木炁相克，加计则凶，忌与太阴相见，入寅申巳亥宫凶，辰酉宫脱气，末宫曰三丘，见水则怒。

土居子化天亢，寅化贵人，卯化天冲，辰化太极，午化天道，未化四镇，申化福生，戌化天关，俱吉，余不利。

金星喜土计生之，从阴阳皆吉，秋得令，辰酉宫吉，未宫亦吉，子丑宫受生，见火罗凶，卯戌午三宫凶，又金乘火位，其人少失尊亲，巳申宫泄气，平平，见孛同宫则为花酒之客。夏令无力，寅亥宫及见木炁则怒矣。

金在子化玉辂，丑化天库，辰化太常，巳化天禄，午化天旸，未化天仓，申化玉堂，酉化天印，亥化天寿，俱吉。

水星喜金相生，巳申宫吉，冬令吉，从日月吉，未子宫吉，亥宫稍吉，土计凶。见孛则余奴犯主，加煞非夭则刑，丑宫少凶，卯戌上怒，见阳不妨，寅宫脱气。

水居子化玉池，丑化晨门，寅化天懿，辰化琴堂，巳化荣星，午化天温，未化天乙，申化显星，亥化天绶吉。

炁星主慈善，出家好道，坐命及三方对冲，见之必孤，妻子难为。行限及三方对照见之，此限必好慈善，出家清修，过此又改矣。犯太阴为人晦滞，近太阳则掩光，遇剑锋恐受伤。如对照先须有妻，年老亦孤。居子丑则怒，寅亥为奴犯主，不吉。卯戌则有生成之意，居辰酉则衰，居巳申受生，吉。居午凶，加煞克命度，大凶。

炁居子化玉清，丑化天元，寅化天饬，辰化华盖，巳化天相，午化五肌，未化天廪，申化紫微，酉化凤凰，戌化玉贯，亥化天贵，俱吉。

孛星居命，诡怪万端，权谋百变，有克剥无礼制。居子少吉。居丑凶，加煞克命度，大凶。居寅尾火凶。居亥朝天。居卯未皆吉。居午大凶。居戌凶，主流落，奎度反吉。辰酉平平，巳申为奴犯主。女命遇孛当头，克夫害子，孤淫是非，单行生度吉，剥杂克度主凶。

孛星居丑化天柔，居寅化天后，卯化玉垣，午化玉气，未化太乙，亥化天聪，主吉，余宫不利。

罗星守命，为人性急躁暴，居子午日中分，吉。居巳申受制，小吉。居子丑为生本宫土命，遇之为余气生命，忌克牛金凶败，夜生得用辰酉宫则怒。居未主克剥生灾官事，卯戌为奴犯主位，立命于此不吉，行限遇恶星相生，则为富不仁，相克则凶，会金加飞廉，则犯干戈及暴死，会剑锋非恶死而伤残矣。

罗在丑化赤道，卯化天权，酉化天文，亥化文昌，俱吉。

计星居丑躔斗，名曰朝斗，必贵，只宜独行，居子为顽土，须用木炁制之方可，或相冲照，或三方相制亦可。入寅遇金则吉，入亥平平，卯戌独行吉，巳申则怒，未上凶，午上平吉，会剑锋必伤残，及恶血死，计星居丑化四喜，寅化天渊，卯化玉柄，巳化天水，午化天岿，亥化天武，俱吉，别宫不利。

续论《七政四余分布宜忌及入格真伪》

一、太乙抱蟾。常人见孛与月同行，便谓之太乙抱蟾，其义非也。须是上弦及望前、既望、下弦在未上见之，及生于戌亥子丑时者，方合此格。如非其地，又非其时，名为抱鬼。若值残晦之月，则为抱死鬼，却不能为福矣。既望尽也。巳也。

太乙孛星也。蟾月也。月与孛同宫，在未酉入秦鬼尤贵。

一、木罗会舍，必在寅上为吉，盖木喜于寅，罗乐于寅，二星相得，方为会舍，在他宫，则不合格。

谓相生得火局之贵。

一、火炁为职权，在寅卯为大吉。盖火生于寅，庙于卯。寅为炁乐之垣，卯为炁旺之地，二星相得故为职权，不以昼夜为忌。

一、木孛为符印，在丑为得局，盖木升殿于未，孛入庙于未，二星得所为贵，他宫其福减半。

一、火罗计孛，乃四凶曜，化凶化吉，并宜独行，则主重权。

一、紫炁为灾，比土犹缓。

一、土星为灾至缓，主病淹滞难痊，使人晦懒，作事有头无尾，或出一月方发。

土星行最迟，二十九年一周天，故主疾淹滞。

一、金星不要在阳刃、的煞、劫煞之上，盖金主煞，遇煞则煞气辉腾，故为煞至重。

一、罗计拦截之格不宜太阳跳出，犯此名曰孤君，无辅极不为美。盖太阳乃君象，只欲五星辅佐，共行或拱夹，方为吉论。若孤立于外，主人一生奔波劳碌，少得人力，我虽亲附人，人多远之。

一、罗计截断半天星，此格有凶有吉，或截在左行限在右，或截在右行限在左，名曰反背为限，不与诸星会遇故也。又有升沉之不同，或日生而诸曜截在卯辰、巳午、未申，行限酉戌、亥子、丑寅位而无星者不得体，或夜生诸星截在酉戌、亥子、丑寅位，行限卯辰巳午未申位，无星之地，皆谓升沉不同，并不合格者也。

计罗截断漏出有用星辰，昼东南而夜西北，皆主大贵。

一、太阴随日干而化金木水火土，若太阴属水则不喜土月同躔，太阴属木则不许金月同躔，余可例推。犯之者，皆带疾防克。如更在空亡、亡神、劫煞之上者，决主其人乱说是非，言语不定。

一、令星在太阳之前，名曰旺进。若为命主在前，曰特进，名曰令星拱日。又曰：令星当衡，皆主权贵。若命主及令星在太阳之后者，名曰后进，其福减半。

金水二星护太阳而行，则不离二宫。

一、诸星并行，有前有后。凡煞星则欲其前行，主星则欲其后至。假如水火同行，水克火为煞，水在火前则为不克，火在水前，其煞逼身，最为大害，不可不审。《经》云：煞前主后，当膺藩辅之权。煞后主前，必有徒流之患。此之谓也。

藩辅布政之职。

一、诸星聚会，有吉会有凶会。吉会者，如命主、度主、身主、官魁、福禄，化贵荫权印，则为吉会，虽是火罗计孛，若作吉亦为吉会。若为阳刃、劫煞，及化刑囚暗耗，皆凶会，主祸。

一、诸星并要分行，善恶不宜混杂。故善者专为吉，恶者专为凶。福禄单行为吉，若福刑相会，禄耗并行，吉凶混杂，皆主利名有成有败，处世无成。

一、五星退行，有退而有力者，有退而无力者。且如火金同行，金在前火在后而退，此煞星不敢进前以克金，谓之退而有力。若金星退遇火星，顺行反克金星，是谓退而无力，余可例推。有退而升殿、入垣、逢生，皆谓有情，反作吉论，或退而失度、逢杀及入弱宫，皆谓无情，决作凶论。

一、退星为福、为祸尤甚，盖行迟故也。《经》云：星躔退度，善恶分外有情，术者审之。

一、诸星坐命，皆为所属，既能为吉，亦能为凶，其论已有灵验。

一、诸星在人盘，不但原守为紧，而流星及诸神杀尤为紧关，亦如前例同看，知星者鉴之。

星盘或问

斗南子方裒集删定果老星命之说，以广厥传。忽有客坐而问曰：五星丽于天者也。凡民丽于地者也。天地邈不相及，胡术家者流，以五星而推人禄命，其说亦有理与。余应之曰：天地不外阴阳，阴阳不外五行，人不能外五行以生。五星乃五行之精，凝结成象，天垂以示人者也。人之生也。禀天地之精英，萃阴阳之造化，天星运于上而适厥期，人命钟于下而感于天通。是故长庚入梦而太白生，岁德下临而

中华传世藏书

钦定古今图书集成

精华本

古今图书

星命篇

二〇二〇

曼倩降。郎官应宿，庶民惟星。以五星而推人禄命，其理至著，其道至微，但术者未尽知耳。

即金木水火土之精，悬象于天，布列森然，变化无端，以应凶吉。李白母梦长庚入怀而生，故名曰"白"，字太"白"。岁德星降，乃东方朔也。号名曼倩子。

客曰：星命之说，固云有理，然所以推星与命者，则吾未之喻也。敢问何以先排十二宫。一命宫、二财帛、三兄弟、四田宅、五男女、六奴仆、七妻妾、八疾厄、九迁移、十官禄、十一福德、十二相貌，其名次序无乃牵强也与。答曰：人之生也。以身命为主，故曰命宫为第一。财为养命之源，故次二。分我之财者独兄弟，故次三。田宅所以安命藏财而居兄弟，故次四。既有财帛兄弟田宅，而男女所以承田与财者也。故次五。奴婢所以辅男女，故次六。妻妾敌体与命宫对冲，故次七。夫自命宫而至妻宫，其叙自不乱。疾厄，人命之所不能无者，故次八。迁移，人之所不能免者，故次九。官禄天之所予，系于命而最要，故次十。福德人之所享，系于天而难得，故次十一。相貌所以成身，故次十二。自疾厄而至相貌，其叙却乃倒言何也。十二宫之中，命与妻相对，相貌、福德、官禄出天上，故列在身前。财帛、兄弟、田宅隐地下，故叙在身后。迁移、疾厄、妻妾，限数最紧，皆太阳过午而行促。有相貌而后见福德，有福德而后居官禄，有官禄而后历迁移，有迁移而后见疾厄。自相貌而至于疾厄，皆日月之喜升而恶沉。有财帛而后见兄弟，有兄弟而后分田宅，有田宅而后归男女，有男女而后居奴仆。自财而至奴仆，皆日月之右转而分布。人之所以为人，不过如此。故十二宫之名足以尽人之生也。男女，身命所生，迁移，父子所专，兄弟和乐，妻孥雍睦，人之福德，此二者最难。财与官禄相连，奴婢所以服官营财也。貌为疾厄所苦，田宅所以安身而养疾也。故皆三合。此十二宫流行之叙，对代之体，错综之用有如此，子殆未之思乎。

星盘问答之说，此篇至妙而至精也。

客曰：星盘十二宫既闻命矣，然何以午未属天，子丑属地，寅亥属木，卯戌属火，辰酉属金，巳申属水，与五行地支十二之理不同，又何说与。余曰：五行以寅卯为木，巳午为火，申酉为金，亥子为水，亥戌丑未为土，乃地支十二维也。午与未合居于上而属乾，故以为天。子与丑合居于下而属坤，故以为地。上天下地一定之体也。亥与寅合属春，故以为木。卯与戌合属夏，故以为火。辰与酉合属秋，故以为金。巳与申合属冬，故以为水。春夏秋冬四时之序也。日月丽天，水金辅之，故喜金水。土石丽地，木火生之，故喜木火。此虽与地支十二维分布不同，而其道理则相贯也。

此乃颠倒五星之论，此篇神妙之论，凡人之所不知者也。

客又曰：人一日之生不啻亿万，何以从太阳为命，太阴为身，遂据此断吉凶、祸福，仆未深信。敢问其故何也。余曰：善哉问，我明告子。天形如卵而左旋，日月代明右转。天体日周东方常抽，惟其东抽，是以西沉。一沉一抽无停留也。太阳之升出在东方，太阴之没入在西乡，一升一没无差忒也。人之出乎胎中，即天转乎地上。若是卯时而生，天日俱出东厢，惟卯时以后天体无形，以日为准，故因日而数至卯，即卯地而出苍穹。太阴，日之配身之所自出也。故以太阳立命，太阴安身，身命人之所最重，故先求此二宫。天体度数，各有对度。是以日月同其好恶，身命同其祸福，东出父命，西没娘身。东出太阳，西没太阴。东出亢金，西没娄金。故云身命一般之说，盖为此也。

客又曰：星家源流，其理既同，然何以有准于古而差于今，验于今而谬于古，其故又何。仆也惑敢问。余曰：此天道自然之运也。天之运也。积气日月五星，积气之光曜者也。其循行次舍七十年而差一度。天道且然，而况于人乎。世有升降，国有隆污，皆囿于天道自然之运。人乃积气中之动物，身之用舍，道之行藏，又囿于国家一时之运。此古今人命之所以不同，而星家准与不准之辨，咸在此矣。客恍然而悟醒。

分野列宿

斗宿　分野　南直隶　应天　凤阳

	太平	安庆	苏州	松江
	常州	镇江	徽州	宁国
	池州	广德州	和州	杭州
	嘉兴	处州	南昌	南康
	九江	饶州	广信	抚州
	建昌	临江	瑞州	袁州
	吉安	赣州	南安	
牛斗	分野	南直	淮安	扬州
	浙江	湖州	温州	江西
	九江			
牛女	分野	浙江	宁波	绍兴
	台州	金华	衢州	严州
福建	福州	兴化	漳州	泉州
	延平	邵武	汀州	建宁
广东	广州	惠州	潮州	南雄
	韶州	肇庆	高州	雷州
	琼州			
虚危	分野	山东	青州府	
危宿	分野	山东	济南	登州	莱州
室壁	分野	北直隶	大名府	
	河南	卫辉	怀庆	彰德
奎娄	分野	山东	兖州府	
胃宿	分野	山东	东昌府	
昂毕	分野	北直	真定府	山西
	大同府			

觜参　分野　山西　平阳府　泽州

四川松潘等　处军民使司叠千户所

参宿　分野　山西　汾州　四川　东川　军民

参井　分野　山西　太原　潞安　辽州　四川　顺庆　贵州　宣慰司　思州　思南

镇远　石阡

井鬼　分野　陕西　西安　凤翔　庆阳　延安　平凉　临洮

巩昌　宁夏卫　洮州卫　文县

岷州卫　陕西　行都司

永宁宣抚司　招讨司　天全

六番　四川成都府　保宁　重庆　叙州　漳州　嘉定　沪州　眉州　黎州

安抚司

四川行都司　云南　楚云　雄武　定州　广西曲靖

澂江　大理　临安　贵州　普安州

井鬼　入参一度分野　乌蒙军民府

乌撒军民府　播州宣慰司　龙　山宣抚司

鬼宿　分野　四川　马湖府

柳宿　分野　贵州　同仁府

张宿　分野　河南　南阳府

翼宿　分野　四川　夔州府　湖广

武昌　汉阳　襄阳　常德　郧阳　长沙　岳州　衡州　永州　辰州　荆州

黄州　沔阳州　永顺宣慰司

保靖州　军民宣慰司　广西桂林府　平乐　柳州　南宁

浔州　太平　庆远　梧州　广东广州府

轸宿　分野　湖广宝庆府　靖州

四川平茶洞长官司

井鬼　翼轸分野　陕西汉中府

　　　翼轸之余　贵州黎平府

角亢　分野　河南开封府　归德　德州

角亢　氐分野　河南汝宁府

房心　分野　南直隶庐州府

尾箕　分野　北直隶顺天　河间　辽东都司

尾箕　兼昴毕宿分野

　　　北直隶保定府

第十四章　星命汇考十四

《张果星宗》十二

三辰通载

夫三辰通载者，以十一曜为一辰，以十二宫为一辰，以二十八宿为一辰，故名"三辰通载"。观其各卷经义，乃入门浅近之书，于果老有一发明处，学者须融会贯通，不可执泥一端，斯得之矣。

（岁星）

岁星算法木星篇

置积日减七十四，以周天数三百九十八日八十八分六十一秒去之，看余日多少入在何段，下太阳中定星度，又以余日数去之，不满者为定度。

晨伏　十七日行四度去日十三度五十分，晨见东方。

顺　二百十三日行十七度七十六分。

留　二百十三日行十七度十六分。

晨逆　四千六百九十四分一十秒行四度九十一分八十五秒。

夕退同上。留同上。顺同上。

夕伏　十七日行四度，须与日月同度。

岁星总论

木星东方岁星，君子之象，行度有晨夕伏退留顺迟疾，自井二十九至三十度为向旺，自鬼宿初至三度为正旺，至柳宿三度为次旺，躔斗角奎井四宿为升殿，人马箕宿为乐，若人身命与七强宫值之，紫绶金章，官职高贵，其性仁慈，好道德，温良恭俭，善解孛罗之难，能免火土之厄，纵在闲弱宫，有吉星而无凶，与刑星会亦主近贵，又为人之寿星，子上不得地，亦看躔在何宿，若在虚度中，寿人也。六戊人为囚星，然其星性本善，不可便以囚论，六丙人为禄主星。

为岁之首主苍龙之象，顺行则吉，留段号长丧星，藏福，入逆号灾状星，为入伏号阑干星，善恶都不管，十二年行一周天。

岁星歌断

木星守命好容仪，眉目分明世所希。

文学聪明多艺术，常怀仁义有尊卑。

心少毒，貌怡怡，言谈有德好珍奇。

少病利官无险难，寿年长是及期颐。

逢庙乐，好官资，紫气同宫笔吏司。

三合遇之为福厚，对宫犹是好镃基。

太阳会合文章贵，女后同宫贵位推。

夜火会，主兵机，更逢土宿主旌旗。

忌星若来须减力，金同文武佐明时。

惟有水星科甲贵，性慵太乙懒施为。

尾添恶，首助威，孛同何以独居之。

财帛横添须守得，闲极三人手足随。

田宅富豪高大厦，五宫偏见贵男儿。

第六陷宫奴得力，那堪第七美颜妻。

还居第八无灾疾，第九他乡得意归。

十位官资须显赫，福宫寿老亦庞眉。

十二位中为相貌，岁星躔此貌偏奇，

前言叙尽神仙术，后学尤宜仔细推。

女后太阴也。太乙孛星也。尾为计都星，首为罗睺星。

岁星交会

木火　木星会火喜偏饶，

　　　　值此官尊福寿超。

　　　　百六会时家国泰，

　　　　忠臣孝子满皇朝。

火乃文明之象，与木同度，谓之木火通明。

木土　木星宜与土同宫，

　　　　百六逢之稼墙丰。

　　　　会此乘轩并衣锦，

　　　　记名青史著奇功。

木会土有培养之功，所以主贵。

木金　木星最喜遇金星，

　　　　喜曜如逢百福兴。

　　　　百六会时多吉庆，

　　　　人生指日到公卿。

百六谓一百零六月之限度，方周一十二宫之数。

木水　天命之宫木水星，

　　　　一生聪俊播芳声。

三方更在高强位，

金榜须排第一名。

木水有资生之义。

木炁　木星紫炁福偏隆，

百六逢之庆不穷。

更在庙宫阴德重，

官居将帅伯侯同。

炁乃木之余，有主仆之义，且炁多能也。

木孛　木星若也会欃枪，

总有惊忧变吉祥。

巨蟹宫中如会遇，

少年荣折桂枝香。

若在未宫相会，谓之木孛同泰。

木罗　木与罗喉同一舍，

喜在阳宫分昼夜。

昼则堂堂韩魏公，

夜则魁梧吕仆射。

宋韩琦封魏公，吕端为仆射，皆正直之臣。

木计　木星计若也相逢，

反祸为祥千福集。

百六当之福自添，

如历巨川舟楫至。

岁星入宫

木子　地劫为名最不情，

木星到此打齐瓶。

化为吉曜犹无害，

若变凶星不得生。

木到子宫谓之木打宝瓶。

木丑　木德之星拱北斗，

名为天荫最优游。

功名年少须成就，

利禄何须用力求。

斗木獬升殿。

木寅　木星寅位曰天渊，

偏爱逢生乐自然。

甲丙生人如值此，

尽教福禄庆双全。

寅乃木之禄位。

木卯　木入幽州号太微，

背中反旺却为奇。

最防变作刑囚曜，

命若逢之大不宜。

卯乃乘旺之宫。

木辰　木到辰宫号玉龙，

与金同位最亨通。

丙干之命如逢此，

名显官高禄更丰。

木金辰宫谓之金木逢龙。

木巳　木居巳上名天福，

与水相逢须富足。

丙庚之人如遇此，

文章年少观场屋。

木化天福星主富贵。

木午　岁星午上号天德，

一世优游无否塞。

更得太阳相会行，

家财倍万珍珠积。

天德星主清闲。

木未　木入秦州号玉班，

一生享福更平安。

寿高福厚多荣贵，

决入朝中作显官。

木化玉班星，主入朝班之贵。

木申　木居申上号天鸾，

莫作寻常俗命看。

男子逢之应紫绶，

女人遇此带金冠。

天鸾星主人功名富贵。

木酉　木居酉上号天囚，

徒配刑流出远州。

若遇火星同到此，

少年暴卒命难留。

酉宫属金木被伤。

木戌　木为鼓舞少年孤，

男克妻兮女克夫。

广览诗书并艺术，

飘蓬四海作生图。

化此星主克陷。

木亥　木临亥上号中台，

满腹当为翰苑才。

若是为官并福曜，

少年登第作元魁。

亥乃木之长生庙乐旺之地。

岁星躔度

木角　木躔角宿号天贵，

诗礼传家居职位。

更能艺术近公卿，

财禄丰盈名早遂。

角属木，木乃青龙之象，得其本度。

木亢　木躔亢宿号天城，

财禄荣华显大声。

学问操修君委用，

岩廊辅赞一豪英。

金木逢龙之义。

木氐　木躔氐宿号天穷，

命若逢之灾祸凶。

克子害妻孤茕早，

安身衣禄必难逢。

氏土貉凶辰也。主孤穷。

木房　木躔房宿号天臧，

　　　进禄荣身侍圣王。

　　　白日生人尤大富，

　　　定应官职佐岩廊。

房日兔，太阳升殿，木会之主贵。

木心　木躔心宿号天喜，

　　　少年荣贵妻双美。

　　　多男多女富金珠，

　　　国家库藏君王委。

心月狐度，木躔之则喜，主夫妻荣美。

木尾　木躔尾宿号天和，

　　　官禄荣迁福更多。

　　　三进又须三退位，

　　　年来三七定干戈。

尾火虎木垣，木之禄位，故贵。

木箕　木躔箕宿号天祥，

　　　官职须登佐庙廊。

　　　才学经邦当大用，

　　　一身荣贵坐槐堂。

寅宫箕水豹之殿，木又相生之度。

木斗　木躔斗宿号天程，

　　　才智全兼早贵名。

　　　柱石邦家须大用，

　　　必为廊庙福苍生。

斗木獬升殿，木之本度。

木牛　木躔牛宿号天犁，

　　　贫苦初年晚见妻。

　　　只恐是非君莫怨，

　　　家财破尽化为泥。

牛金，牛金星升殿，木躔之，主辛苦少成。

木女　木躔女宿号天机，

　　　艺术聪明事事为。

　　　内富外贫财库足，

　　　只忧妻子见分离。

女土蝠度下，夜生人主吉。

木虚　木躔虚宿不曾安，

　　　天阵之星百事难。

　　　内外不和家稍进，

　　　离乡应是保身安。

虚日鼠太阳升殿，木掩其光，主少吉。

木危　木躔危宿号天然，

　　　骨肉从来在外边。

　　　衣食平平庄产置，

　　　到头终是不安全。

危月燕太阴升殿。

木室　木躔室宿号天材，

　　　俊逸文章福大来。

　　　柱石标名官爵厚，

　　　公卿端许到三槐。

室火猪度木相生，长生之位，故主贵。

木壁　木躔壁宿号天勋，

　　　金石丰登定贵荣。

　　　若是夜生身不足，

　　　日生终是富超群。

壁水貐水星升殿，木躔之，主富荣。

木奎　木躔奎宿号天耘，

　　　灾厄虽多讼狱频。

　　　年少有灾妻子克，

　　　老来方始得安宁。

奎木狼升殿，木星本度。

木娄　木躔娄宿号天英，

　　　天马如逢太不平。

　　　富贵有期多患害，

　　　生来孤独却安宁。

娄金狗金星升殿，金旺木衰之故。

木胃　木躔胃宿号天耆，

　　　举措施为百事宜。

　　　性善心慈衣食旺，

　　　一生应不见凶危。

酉官胃土雉土星升殿，木以之为财度。

木昴　木躔昴宿号天祥，

　　　大体为人性格良。

　　　妻子安和家道盛，

　　　到头终是足衣粮。

木毕　木躔毕宿号天蒙，

　　　身命安康福禄崇。

　　　不见凶危终是吉，

　　　斯人才貌更丰隆。

毕月乌太阴升殿。

木觜　木躔觜宿号天灵，

　　　秉性聪明擅大名。

　　　作事机关人莫测，

　　　要知财福少年成。

觜火猴火星升殿。

木参　木躔参宿号天聪，

　　　性直文章六艺通。

　　　户口拜畿堪立任，

　　　位登台省必高崇。

参水猿水星升殿。

木井　木躔井宿号天史，

　　　遇此之人贵气郎。

　　　年少尊崇登要路，

　　　须知官职在京堂。

井木犴木星升殿，木之本度。

木鬼　木躔鬼宿号天精，

　　　衣紫腰金极贵名。

　　　将相居朝三十载，

　　　明君辅赞四方清。

鬼金羊金星升殿。

木柳　木躔柳宿号天庭，
　　　佐国安邦保太平。
　　　若不官居廊庙位，
　　　定然朱紫至公卿。

柳土獐土星升殿。

木星　木躔星宿号端门，
　　　宏远声名位亦尊。
　　　贵禄丰荣官职显，
　　　庙堂应是展经纶。

星日马太阳升殿。

木张　木躔张宿号天裕，
　　　福寿康宁人罕遇。
　　　家藏金玉旺儿孙，
　　　生产资财能积聚。

张月鹿太阴升殿。

木翼　木躔翼宿号天才，
　　　金玉丰登似土堆。
　　　进益生财家道盛，
　　　满堂金玉自天来。

翼火蛇火星升殿。

木轸　木躔轸宿号天柱，
　　　财帛豪强定富荣。
　　　腾达声名人仰羡，
　　　只恐多灾疾病增。

轸水蚓升殿。

岁星照宫

木命宫　木照人聪敏，艺术及文才。利官俱有益，看遇至恩该。行事人难损，逢危

　　　　自脱灾，声名终有遇，衣禄晚年来。

　　又曰：木星入命最为奇，

　　　　　间世文章众所知。

　　　　　三主官星俱不背，

　　　　　他时身到凤凰池。

　　木乃慈惠仁德命宫，逢之必贵。

木财帛　木星好庙更临财，

　　　　　一世荣华少有灾。

　　　　　更得善星居上下，

　　　　　虽然运蹇福还来。

　　若与财帛主相生，主大富，更招外财。

木兄弟　兄弟宫中木照时，

　　　　　吉星遇著甚相宜。

　　　　　假饶雁序恩情断，

　　　　　只恐中间恶曜随。

　　有吉星和顺凶星，主分散。

木田宅　木星得入四宫中，

　　　　　可见无灾喜庆重。

　　　　　田宅昌荣须守祖，

　　　　　不逢破败福丰隆。

　　逢破败劫杀减半。

木男女　木星子位主三人，

吉宿同宫产俊英。

凶曜若来相克陷，

恐忧初子损其身。

若木为男女，主忌金煞相逢。

木奴仆　第六宫中如见木，

决主一生无寸禄。

只因吉曜在闲宫，

总有衣食妻无福。

吉星不宜在奴宫。

木妻妾　第七宫中木宿游，

聪明典雅备祥休。

更饶娶得高贤妇，

偕老同心到白头。

木主仁，故主妻贤。

木疾厄　木星解散照其宫，

且免平生患难凶。

财禄更招多润泽，

堂堂人品赛终童。

木迁移　木星得地九宫存，

三方傍照命宫门。

更得高高明健处，

荣迁真得贵人尊。

旺相之地，主如是也。

木官禄　第十宫中见木星，

平生衣禄享生成。

文章华丽人皆仰，

甲第高登位九卿。

官禄高强之官，主有大文手段。

木福德　木星一曜最尊崇，

下照当生福德宫。

经史优游多博学，

不劳跬步至三公。

木星居诸星之首，主清秀多文。

木相貌　木宿如临相貌宫，

清奇古怪好相逢。

闻诗闻礼多贤雅，

不作郎官作相公。

主人身长秀丽。

（荧惑）

荧惑算法火星篇

置积日数加二百二十二日，以七百六十九日九十二分九十六秒为伏见，留退一终之数除之，不满者为余日，看有多少，下太阳中定星，加以周天，以余日数去之，看在何段，便知定度所在。

约二年行一小周天。

晨伏　七十一日行五十一度，去日二十度，晨见东方。

顺　三百八十日行六百十四度九十分。

留　八日，不行。

晨逆　三十日九十八分四十八秒行八度五十五分六十八秒。

夕逆 三十日。

顺 二百八十日 夕伏 七十一日行度并同前。

荧惑总论

火星南方，执法之象。行度有晨夕伏退留顺迟疾，天蝎卯上为本宫，自心宿二度至三度为正庙，至房宿四度为偏庙，自斗宿十八度至牛宿初度为正旺。生时遇之，主有重权。躔尾室觜翼四宿为升殿，白羊戌上奎宿为乐，若人身命及七强宫值之，更遇庙旺，则为福德。日生人为忌星，夜生人为喜曜，不可执为凶星，如夜生人更庙旺或为禄主，当有聪明特达显宦，忌西没酉宫与罗计孛同宫，主人凶暴天促，与木孛同则吉，女人为夫星，六丙人为囚星，六甲生人为天禄。

此星顺行而明为福，入留号天虹星招火灾，入逆号天坎星主瘟疫，入伏号走曜暴灾厄。

荧惑歌断

荧惑之星本日余，须分昼夜别贤惠。

夜生阴位兼逢庙，面见微黄眉又疏。

有武艺，会兵书，言辞快猛气豪粗。

形神上小下须大，只好一身系武居。

权握重，掌兵机，生来财物又居储。

惟怕昼生阳宫分，面生权骨恶肌肤。

眼大性刚多燥暴，常怀气概立身躯。

不招祖业资财散，博弄经纪及宰屠。

逢日月，事何如，爹娘早死莫嗟吁。

木来俱备文兼武，土主英雄乱世徒。

若会金星淫更佚，招妻产难定呜呼。

同水孛，好穿窬，若逢计宿更遭诛。

天首武臣高贵位，如临紫炁号师巫。

居财帛，财帛虚，三宫兄弟主流徒。

四位祖居多破荡，六宫失火是家奴。

五位男女须恶死，七宫妻妾亦先殂。

疾厄瘟黄腰背曲，迁移商贾外州居。

官禄位，好忧虞，血光刑狱事区区。

福德宫中人促寿，貌宫十相不全俱。

微妙经书无价宝，珍藏待价莫轻诸。

天首谓罗睺星也。

荧惑交会

火土　火土同宫主性凶，

夜荧昼土福偏隆。

强宫得地兼行顺，

万户侯封食万钟。

火土相会有相生之义，故主富贵。

火金　从来荧惑怕伤金，

共照阴阳必主淫。

更有恶星刑战著，

不过强仕即悲吟。

金忌火，伤火旺金衰，金必受制，故不利。

火水　火星逢水自相刑，

怕在阳宫与昼生。

不满三旬防横死，

若能知命学修行。

火与水本相克，火岂能胜之，有土则解。

火炁　火星紫炁最廉平，

　　　百六逢之处福龄。

　　　逢生必是人间瑞，

　　　龙凤丛中第一人。

火主文明，炁主清高，必能富贵。

火孛　荧惑最能诛孛彗，

　　　除扫欃枪为庆瑞。

　　　官荣上爵秉威权，

　　　百六逢之为富贵。

欃枪，孛之异名，最能为祸，除之则太平。

火罗　火星最忌见罗睺，

　　　害义伤廉大可愁。

　　　兵火焚烧遭劫掠，

　　　金珠丰粟总无留。

火与罗一气之星，遇之如二虎，岂得福乎。

火计　火星最忌会计都，

　　　令人风疾怪形躯。

　　　如逢百六多才学，

　　　不向封侯也被诛。

计乃天尾星，与罗相对。

荧惑入宫

火子　天坎之星到宝瓶，

元来是火化为名。

万般施计皆沉滞,

多难多灾大不情。

子宫火化为天坎星,极主迟滞。

火丑　火星牛斗名黄道,

为福为祥诚是好。

那更土星相会行,

夫妻保守期偕老。

丑宫火化为黄道。

火寅　火居人马号天升,

起处逢生福倍增。

更得木星同会此,

多才多艺又多能。

寅为人马,火化天升星。

火卯　火到卯宫名天乙,

货财充足库箱实。

若还满用入垣宫,

年少成名登桂籍。

如一星有三用,谓之满用。

火辰　天滞居辰是火星,

一生用事百无成。

若还金宿来相会,

不夭须当犯国刑。

火化天滞星,主作事不成。

火巳　火居双女曰天刑,

与水同行最不宁。

若变刑囚千里外，

不然一世苦伶仃。

巳宫属水，故火受克，主人奔荡。

火午　火居午位名天赫，

此位朝君无战克。

不为利禄自充盈，

必定为官居显职。

午为君位，火朝君化天赫，主人丰显。

火未　天废火星居巨蟹，

只愁天丧深为害。

不然多难又多灾，

纵有资财多破坏。

此宫主破财灾害。

火申　火到申宫曰喜神，

中年未免事无成。

须教末主方宁贴，

到老应知福寿身。

申乃火之喜宫，故曰喜神。

火酉　火在酉宫名黑道，

纵云夜诞非为好。

恶星不照吉星临，

方可荣华并寿考。

酉宫火不得地。

火戌　天轨火星守白羊，

一生享福吉非常。

财丰禄厚无虚耗，

中主荣华晚更昌。

戌为白羊，火化天轨星，乃火之本宫。

火亥　火居亥上是吉星，

天纛知为变曜名。

不论官宫并昼夜，

也须备福主丰亨。

火到此宫主人丰富，缘木有相生之理。

荧惑躔度

火角　火躔角宿号天娟，

衣食随时不善良。

害子克妻婚难合，

免救衣食见牺惶。

角十度、十一度、十二度凶，已前不妨。

火亢　火躔亢宿号天戈，

妻妾宫中有折磨。

好色损妻心不定，

此人衣食必奔波。

划度云：亢一二三度，见火不利。

火氐　火躔氐宿号天轻，

衣食生来不称情。

心性轻狂多胆志，

晚来方可得安宁。

火房　火曜房宿号天梁，

　　　宫职超迁辅弼良。

　　　将相公侯名必贵，

　　　此身佩紫与金章。

房日兔之度，太阳之位，火乃太阳精，必显。

火心　火曜心宿号天相，

　　　统领兵机为上将。

　　　更兼枢府四十年，

　　　富贵功名彻天上。

心月狐之度，卯为火位，火明天蝎。

火尾　火曜尾宿号天穆，

　　　此人必定荣衣禄。

　　　安然纳福不奔驰，

　　　超腾晚景最多福。

尾火虎火之本度。

火箕　火曜箕宿号天明，

　　　作事机权性最灵。

　　　为官必得君王宠，

　　　大任终当领万兵。

箕水度本与火不合，寅木生火，故荣。

火斗　火曜斗宿号天征，

　　　生杀之权有大声。

　　　禄旺中年主富贵，

　　　三公位至播芳名。

斗木獬度，木乘火旺，则有施为。

火牛　火缠牛宿号天朽，

　　　　先代家资尽灭亡。

　　　　形貌魁梧多智勇，

　　　　此生终羡少年郎。

牛金牛之度，火与金有相害，故少吉。

火女　火躔女宿号天暗，

　　　　多成多败心狂乱。

　　　　若非木旺在宫扶，

　　　　六亲害尽资财散。

女土蝠将近坎位，火亦不明。

火虚　火躔虚宿号天磨，

　　　　贫困初年财不多。

　　　　心爱是非耽女色，

　　　　更添女子不相和。

火危　火躔危宿号天淋，

　　　　好色贪花智勇深。

　　　　破祖离家自成立，

　　　　施恩终是福重兴。

危月燕太阴之度，故有好色贪花句。

火室　火躔室宿号天强，

　　　　勇智操持武职良。

　　　　更得木星来资助，

　　　　定须学馆作文章。

室火猪度，遇木有相资之义。

火壁　火躔壁宿号天灭，

兄弟儿孙道路绝。

伶仃孤苦万千般，

晚景稍可身安悦。

壁水㺄度，水火本不合，安得有荣乎。

火奎　火躔奎宿号天吻，

衣禄生来自有余。

勇义智高才学美，

威名应许达皇都。

奎木狼度，能助火之威。

火娄　火躔娄宿号天吻，

命里逢之出外襄。

恩德又施兼有道，

渊源学向翰林场。

娄金狗度，火之本宫，故不克，主吉。

火胃　火躔胃宿号天没，

定是终身无子息。

中间困苦又艰难，

奔走东西漫劳役。

胃土雉度，火旺于戌，胃四度至酉，皆不利，惟火罗吉。

火昴　火躔昴宿号天镂，

身蹇身孤性又愚。

贪酒多淫心不足，

到头衣食亦无余。

昴日鸡太阳之度，酉乃金，旺火必有损。

火毕　火躔毕宿号天危，

身见灾过必损妻。

破荡家资游冶客，

资财耗尽走东西。

毕月乌之度，为天危毕星，好雨则伤火。

火觜　火躔觜宿号天淫，

风花雪月四时行。

浮泛自然家业破，

奔驰晚岁始身荣。

火参　火躔参宿号天伦，

火性颠狂好损身。

工巧细心兼有志，

做些阴骘与儿孙。

参乃申宫水主之，火不能胜之。

火井　火躔井宿号天中，

智慧威严胆气雄。

衣食平平人命蹇，

晚年方始见亨通。

火鬼　火躔鬼宿号天祥，

家富因何乏子郎。

只怨天年多夭折，

不然恶死没家乡。

鬼金羊之度，因火克之。

火柳　火躔柳宿号天池，

多虑多疑多是非。

克子克妻兄弟绝，

平生衣食却随时。

火星　火躔星宿号天荣，

必定前程有大声。

更得十宫星得力，

为官稳稳到公卿。

星日马太阳之度，火到此度，定主荣华。

火张　火躔张宿号天颉，

汨没平生难共说。

若非寿天二亲亡，

克子伤妻兄弟缺。

火翼　火躔翼宿号天怜，

心性猖狂学有成。

智术多端加嗜欲，

生平衣食主多情。

翼火蛇火之本度，谓之性恶。

火轸　火躔轸宿号天暴，

手足风狂多颠倒。

晚年衣食稍平安，

只恐妻儿命难保。

轸属水火化暴星，其性急而多凶。

荧惑照宫

火命宫　火照命宫中，心明气量洪。

倚公成附势，烦剧立身躬。

财利初年散，成家未及终。

若能行顺旺，权重禄财丰。

火在命宫，主人躁急限到。

又曰：身命宫中遇火星，

　　　　此人躁急性聪明。

　　　　平生喜怒真难测，

　　　　凡事须教立便成。

火财帛　火居财帛旺初年，

　　　　中主交时恐不坚。

　　　　若得善星同到此，

　　　　末年退后又团圆。

有吉扶限平稳。

火兄弟　火临兄弟事如何，

　　　　争竞纷纷惹祸多。

　　　　亲戚有恩还反目，

　　　　自然手足不相和。

主兄弟凶狠。

火田宅　火宿加临第四宫，

　　　　祖基破尽受贫穷。

　　　　若是庙方当发福，

　　　　不然孤苦一生中。

主不受祖业，火性炎上之势，久成灰烬。

火男女　火若来临第五宫，

　　　　此星刑克最为凶。

　　　　假饶嗣主居庙旺，

　　　　必产奇男一二龙。

火在男女宫，火数二，主生二子。

火奴仆　六位如逢火宿来，

　　　　害刑牛马定多灾。

　　　　屯殃变异起奴仆，

　　　　得地专权自剧裁。

主奴仆性高，则有欺主之故。

火妻妾　火入妻宫定克妻，

　　　　高强非忌作珍奇。

　　　　女人以火为夫位，

　　　　祸福同源一例推。

男以金为妻，女以火为夫。

火疾厄　火星八位忧血难，

　　　　灾来非命祸难禁。

　　　　腰驼背曲缺唇齿，

　　　　恶杀不临厄减轻。

若无煞星同官，其祸略可。

火迁移　火星照位入迁移，

　　　　迁变东西土产移。

　　　　家舍亦须防火厄，

　　　　末年有屋可安居。

主不安，谓火旺动摇。

火官禄　火星凶焰入官宫，

　　　　仕列铨曹少始终。

　　　　若是变为官禄主，

　　　　会看附凤与扳龙。

官禄为强宫，故火附其势。

火福德　荧惑来临福德宫，

　　　　夜生庙旺福丰隆。

　　　　若值昼生逢水克，

　　　　定须破败受贫穷。

火夜则明，惟夜生人主福。

火相貌　火居相貌性刚强，

　　　　惹祸与灾果异常。

　　　　若得吉神为救助，

　　　　逢人礼貌把名彰。

主人形上尖下阔，以礼待人。

（镇星）

镇星算法土星篇

置积日减二百六十四，以三百七十八日九分二十三秒为伏见，留退一终之数除之，又下太阳中定星内，加一周天，以余日数去之。

晨伏　二十一日七十五分。

顺　八十三日行七度十一分。

留　二十三日不行。

晨退　五十一日二十九分六十一秒半行三度四十二分五十四秒半。

夕退

留　三十日不行　顺行　八十三日。

夕伏　二十二日七十五分又与日合。

镇星总论

土星中央镇星，女星之象，行度有晨夕伏退留顺疾迟，在摩羯为本宫，自斗宿十度至二十一度为正庙，躔氐女胃柳四宿为升殿，宝瓶宫危宿为乐，天秤宫亢宿四度至七度为旺，生时遇之主有重权，若日生人身命二宫值之更在阳宫，主性厚重，为贤德君子，职清品贵，七宫遇之尤吉，忌计罗火孛同宫，夜生人为忌曜，六庚生人为囚星，六戊生人为天禄。

此星又名地罗睺，入伏为瘟星，入逆为破家星，在土宫为奸星，其行最迟二十八年一周天。

镇星歌断

镇宿本生戊己位，安静为尊象厚地。

昼生惟爱在阳宫，相貌之宫主大鼻。

少言语，多悭细，硬直心肠有胆气。

顺行度分庙宫中，土地旌旗必雄贵。

掌握资财有福人，只怕夜生反为忌。

留与逆，尤可畏，刑克阴宫身更瘁。

不招祖业与资财，四体多灾苦憔悴。

居官恶处立其身，博弄操刀能干利。

夜生人，与日会，克了贤尊难躲避。

太阴母位不坚牢，若在下弦目障翳。

木来必定主文章，火会远行千里余。

金若来，妻早弃，水星忌与刑同类。

若逢紫炁懒慵人，字对双盲难看视。

首同阴位法场终，尾会腰驼并背曲。

临财应有外乡财，三位徒流为昆季。

田宅宫，家易退，子息虽多不成器。

居奴仆，引盗来，偷西没主妻先作。

崇疾厄宫伤脾胃，痈癀风邪堪惊悸。

迁移作客盗贼侵，官禄重重主官事。

福宫昼见相貌位，自是英雄多胆志。

须知此诀不寻常，后学得之莫道易。

尾谓罗星，首谓计星，西没者妻宫也。

镇星交会

土金　土星若也会金星，

　　　妻妾荣华福禄真。

　　　一跃龙门能变化，

　　　九州人物更多能。

土与金会能生金，男以金为妻，故云妻妾之荣。

土水　土星若与水星同，

　　　举世孤高胆志雄。

　　　秉节挥戈文武备，

　　　福临百六庆无穷。

土有止水之功。

土炁　土星紫炁喜相依，

　　　冠冕荣身职位巍。

　　　丹赤忠心刚且毅，

　　　德施万里足光辉。

土孛　镇星不要会欃枪，

百六逢之祸害长。

僻疾怪形须至孽，

慵奴群小疾生殃。

土罗　土星专恶会罗喉，

百六天灾大可愁。

人遇一生多困苦，

瘟瘯病染坐亡囚。

土计　土宿计都不可逢，

人生浅薄更颟蒙。

诛徒溺水兼痈患，

百六天灾万种凶。

镇星入宫

土子　土居齐分号天元，

寿算绵长福禄全。

第七宫中如值此，

荣妻益子福绵绵。

子宫土之乐。

土丑　土到丑宫名印绶，

珍珠财宝多般有。

此宫庙旺最为佳，

纵是夜生为福寿。

土之本位得为满用，岂不福。

土寅　土入寅宫曰贵人，

此宫不喜木相亲。

只愁变作刑囚耗，

晚主多灾更滞迍。

化为贵人星，主先贫后富。

土卯　土居卯位号天冲，

与火相逢亦庆隆。

只恐六壬人值此，

遭刑受害命须终。

冲者，涌摇之象。

土辰　土曜居辰名太极，

喜在亢宫依郑国。

此为入庙最荣华，

日诞夜生俱有益。

辰乃土之乐旺，主荣华。

土巳　土居双女非为吉，

本主逢之怎奈何。

更逢吉宿也多灾，

若不遭刑须夭折。

巳宫化天魔星，主人夭折。

土午　天道元来是土星，

太阴会此倍精神。

纵云夜诞仍为福，

日里生人大贵荣。

化天道星，主喜。

土未　土入未宫名四镇，

福多禄厚家丰盛。

太阴若也与同行，

不是望宵终有庆。

土申　申宫土号福生星，

本主同乡禄自成。

更有官星相会聚，

名彰声显贵还荣。

申乃长生之位。

土酉　土居酉位号天沐，

虽是败宫须享福。

不宜火曜共同行，

少年不享人间禄。

土败于酉，故云寿短。

土戌　土居戌位号天关，

一世优游得自闲。

只恐水星相会遇，

终身不免受艰难。

土亥　黑符亥上不为荣，

实号俱无只有名。

不是外居并外发，

也须先败后方成。

主先凶后吉。

镇星躔度

土角　土躔角宿名天寿，

盖世文章冠魁首。

经纶事业富胸襟，

不是公卿主富有。

角属木，土有资培之功，故日寿。

土亢　土躔亢宿号天仁，

博厚文章达帝京。

廊庙之中官极贵，

蛮夷安镇得清平。

亢乃金度，士遇之有生养之义。

土氐　土躔氐宿号天牢，

命限逢之孤且高。

年少定应伤骨肉，

中年荣贵免煎熬。

氐土貉，土之本殿。

土房　土躔房宿号天信，

少年作事苦劳神。

语言诚实人多厚，

男女难招食贵人。

土心　土躔心宿号天忌，

情性迟疑最有灵。

疾病缠身虽天寿，

全无义气性慵平。

主人性懒心慵，多病痴愚。

土尾　土躔尾宿号天奇，

百六逢之必有依。

若是忌星须促寿，

又须参考本根基。

尾，火也。火土有相依之象。

土箕　土躔箕宿号天彬，

　　　衣食丰隆却称情。

　　　官位若逢贵星照，

　　　国家掌判有声名。

土斗　土躔斗宿号天枢，

　　　事业文章富有余。

　　　台鼎任中朱紫贵，

　　　定须象简与金鱼。

土牛　土躔牛宿号天侗，

　　　心性温和衣禄丰。

　　　若是夜生多蹇滞，

　　　身多下贱处贫穷。

牛金牛土能生之，昼生人多吉。

土女　土躔女宿号天常，

　　　柔顺机谋足食粮。

　　　劳力经营心有虑，

　　　生来只恐父先亡。

土虚　土躔虚宿号天冠，

　　　好乐之宫出贵官。

　　　四九度中登宰辅，

　　　重金重紫列朝班。

土乐之宫更虚日度，得朝阳也。

土危　土躔危宿庙堂寀，

禄厚财丰事不讹。

举措施为多利便，

言柔语顺性温和。

土室　土躔室宿名天伏，

福厚财丰衣禄足。

多男多女有资财，

家道安然富金谷。

金谷，晋石崇园名，其中花草珍奇异物，皆富有也。

土壁　土躔壁宿号天异，

禄马丰盈有权位。

身名远播定安荣，

官禄吉星宜大贵。

土奎　土躔奎宿号天津，

贫贱奔波损父娘。

若是中年贫苦至，

晚年方可足衣粮。

土娄　土躔娄宿号天骋，

土娄须要木相逢。

娄木虽高非土壮，

刀枪之下走西东。

土胃　土躔胃宿号天磨，

财物充盈满仓库。

难婚终是少男儿，

不贵仍须还大富。

胃土雉度，土之类，主有积也。

土昴　土躔昴宿名天伏，

　　　平生须食贵人禄。

　　　多因胥吏得荣名，

　　　将相声名人畏服。

昴日度，太阳也。伏者，潜藏之象。

土毕　土躔毕宿号天回，

　　　能通经术足钱财。

　　　中年便得文章力，

　　　必主儿孙擅大才。

土觜　土躔觜宿号天模，

　　　父母先亡身早孤。

　　　衣食平平身汩没，

　　　此身应懒读诗书。

觜火猴度，主人性急身懒。

土参　土躔参宿号天津，

　　　立世经营业未兴。

　　　男女犹如行路客，

　　　贵人得禄一番新。

参水猿度主人蹇涩不通。

土井　土躔井宿号天骊，

　　　命若逢之心似痴。

　　　若习文章应费力，

　　　此生衣食也微微。

井木犴度下土星相会，木必伤之。

土鬼　土躔鬼宿号天文，

纵有资财化作尘。

男主须防无上下，

一生不足历艰辛。

鬼金羊度下主性狠不足。

土柳　土躔柳宿号天稽，

无禄无财又损妻。

若是日生衣食足，

晚年终是色沉迷。

夜生行此度，平薄克陷，昼生者可也。

土星　土躔星宿号天途，

父贵儿荣事不虚。

只恐夜生脾疾苦，

日生应可足金珠。

星日马太阳之度，土主昼生人富贵。

土张　土缠张宿号天娥，

信行为人事不讹。

年少淹滞中主贵，

形神肥厚足田禾。

张月鹿太阴之度，主先凶而后吉。

土翼　土躔翼宿号天然，

经术虽通性不坚。

会有文章身不贵，

声各远播足威权。

翼火蛇度，有变化之机。

土轸　土躔轸宿号天笺，

才艺皆通至老年。

未得文章求发迹，

只将经术保身全。

轸水蚓，土制之，所以不为富贵。

镇星照宫

土命宫　土照人命孤，忧劳又有余。

初年多碌碌，祖业有如无。

附依终为有，成家晚不虚，

如其为禄主，昼遇贵豪居。

又曰：土星居命主心痴，

若有文章发更迟。

更会木星并水宿，

此生衣食欠精微。

土在命宫，主人肥大敦厚而重实，背隆而腰厚，必有信义，遇克主瘦弱，面色，矮黄。

土财帛　土星财帛最堪嘉，

水曜同临反破家。

身命吉星须细算，

阻宫日月问荣华。

水能化土为泥，故有破家之说。

土兄弟　土临兄弟五人同，

得他之力祸重重。

恐招异姓为兄弟，

四海相逢也是空。

土之数五，在兄弟宫，故主五人。

土田宅　土星尊位为阳德，

　　　　高占强宫为福泽。

　　　　或在当生四杀中，

　　　　起祸生灾岂能灭。

土正为田宅之用，故吉。

土男女　土星五位在阳宫，

　　　　五个男儿尽送终。

　　　　孛炁忽来相犯著，

　　　　男孙疾患半成空。

土奴仆　奴仆宫中见土星，

　　　　万般谋运一无成。

　　　　不如释道归林教，

　　　　高卧云中有大名。

土妻妾　土宿夜生不可逢，

　　　　加临切忌七宫中。

　　　　坎宫此地居明健，

　　　　寿考雍容福不穷。

土疾厄　土德来临疾厄时，

　　　　凶星焰焰定灾危。

　　　　多因聋哑双睛翳，

　　　　不是驼腰必病脾。

土主脾胃，故病生于脾。

土迁移　土德当生在九宫，

　　　　命星合照莫相逢。

男人漂荡他乡里，

女子淫奔外姓中。

土官禄　土星官禄占高强，

凶恶威严不可当。

若在庙方为禄主，

桓圭端冕侍君王。

官禄高强之位，土喜居之。

土福德　土星福德照临时，

若处生方始见奇。

沙漠扬威名国辅，

英声传播镇华夷。

主福厚。

土相貌　土星凶炽不堪闻，

限弱身衰主祸迪。

不是年来罗盖网，

须愁狂疾不完身。

（太白）

太白算法金星篇

置积日加三百七十六，以五百八十三日九十分二十七秒为伏见，留退一终之数除之，不满者为余日，下太阳中定，以余日数去，看在何段，积计成度，便知定度。

夕伏　三十九日行四十九度五十分，去日十度半而夕见西方。

顺行　二百三十三日行二百五十一度十二分。

留　五日不行　退　十日行四度十二分。

晨退　十日　留　五日不行。

顺行　三百三十三日。

晨伏　三十九日行四十九度五十分。

太白总论

金星西方太白将军之象，行度有晨夕伏，见天秤为本宫，自亢宿五度至九度正庙，双鱼宫室宿七度至十三度为正旺，金牛宫胃宿方乐，宫躔牛鬼亢娄四宿为升殿，若人身命二宫值之，更在庙旺之宫，主文章秀丽，聪明特达，雄武绝伦，男则美丽堂堂，女则轻盈娇媚，在七强则福禄称情，男子以金星为妻星，与水木相会，大主吉庆，值火土计孛则曰并刑，反主阻滞，亦怕陷没恶弱，在亥上主寿，寅上不得地，六巳人为囚星，六丁人为禄星。

若出入顺轨，伏见以时则为福，若失度而经天则为祸，其行一年一周天。

太白歌断

金星洁静好颜容，秀目疏眉白又红。

身短不长声响亮，好耽音律习商宫。

多淫欲，美情悰，结交朋友久而恭。

不奈是非长悯念，更于金铁巧冶工。

临身自有将军势，照命兵权越是雄。

妻财有，世财同，困妻荣达不曾空。

太阳遇贵人提挈，女主如逢母外通。

水会之星淫更泆，火逢因色起灾凶。

日生木宿为豪贵，夜镇令妻貌不中。

天乙贵，好相逢，游商出贾走西东。

妻妾爱陪僧与道，孛来同枕患残癃。

天首若临居武位，尾回至老是鳏翁。

居财帛，财帛丰，三宫兄妹是同宗。

田宅阴人成卓立，五宫见女定重重。

第六主妻多下贱，七宫妻妾送临终。

第八病时休针灸，迁移客女作家风。

官禄妻宫有官荫，福宫白发福无穷。

第十二宫逢吉曜，其人定主美颜容。

此是前贤微妙诀，后人仔细去研穷。

太白交会

金木　金水二星若相会，

　　　俯取官荣如拾芥。

　　　大凡遇此喜非常，

　　　百六逢之多吉泰。

金水二星主清白廉洁。

金炁　太白相逢紫炁星，

　　　彤庭光耀化鲲鲸。

　　　威加夷狄为真将，

　　　燮理阴阳佐帝庭。

金孛　金星与孛若纵横，

　　　百六逢之大吉亨。

　　　人产遇时须饱暖，

　　　家多金帛保康宁。

金与孛皆女人之象，皆得其类。

金罗　金星不喜会天首，

　　　　狼戾奸凶为契友。

　　　　富豪苗裔也卑微，

　　　　百六当之殃不少。

金与罗有相害。

金计　金星设若逢天尾，

　　　　奸计平生愚且诡。

　　　　百六当之大不祥，

　　　　财破人亡灾病起。

计性恶，少有相和之义。

太白入宫

金子　太白之星到宝瓶，

　　　　名为玉辂福非轻。

　　　　丙丁之命如逢此，

　　　　不特长生更富英。

玉辂星主人富厚，辂者，殷之车名。

金丑　金来丑上名天库，

　　　　多玉多金难计数。

　　　　少年锐志在功名，

　　　　声誉播扬人所慕。

天库星主福，丑乃金之库。

金寅　金星人马号毛头，

　　　　破荡家财往外州。

　　　　须是强宫多吉宿，

方能救助不为忧。

寅宫金不得地。

金卯　金星卯上名天败，

　　　起处逢伤人不奈。

　　　年少应须克六亲，

　　　奔波漂荡多灾害。

金至此，主克陷。

金辰　金到辰宫曰太常，

　　　庶人见此始为良。

　　　少年科甲名天下，

　　　品秩荣迁辅圣王。

辰乃金之庙旺。

金巳　巳金天禄本长生，

　　　变曜名为天禄星。

　　　与水同宫最奇特，

　　　官高禄厚佐王庭。

金会蛇则喜。

金午　金星变曜曰天昒，

　　　入到离宫大吉祥。

　　　为子孝廉臣尽节，

　　　直须簪冕佐君王。

金星乘旺。

金未　金居巨蟹曰天仓，

　　　与水同宫福禄昌。

　　　若是丙丁人值此，

多高位显寿延长。

天仓者，贮积之星，主富贵。

金申　太白临申号玉堂，

　　　庚辛人见旺金乡。

　　　若无罗火同居此，

　　　须信生平福炽昌。

金酉　金居酉位名天印，

　　　管取生来常吉庆。

　　　火宿若还相会时，

　　　刑囚破碎多灾病。

怕火同宫。

金戌　鲁分金名天吊星，

　　　不宜火宿与相邻。

　　　纵然不夭终非美，

　　　襁褓须当克六亲。

主夭害。

金亥　金临亥位号天寿，

　　　但管一生长富有。

　　　天算绵延无绝期，

　　　怕逢荧惑反为咎。

亥宫金星乘旺。

太白躔度

金角　金星躔角号天清，

　　　年少登科擅大名。

衣禄生平丰且厚，

为官清贵佐朝廷。

角木蛟度，金本制之，所以其本官。

金亢　金躔亢宿号天昌，

挺出英才姓字香。

文武兼全为宰辅，

定应旌节受恩光。

亢金龙度，主比和为福。

金氐　金躔氐宿号天将，

少失尊亲性自刚。

衣禄文章全自得，

莫教贪欲损爹娘。

氐土貉有生金之理。

金房　金躔房宿名天角，

衣禄生来殊不薄。

为人多义更方圆，

形貌端庄又多学。

房日兔度，金藉阳光，主荣显。

金心　金躔心宿号天孚，

襁褓之时身亦孤。

处已温良心好欲，

文章腹内一些无。

心月弧度，主性灵多欲媚人。

金尾　金躔尾宿号天殃，

骨肉资财定见伤。

若不修仙并积德，

定须夭寿见恓惶。

尾火虎性狠，主伤克。

金箕　金躔箕宿号天彤，

妻子乖离吉见凶。

家计纵然饶富足，

老年不免又贫穷。

箕水豹度、金乃不得地之宫，又能耗气。

金斗　金躔斗宿号天铨，

贪色贪财行不贤。

男女虽多终是克，

更无衣食少安全。

斗木獬度，金本克之，故云贪财。

金牛　金躔牛宿号天绳，

色欲多贪命里淫。

衣食生来自丰足，

晚年优裕享安宁。

牛金牛度，金得满用。

金女　金躔女宿号天奸，

多女多男自少闲。

若是十宫星得力，

何愁此地不为官。

金虚　金躔虚宿号天编，

美貌丰容福寿绵。

灾害不侵黄耇老，

随时衣禄自然全。

金危　金躔危宿号天虓，

温俭忠良性自清。

文学定须因女富，

文星入命出官身。

危月燕度，金月有光辉之依，主吉。

金室　金躔室宿号天勋，

必主迁官近帝君。

声振四方持节钺，

位登枢密大尊荣。

室火猪度，金得锄熔而为大器。

金壁　金躔壁宿号天光，

彭祖年时寿命长。

若是女人财喜旺，

丰容美貌嫁才郎。

壁水㺄度，主金白水清。

金奎　金躔奎宿名天厌，

未遂功名身不贱。

为人温厚更宽容，

性识孤高多有见。

金娄　金躔娄宿号天薨，

必定为人少失亲。

酒色是非应不免，

晚年富贵乐平生。

娄金狗，金之同度。

金胃　金躔胃宿号天端，

　　　命若逢之五品官。

　　　任是兵刑兼法令，

　　　定须出入侍金銮。

胃土雉度，土有生金之功。

金昴　金躔昴宿号天璋，

　　　为官进速任关梁。

　　　卿监位中名早得，

　　　也须腰紫佩金章。

昴日鸡太阳度也。金水有护太阳之力。

金毕　金躔毕宿号天联，

　　　赫奕功名近帝前。

　　　不作外台观察使，

　　　须登廊庙职升迁。

毕月乌度下，正得清辉之象。

金觜　金躔觜宿号天营，

　　　冠世文章出众群。

　　　翰苑声名词藻丽，

　　　也须上国立功勋。

觜火猴度，金之得禄之所，应主大贵。

金参　金躔参宿号天晶，

　　　学问词锋冠世英。

　　　若是官宫星得力，

　　　定须贵籍早标名。

金水之清在此宫，此度见之。

金井　金躔井宿是吉宫，

　　　高才博学福丰隆。

　　　为官定是居廊庙，

　　　福及苍生禄万钟。

井木犴犴，兽也。主英勇掌牢狱之星，有威权。

金鬼　金躔鬼宿号天淫，

　　　妇女逢之有外心。

　　　戒行不循迷酒色，

　　　平生衣食自来临。

鬼金羊，金之同度。

金柳　金躔柳宿号天关，

　　　快乐平生衣食闲。

　　　男女更多人贵重，

　　　丰盈财物性尤宽。

柳土獐度下，土能生金之度，亦无患。

金星　金躔星宿号天荧，

　　　理义精通学冠群。

　　　更若火星来会此，

　　　是非酒色不堪闻。

金张　金躔张宿号天吻，

　　　财物多贪行不良。

　　　若是妻迟难得子，

　　　平平衣食寿延长。

张月鹿度与金度，皆女人之象。

金翼　金躔翼宿号天英，

学问文章显大名。

经术更能修显著，

此身荣贵乐平生。

翼火蛇度，金水逢蛇则吉。

金轸　金躔轸宿号天程，

口舌轻狂凶害生。

言语不真心泛滥，

多端非礼有奸名。

轸水蚓度与金无害。

太白照宫

金命宫　金主人多义，心明志自豪。

倚公成附势，权用自能高。

妻娶如无赘，男儿晚岁牢，

初年多偃蹇，成败屡经遭。

又曰：金星吉曜最为佳，

华丽文章世所夸。

莫使当年凶忌犯，

婚姻贵族福无涯。

为人清秀平正，遇土则肥，逢克破相。

金财帛　金居财帛喜为深，

女禄多招众所钦。

火孛只忧来克犯，

中年惟恐早灰心。

金居财帛，人之所喜也。

金兄弟　第三宫内见金星，

　　　　义断分金手足情。

　　　　虽是雁行同气者，

　　　　反成背面不相亲。

金田宅　金星吉曜成奇局，

　　　　田宅逢之主厚福。

　　　　上下加临不见刑，

　　　　一世安荣自丰足。

田宅之宫，金为极富。

金男女　金星第五别为奇，

　　　　子息当推有四儿。

　　　　莫使同宫逢火克，

　　　　荣宗耀祖不须疑。

金数四，主有四子。

金奴仆　金星奴仆限宫时，

　　　　年少还须克少妻。

　　　　又主交朋与亲戚，

　　　　直饶面是背成非。

金主义，故曰交朋。

金妻妾　金星本是号妻星，

　　　　要在高强庙旺行。

　　　　夫妇共荣多福兆，

　　　　若逢火克又遭刑。

男以金为妻，正得其宜。

金疾厄　疾厄金临本是良，

英雄气概少灾殃。

若教火孛来交会，

骨折根伤不可当。

忌刑克恶杀临。

金迁移　金星得地照迁移，

调任荣迁福自宜。

若更命无凶曜照，

仰观平地上云梯。

迁移是金，主迁西方。

金宫禄　官禄宫中太白星，

照临方地产豪英。

若为禄主居强位，

文武双全佐圣明。

官禄高强之宫，故有此兆。

金福德　金居福德最称奇，

德照高门长贵儿。

冠世英雄摅锦绣，

禹门一跃过天池。

金神无杀相犯大吉。

金相貌　金星相貌并西邻，

一部髭须胡口入。

若遇贵人相接引，

定为胥吏处公庭。

主人白色。

（辰星）

辰星算法水星篇

置积日加八十一，以一百十五日八十七分六十一秒为伏见，留退一终之数除之，不满者为余日，一下中定星，以余日数去之，看在何段，又看入何段得几日十七度，便是水星定度。

夕伏　十八日行三十四度五十分，去日十六度五十分而反见于西方。

顺行　十七日。

顺迟　十日共行三十一度五十分。

夕留　二日不行。

晨退　十日九十二分八十秒半行八度六分十九秒半。

晨留　二日。

晨迟　十日。晨伏　十八日行度并与上同。

辰星总论

水星北方辰星，廷尉之象，双女为本宫，自翼宿八度至十三度为正庙，阴阳宫参宿为乐，躔箕参壁轸四宿为升殿，若人身命二宫值之，更在庙旺宫，主机谋深远，智量广大，文章杰出，其性无定，遇善则善，遇恶则恶，近阳附阳为吉曜，近阴附阴为善庆，与日同宫，主文章，会金与木，多誉美，大忌火土罗计出没，反成迍蹇，六壬生人为囚星，六庚生人为天禄。

一名龟星，四时皆见伏出入依期，光明润泽，性无定度，附于日，一年行一小周天。

辰星歌断

辰星快利有文章，形色清严色润光。

智慧聪明多妙巧，出群学问不寻常。

情不定，性温良，遇圆则圆方则方。

乐庙若居申巳贵，他宫笔吏好心肠。

日会父筵多酒食，相逢二母莫思量。

木月见，吉仍昌，李杜文章万丈长。

昼火若同贫且贱，刑克尤防上法场。

夜土会，主瘫伤，金妻爱入别人房。

天乙更贪修养术，彗来劫盗恶声扬。

首尾气豪多勇毅，居财一似雪和汤。

兄弟犯，隔他乡，田宫祖业破郎当。

子息女多男巧妙，仆宫偷走急忙忙。

妻位夫妻多外染，厄宫腰肾也羸尫。

迁移处，好游商，官宫早岁甲科昂。

福德自然多福涛，貌宫俨雅性温良。

从头说尽人间事，后学须教仔细详。

辰星交会

水炁 水星紫炁喜相当，

　　天产斯文福势昌。

　　官爵显荣家又富，

　　千斯仓与万斯箱。

炁乃木之余，有资生之力。

水孛 辰星不欲相交彗，

　　男则为奴女为婢。

　　邪淫浊滥主贫寒，

百计千谋无一遂。

孛乃月之奴，主有如是。

水罗　水星最忌与罗同，

　　　值此须教一世穷。

　　　不孝不忠多暴虐，

　　　不然喑哑与盲聋。

水罗有不合之意。

水计　水与计都相照会，

　　　缺唇跛足并驼背。

　　　或生癖疾女多淫，

　　　不入法场也徒配。

计乃狠恶之星，主人疾厄。

辰星入宫

水子　水到齐瓶号玉池，

　　　亨衢快步莫迟疑。

　　　此为学馆科名地，

　　　轩冕荣华佐圣时。

朝北又旺。

水丑　水居丑位号晨门，

　　　朝斗分明主势尊。

　　　若不变为刑暗耗，

　　　少年及第立殊勋。

水寅　水临寅上名天懿，

　　　管取一生无阻滞。

　　　　设若木星会合时，

　　　　不惟利禄名兼遂。

水卯　水流卯地名困苦，

　　　　只怕此星伤本主。

　　　　奔波役役受艰辛，

　　　　才得清闲漂荡云。

水至卯而伤。

水辰　辰宫得水号琴堂，

　　　　太白同行福倍昌。

　　　　人命逢之多吉泰，

　　　　少年显达把名扬。

水巳　水来巳上号荣名，

　　　　乐庙之宫万事亨。

　　　　若得金星同会此，

　　　　黑头早著翰林声。

金水会蛇。

水午　水临狮子曰天温，

　　　　与日问行倍有文。

　　　　设若变为官禄主，

　　　　名高位显众人尊。

水阳相会。

水未　未逢水曜名天乙，

　　　　与月同宫方入格。

　　　　纵然恶曜相会行，

　　　　也须显达荣家宅。

水申　水居申位名荣显，

　　　此是本垣无否塞。

　　　庚与壬人若见之，

　　　修文方中青钱选。

此为长生之位。

水酉　绝禄元来是水星，

　　　嫌居酉位不安宁。

　　　生来用事多迍滞，

　　　纵有家财也替凌。

此为败地。

水戌　水在白羊号伏尸，

　　　一生迍滞主灾危。

　　　虽逢吉曜相扶助，

　　　便得成名且亦迟。

落胎刑相不完。

水亥　亥宫天绥水之精，

　　　掌握兵机挫虏人。

　　　官禄迁移身命值，

　　　何愁方外不扬名。

此为得禄之地，主贵。

辰星躔度

水角　水躔角宿号天成，

　　　清秀文章学术明。

　　　喜怒无常心不定，

平生衣禄自丰盈。

角木蛟度，水能生之。

水亢　水躔亢宿号天津，

　　　容貌清奇通道术。

　　　心清闲暇作文章，

　　　多智多能善音律。

亢金度为水润金明。

水氏　水躔氏宿号天旨，

　　　言语聪明知道体。

　　　人情好恶性能通，

　　　遇吉终须文学贵。

水房　水躔房宿号天淫，

　　　智识聪明太古心。

　　　衣禄自然情泛滥，

　　　文章学术有人钦。

房日兔度，主文业吉利。

水心　水躔心宿号天凌，

　　　清洁为人快性情。

　　　巧计多修文业事，

　　　聪明才艺两三分。

心月狐度，主人性灵。

水尾　水躔尾宿号天澄，

　　　理义该通学术明。

　　　资财耗散多灾否，

　　　惟恐风狂疾染身。

尾火虎度，水火木不相合。

水箕　水躔箕宿号天淫，

快乐心闲乐自真。

衣食平生财亦足，

文词道艺细评论。

箕水豹度，水同其类。

水斗　水躔斗宿名天德，

俊誉文章心耿直。

荣贵子孙和且乐，

丰衣足食语言涩。

斗木獬度，水能生之。

水牛　水躔牛宿号天甄，

和气交朋益子孙。

机密谋为人不识，

多财应得外人屯。

牛金牛度，金水相生，故有益。

水女　水躔女宿号天驿，

眼疾朦胧是贵人。

好学贪财多议论，

平生衣食也艰辛。

女土蝠度，土实水虚。

水虚　水躔虚宿号天驯，

清洁为人财亦匀。

多技多能心亦善，

弟兄孝顺乐天伦。

盅日鼠度，水易相护。

水危　水躔危宿号天中，
　　　语涩心难眼半胧。
　　　中末之年方得力，
　　　外人财物稍宽容。

危月燕度下，水月相映。

水室　水躔室宿号天攸，
　　　文学聪明智慧优。
　　　历事未能心预测，
　　　算筹多计乐闲幽。

水壁　水躔壁宿号天池，
　　　智慧多能有志机。
　　　元象天文多洞达，
　　　平生衣食不相亏。

壁水躔与水同度，得比和。

水奎　水躔奎宿号天凌，
　　　忠直为人急性情。
　　　财禄自然多积聚，
　　　平生多事不安宁。

水娄　水躔娄宿号天斯，
　　　耿直为人不受欺。
　　　衣禄丰盈多称意，
　　　一生快活少凶危。

水胃　水躔胃宿号天泓，
　　　耿介为人记事明。

忠孝存心多执拗，

为人衣禄未安宁。

水昴　水躔昴宿号天闉，

容貌清奇识五音。

心谋巧计事沉静，

衣禄平平祸不侵。

昂日鸡度下，平等无伤。

水毕　水躔毕宿号天淋，

历事三思性又钦。

容貌清奇衣食厚，

文才学问满胸襟。

水月主好相而清洁。

水觜　水躔觜宿号天枢，

清白为人好读书。

多艺多才多智巧，

平生欢乐远行居。

觜火猴度，水之得地。

水参　水躔参宿正庙居，

文星入庙要囚扶。

水宿聪明多好动，

囚能白执不凶虞。

参度至申，水之庙旺。

水井　水躔井宿号天浔，

心好清闲智量深。

筹算文章人荐用，

声名远播在儒林。

水鬼　水躔鬼宿号天洪，
　　　好静为人更美容。
　　　心内洞明兼道释，
　　　众人钦敬乐无穷。

水柳　水躔柳宿号天注，
　　　柔善为人处世当。
　　　能作文章心巧计，
　　　声名闾里有称扬。

水星　水躔星宿号天清，
　　　伏见皆能官职增。
　　　与日同宫须大用，
　　　定为喉舌玉街行。

水阳相会大利。

水张　水躔张宿号天荣，
　　　富贵双全性又灵。
　　　文武相兼皆并用，
　　　贤能兄弟佐朝廷。

水翼　水躔翼宿号天异，
　　　年少登科文学济。
　　　清华要路骤迁荣，
　　　与日同行须大贵。

水轸　水躔轸宿号天岑，
　　　文学之官众所钦。
　　　谋略聪明人倚重，

才华藻思入儒林。

水之庙旺。

辰星照宫

水命宫　命见水星临，文术多智能。

　　　　外财应有遇，引荐人相承。

　　　　庙旺迁官职，余宫道合僧。

　　　　相貌同豪贵，资财晚岁兴。

又曰：水德星辰在命宫，

　　　　得逢旺处便攀龙。

　　　　聪明智识多机变，

　　　　生在荣华富贵中。

水主智动而能变，主人清俊。

水财帛　水星乘旺莫临财，

　　　　进退难逃反起灾。

　　　　手艺一生方可用，

　　　　凡人财散亦难来。

水能进退之物，故忌之。

水兄弟　水星吉曜遇还稀，

　　　　来临三宫便不宜。

　　　　上有亲兄下有弟，

　　　　两头无义便侵欺。

水性无定，决之东则东流，决之西则西流。

水田宅　善星一曜是辰星，

　　　　得入强宫福转精。

不见当年刑忌照，

便须万顷与千籤。

水男女　水星高照子孙位，

俊迈文章为国瑞。

水数推来只一男，

振起家风日荣贵。

水主子少，土克之则无。

水奴仆　辰星莫入六宫中，

冠世文章用处空。

纵使南宫高甲过，

栖迟薄禄走西东。

水性主流。

水妻妾　水到妻宫对照命，

富贵贞贤人难并。

忽然恶杀又相侵，

心滥情淫性无定。

水主清洁多智。

水疾厄　第八宫中水德临，

温柔情性足人钦。

忌星凶曜来侵犯，

沉溺波涛坠井深。

主肾疾。

水迁移　水星合照最为珍，

更看当生命位星。

宾主和同无恶犯，

迁移出处总欢宁。

水官禄　水星偏喜照官宫，

出类超群福自隆。

委任股肱扶宝祚，

官居高品贵尊崇。

主为官清白。

水福德　十一宫中水德来，

汪洋智识仰贤才。

公严德厚人钦重，

泽被生民遍九垓。

福德人之所仰，有吉星多福。

水相貌　水星相貌最为强，

凛凛清风在庙廊。

若遇吉星无恶曜，

容颜端正动君王。

第十五章　星命汇考十五

《张果星宗》十三

命宫天柱星

金星守命夜生吉，白日生人减半力。

木星照命有多般，白日逢之必作官。

夜生若有暗曜杂，反为凶祸主忧煎。

水星在命合入庙，夜里生人太阴照。

或居双女与阴阳，决定少年居显要。

火星入命不堪详，白日生人主祸殃。

更被孛罗三合照，定知哑吃与人伤。

患劳枉死人孤寡，夜生又宜却无妨。

土星入命主顽钝，夜里生人不可论。

水命定知须哑吃，黄肿气疾命难存。

太阳坐命如逢木，罗炁同宫须食禄。

火星不照定封侯，月孛临之患心腹。

太阴在命生逢夜，水宿同宫为仆体。

土星入命孛星来，有禄定知非久谢。

紫气印星号天乙，凡在命宫皆有益。

生时不被恶星临，善宿合兮多子息。

木月见炁入夜宫，夜里生人为辅弼。

若是土星三合照，虽则高强终是疾。

罗睺入命计谋多，木炁同宫主豪富。

金木太陌三合照，此人慷慨更英豪。

女命夜生罗照著，自缢劳刑贫又薄。

炁火水计入命时，此人定作般般恶。

计都入命忧火命，此则十杀恶无定。

贵人遇者以无权，白日生人宜修进。

木星紫气如临照，主命居强为福庆。

孛星入命人廉洁，目快心清为性别。

炁木日金若合时，所作高强皆有节。

日生火孛主星微，决定刑伤蛇虎食。

掩口不开气冲人，直得为官须歇灭。

　　金属阴，故喜夜生；木属阳，故喜昼生。双女巳宫，阴阳申宫，土喜昼生，夜生人不吉，天乙为紫气，主吉。土为瘟星，故主人多疾。

财帛宫天宝星

金临财帛足随时，夜里生人皆进镪。

木临财帛必丰隆，日中生者最难逢。

水临财帛财帛散，更被孛来不足看。

火居财帛与前同，土居财帛皆丰亨。

太阳居此足钱财，质库常开待物来。

月居财帛多财帛，只怕土星三合克。

炁入二宫亦忌之，遇日木扶还又得。

罗计孛入损资财，终身不得资财力。

　　水性就下，其形漂流而不息，主不住财，火性炎，势虽高而不耐久。

兄弟宫天玉星

木金兄弟主英雄，水星和乐旺门风。

火在此宫定孤寡，夜生不与孤寡同。

土临兄弟终和睦，日居未可同言语。

生时父母决相背，木计合宫主贫苦。

太阴若得主星来，辅弼荣华由此胎。

炁临第三兄弟少，计星遇此渐生灾。

月孛来时损兄弟，古人传说难躲避。

木星主仁，金星主义，水星主智，故吉。

田宅宫天富星

金居田宅父母宫，白日生人主困穷。

如逢夜里最为吉，产业自荣迈祖宗。

木临田宅兴父母，自然福寿世难同。

水居第四旺田庄，更有双亲寿命长。

火星临此不堪说，土星躔入有房廊。

白日生人为最吉，夜生父母早年亡。

日居田宅足田园，木到双亲福寿全。

火孛不照多产业，水金合会常堪怜。

月临虽称旺田宅，白日生人反作累。

紫气居之多壮丽，父母一时居富贵。

木星入位必有官，水月合兮居显位。

罗居田宅不堪猜，十般死恶反破财。

计都侵之忧父母，田庄牛马化成灰。

月孛居安亦如之，夜生亦可减毫厘。

昼生又忌火来克，父母早亡主孤牺。

田宅土也。水有资助之力，火能害物，故少利，日木土主昼生，火月金水主夜生，反之不吉。

男女宫天孤星

金星若在男女宫，四男聪俊各英雄。

火在此宫不得地，遇着来时定主穷。

土临第五迟迟有，夜生决定主孤踪。

太阳若照男女宫，必主贵子显门风。

太阴到此亦如之，三男富贵夜为功。

紫气当生照男女，不被恶星并火土。

三合水月同聪俊，男女荣华定文武。

罗照男女主天亡，计都临照亦灾苦。

孛星倘若居此宫，十生九死空费乳。

为人性狠恶心肠，此乃依经与君语。

金数四，主有四子，太阳太阴本人之父母也。日生太阳吉，夜生太阴吉，反背者无力。

奴仆宫仆马星

金木星居足奴仆，土若加之夜为毒。

火在此宫必少力，太阴值此多悲哭。

非惟辛苦有多般，决定生时非正屋。

月居此位被日土，一世多迍更贫苦。

第六宫中见太乙，男女顽愚多忌疾。

不然迟忌亦寡微，此乃皆言多不利。

计罗居此有灾殃，孛若临之号凶极。

奴仆不宜高于命主星也。若高于命主，则奴欺主也。

妻妾宫天对星

金在妻宫妻妾好，木星昼会喜相逢。

其妻非但能廉洁，貌白容妍世孰同。

水在妻宫多妖冶，火则伤残莫论容。

夜生尤自主分离，何况生逢在日中。

土入妻宫无貌娘，妻妾命如日里霜。

太阳美貌火孛丑，太阴见水美容妆。

紫气木星太阴吉，罗睺自缢检尸伤。

计入妻宫劳患死，不然毒药溺江亡。

妻妾宫中见孛星，计都水火自相刑。

兼主蛇伤并自吊，不然产难堕胎生。

火孛瘟癀死暴哀，落水悬梁产难灾。

木炁二星多美丽，姿容可与贵妃齐。

罗计二星产难别，暴丧逃亡自带来。

炁孛水金淫欲甚，交情奴仆老心灰。

金乃为男之妻，火乃为妻之夫也。且妻妾宫遇金星，得其正也。

疾厄宫杀难星

金临疾厄永无疾，木居富贵常安逸。

水在此宫遇孛计，必定腰驼并背曲。

白日生人火曜冲，必定风痰吐血终。

荧惑疾厄须惊悸，土临八位主瘟凶。

太阳遇计火土孛，风劳血病不久殁。

如见木月独照之，一世优游无消歇。

此宫若见紫气临，定是安荣居要津。

罗照此宫应笃疾，计会孛来定凶侵。

非惟痨瘵又瘟疫，抑且吐血卧床亡。

　　疾厄之官，惟金木主仁义则无灾厄也。木月次之，其余计都罗睺孛水之星皆主不安，火土更甚，紫气又能解人之厄。

迁移宫地驿星

木金之宿入迁移，定主迁移福禄齐。

水星却主远行吉，金木合照封侯印。

土星阻滞难远行，太阳昼生反为益。

金水会月夜生奇，命度相逢喜见之。

此宫见冘主为官，太阴合照为瑞端。

罗在游行必见别，家中当见检尸灵。

计都若会孛星入，决定蛇伤并虎擒。

切闻月孛入迁移，损田损宅损妻儿。

官禄宫天福星

太白木星入官禄，一世为官居显轴。

天上之宫会水星，太阳合照作公卿。

水居好乐合于月，官居位显职非轻。

火在十宫夜入庙，朝端定列仍年少。

罗星计孛本为凶，官禄之宫不可容。

土星尊重多丰禄，紫气添成衣食足。

只宜兴旺不宜衰，为人慷慨多荣富。

　　官禄之官，正乃人之壮而行之之位，宜吉星，则大有为，士君子立于朝，庶人兴于家，商贾发于市。苟若凶星会照，诚为一匹夫辈也。

福德宫福寿星

福德宫中或见金，夜生一世福神钦。

木会太阳居十一，禄厚福优居显秩。

水会月吉火浅薄，金土同照主食邑。

十一宫中罗最吉，太阳木朶三合值。

生则须封万户侯，死则定知当庙食。

庙食谓列忠臣庙而受祭。

相貌宫

土星相貌却乌黄，木宿元来瘦且长。

金白不惟多嗜欲，水星行动受趋跄。

罗睺薄艺随身有。月孛为人带黑丑，

荧惑一星多性恶，水星最是双眉好。

计都巧计爱谈论，罗火东西打杀人。

水火相随多杂艺，太阳为性却逡巡。

月孛一生多嘴舌，水星伶俐木都美。

土星顽钝言语涩，罗火为人贪可鄙。

十一曜一星主一相，凡人之美恶凶狠，温和古怪俊逸，皆由各星形状所禀生之初者也。非一而论之。

日 月

太阳太阴单守命，间世英贤谁可并。

忠直廉平性任真，覆庇生民朝野迥。

若临财帛金满籯，倏忽翔威万里程。

临在兄弟多生一，若居父母保年龄。

子息一子真鸳鸯，奴仆一呼须百诺。

临妻贤敏必兴家，照疾一生无患恶。

迁宫务重多功绩，官禄超荣兼重职。

福德应知恒与升，相貌巍然美颜色。

天福来临期百六，满用庙方魁福禄。

官资荣显至中书，士庶逢之发金谷。

日月乃为人之父母，十二宫皆吉，只恐凶星相犯而欺之者，则不能为吉。

金　木

金星守命福昌炽，木性宽仁金礼义。

若临财帛粟麦丰，敏慧虹霓为胆气。

兄弟金四木须三，父母长年福禄深。

子息木三金主四，如临奴仆盛车轸。

临妻员敏期借老，照疾多康灾害少。

迁宫之位任重权，官禄当之权永久。

福德加临福禄盈，貌宫应喜好颜容。

若期百六添官爵，凡庶当之福势隆。

金木者仁义之星也。凡在十二宫多为福，只怕恶星同宫，则不能，自任其用，而从恶宿为凶者有之。

夜火昼土

火星威焰恃贤亲，土宿敦恭信且诚。

临照财宫多积聚，文章锦绣作公卿。

兄弟火二土须五，田宅康宁期百六。

子宫土五火主二，临照奴牛须得取。

照妻偕老年期百，临在八宫无疾厄。

迁宫调任总迁荣，兼有良朋贵亲戚。

官禄荣官掌权柄，常人争讼欲拖延。

若临福德南山寿，相貌无虞但百年。

大抵昼土福星魁，夜火终为百福谋。

百六会时升广汉，常人遇此旺钱财。

夜火昼土者各得其时，所以不相反背，在十二宫为吉。

昼火夜土

奠教昼火夜兼土，

命遇危亡即哀苦。

若临财帛罄囊倾，

悖礼乖诚多莽鲁。

兄弟只应多自处，

田宅当之重父母。

子宫绝嗣俱螟蛉，

奴仆当之奴反主。

若在七宫三五妻，

土主恶死火分离。

如当满用来居婿，

妻忌刑夫亦不宜。

八宫恶疾夭天年，

自缢风劳日火躔。

腰肾干焦湿与肿，

必当夜土恶迍遭。

官禄之宫不可逢，

迁移官厄系囚中。

若临福德贫穷辈，

相貌破形或性凶。

忌星若也临百六，

命入荒郊定哀哭。

满中救援是三方，

不在相中发衣禄。

火本夜，土本昼，今而昼火夜土则相背逆而不向时，每事主人不利。

孛罗计

罗计孛临本命宫，

刚强暴虐足威风。

临财主执多权概，

势力过人胆气雄。

兄弟合胎皆异姓，

若临父母二三重。

临子一如兄弟应，

或是螟蛉随母聘。

临在妻宫主换妻，

妻临一例断裁之。

倘逢满用当居庙，

免见刑伤主别离。

满用依然见恶星，

依前刑克滥无情。

如临奴仆奴牛盛，

疾厄当之怪疾刑。

迁宫任重足威权，

官禄宫中事亦然。

福德若临皆满用，

貌宫威虐孰能前。

三星临宫，若得庙旺，有吉星押之，则不为祸，有凶曜攻之，为害甚速。

水　星

水星和顺多能智，

喜会日月木金氒。

怕逢忌宿孛计罗，

男可为奴女为妓。

临财财帛足昌荣，

博览诗书通六经。

若临兄弟宜一二，

若同父母足年龄。

在子一人为后裔，

临妻妻位皆吉利。

若临奴仆在牺牲，

疾厄宫中无疾病。

迁宫出处总荣欢，

官禄当之掌大权。

福德当之丰福寿，

如居相貌性温然。

若期百六限无忧，

更逢满用足祯休。

庙宫会遇升腾处，

百里光华遍地流。

水主智，好动之星，多则喜吉星辅之。

炁 星

景星尊大最廉平，

志气孤高又敏明。

临在财宫多粟帛，

文章掷地作金声。

兄弟子位三五人，

僧家或说是孤辰。

父母妻宫长福寿，

第四宫中田宅盈。

奴生逢会多奴婢，

疾厄当之斥祸灾。

若是迁宫俱显职，

正临官禄上金阶。

福德当之福势隆，

貌宫喜主美颜容。

如逢百六朝宸陛，

庶位当之粟帛丰。

炁好清闲，主九流艺术，得地主清贵，逢空陷为僧道，有寿，能解人之灾厄。

罗 计

大抵罗计本相对，

莫把对宫推祸福。

罗计权高日月星，

直入火土乃为英。

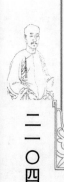

官高杀伐威名振，

谏净趋庭叩上清。

值者多为天眷属，

不然将相是宗亲。

庙宫满用人人好，

群小当之破损身。

罗星在天，号曰"天首"，计星号"天尾"，诸星逆行，惟罗计顺行，逢日月则蚀。

轮官赋

天命为最，己身欲强。值吉星以守照，获厚福以无疆。倘入庙以清奇，更须高位。若陷囚而喜旺，又且何妨。太阳临位而荣贵无灾，月后入宫而清慈有福。美容貌而且秀，处人事而最足。切防忌宿照临而减算除年，大紧凶星对照而兴灾失禄。金洁体而立性多刚，水鼠睟而为人不一。非言辞之无准，惟处世之多失。木须清秀，体长而好学文章。炁必宽慈，经史而博览广识。或云孤宿，亦号官星。云寡宿者为僧为道，道官星者有职有权。孛星身瘦小而人前好说家风，罗计粗雄而胆大性多鄙吝。喜独居于一位，忌相会于诸星。恶曜而多自不安，凶星而遂成殃衅。火星赤黑，烦躁暴以难瞒。土星矮肥，最寡言而多虑。各分昼夜，切论晨昏。若为忌宿之临，深作殃危之急。

财帛宫位，吉凶可知。遇木星而守照，无凶曜以为奇。资财必获于昌荣，金库盈满于囊箧。平生空乏，水土难欺。金炁归垣，与木曜以颇同。日月同宫，主人财而犹旺。火孛两曜，须破败以无成。罗计二星，主离祖而有望。吉凶混杂，前后须知。多寡宜详，高低无妄。

兄弟宫数，要知多寡之分。星宿推迁，须识吉凶之佐。值太阳者先损其父，遇太阴者却无其母。土星生昼兄弟而五人，金星夜值雁行之四个。计罗二三，木炁还多水土。两娘而生，火星尔我而已。

田宅宫分，惟日月之最吉。父母重爻，喜金之极强。孛计若临而损破，火罗土照以难堪。大欣紫炁加临，田园丰盛。最喜木星守照，财产俱昌。

男女宫内，得火者一双。子孙位中，遇木星而三个。太阳得位，一二人而有可成。月曜入宫，二三子一双无祸。水星一子须聪明，彗孛无男常坎坷。计罗有克，火星难保于初前。太乙多伤，紫炁头儿决克破。奴为恶曜，吉凶不殊。日守则防父没，月照则当母除。若遇恶星而入此，定系蓬荜以安身。倘逢吉曜而加临，须知仆马以昌盛。

夫宫无异，妻位且同。最喜金炁而相照，惟嫌日月以难逢。火星土宿而非忌，咸安木宿端正。彗孛计罗而二三，多厄水宿孤穷。若恶星以相临，于鼓盆而难逃。疾厄之位兮知吉知凶，祸患之宫兮理优理正。太阳临位，百祸俱消。月曜入宫，而一身遭衅。水主蹇厄，孛守而喉腹生灾。火主眼腰，土临而心胸疾定。木金救解，灾疴不至于侵凌。罗计为忧，手足安能于驰骋。宜当仔细推详，庶无一毫差谬。

迁移之位逢火孛，切忌远行。合照之方遇罗睺，必须破宅。太阳嫌晦怕囚，木金多乐于风流，水炁却丰于财帛。

官禄吉曜，职权自昌。日月相逢之最贵，罗计入庙以为强。孛星守而刑狱难逃，木炁临而资财丰盛。

福德宫神，最宜明净。此一宫之强盛，获百福以来临。倘逢凶曜之加，寿龄何保。纵有吉星之助，财产须倾。且闻相貌之宫，须识凶吉详推。全籍身命之宫，始知祸福堪凭。所以星辰五六，荣枯贵贱以安排。宫分四三，否泰穷富而列定。宜详宜究，愈审愈精。

第十六章　星命汇考十六

《张果星宗》十四

（太阳）

太阳算法日篇

置积日减一算，以三百六十五日二十五分五十秒为一周天之数除之，冬至行盈度，夏至行缩度，渐盈渐缩，不可概论，今以盈缩中间率行一度算之。

冬至　日行一度五分

　　　　时行八分七十四秒

小寒　日行一度四分

　　　　时行八分七十六秒

大寒　日行一度三分

　　　　时行八分四十八秒

立春　日行一度二分

　　　　时行八分四十九秒

雨水　日行一度一分

　　　　时行八分四十一秒

惊蛰　日行一度一分

　　　　时行八分二十三秒

春分　日行一度　时行八分

清明　日行九十九分

　　　时行八分二十四秒

谷雨　日行九十八分

　　　时行八分十八秒

立夏　日行九十七分

　　　时行八分八秒

小满　日行九十六分

　　　时行八分

芒种　日行九十五分

　　　时行七分九十六秒

夏至　日行九十五分

　　　时行七分九十六秒

小暑　日行九十六分

　　　时行八分

大暑　日行九十七分

　　　时行八分

立秋　日行九十八分

　　　谷雨同

处暑　日行九十九分　　清明同

白露　日行一度　　　　惊蛰同

秋分　日行一度　　　　春分同

寒露　日行一度一分　　雨水同

霜降　日行一度二分　　立春同

立冬　日行一度三分　　大寒同

小雪　日行一度四分　　小寒同

太阳总论

太阳乃火之精，为人君之象，父之配，行度有盈缩，故明历者以七十余年立岁差之法，以追日度之真，太阳过宫不同，推人命宫未免有异，术者不可不审。自奎宿八度至十三度为正庙，自娄宿八度至十三度为正旺，自胃宿一度至七度为次旺，躔虚房星昴四宿为升殿，狮子午上为本宫，乃中天离明之地天光所照无私，会金水二星于身命二宫，皆主利名文章，贵品清职，忌蚀怒，火土同宫则有害，夜生为背宿，昼生为向明。

太阳歌断

七政昭回日最尊，配人父道象人君。

晨朝杲杲东出，万国葵倾暖似春。

照人命，守人身，员满形容性又温。

言语殊常人仰重，处心无党亦无嗔。

或与水木相会合，文章卓荦动乾坤。

金星同位好婚姻，财家财物送来频。

夜见土星昼见火，须防病患及尊亲。

首尾更来须恶死，紫气缢流及道门。

忽有孛星相邂逅，瘵痨说出病根源。

临财帛，聚金银，田宅多招好佃宾。

闲极位中兄弟贵，子宫逢著只一人。

六宫陷弱主克父，八宫一世没灾迍。

西没美妻颜似玉，九位逢之好远行。

官禄有宫兼有禄，福宫一世自安宁。

相貌之宫美颜色，细将星宿好推评。

太阳交会

日月　日月同宫主旧声，
　　　文章富贵有科名。
　　　昼夜分司兼旺庙，
　　　始知明主秉钧衡。

日木　日木同宫贵显臣，
　　　平生多福少灾迍。
　　　木星是主兼乘旺，
　　　必作当朝上贵人。

日火　日火同宫失火炎，
　　　祸盈百六莫逃潜。
　　　天灾遇此民遭厄，
　　　夭丧生民害义廉。

日土　日土相逢庆瑞饶，
　　　天产人龙佐圣朝。
　　　星临百六邦家泰，
　　　万福攸同百祸消。

日金　日金相遇福生民，
　　　必产奇材异世伦。
　　　百六会时天福炽，
　　　当知庆瑞在今辰。

日水　日水相逢庆瑞盈，
　　　欣逢水日贺升平。
　　　人生值此人中瑞，
　　　问世奇才播大名。

日气　太阳紫气喜相逢，

　　　润泽生民稼穑丰。

　　　百六会时祥瑞应，

　　　人生会此必三公。

日孛　日孛同宫最不嘉，

　　　只宜为旅不宜家。

　　　生逢白昼多灾疾，

　　　夜则康宁无叹嗟。

日罗　太阳正照被罗侵，

　　　父死他乡儿没亲。

　　　先代家财多破尽，

　　　奔波衣食不如人。

日计　日计相逢景福昌，

　　　官尊直谏佐明王。

　　　怕逢朔旦生奸伪，

　　　百六如逢大不祥。

太阳入宫

日子　天宜本是太阳星，

　　　遇夜生人却有情。

　　　若在日生光太昧，

　　　禄高到底总无成。

夜生人主吉，日生人无成。

日丑　太阳居丑号天幽，

　　　此位元来属斗牛。

　　　若是照临官禄地，

管教一世尽优游。

丑宫阴静，主人清闲之象。

日寅　日居人马号天桑，

　　　光照东升遍万方。

　　　禄厚福高名必显，

　　　也应补衮坐朝堂。

有日出扶桑之象，日之喜宫也。

日卯　太阳出卯曰天乌，

　　　禀性英明大丈夫。

　　　多艺多才非俗士，

　　　一生荣显禄盈余。

卯乃日出之门户，主人俊伟。

日辰　日出龙门角亢方，

　　　变名天爽最辉光。

　　　修文必定登科甲，

　　　管取声名达庙堂。

日到辰宫，有光明显达之象。

日巳　日临双女号幽微，

　　　禄厚权高势位巍。

　　　年少功名即显达，

　　　蓝衣换取绿袍归。

日乘旺于巳，故得显达。

日午　日到离明曰少微，

　　　此为君位众星依。

　　　纵逢恶曜同宫分，

　　　也要还他著锦衣。

午为人君，日之正位，故诸星不敢犯。

日未　太阳临未号天辉，

　　　　日月交光世所希。

　　　　设若太阴无落陷，

　　　　君臣庆会管枢机。

未乃月之正位，日到此日月相会，主吉。

日申　天暗元来属在申，

　　　　太阳到此晦光明。

　　　　若还诞昼逢斯曜，

　　　　作事须教百不成。

申属阴，日已西沉。

日酉　阳到金牛号九空，

　　　　夜生虽天却亨通。

　　　　日生用事俱无力，

　　　　若变刑囚不善终。

酉为金牛，日到此无光，作事不成。

日戌　日临戌位曰天枢，

　　　　此地元来是旺居。

　　　　更得太阴相会照，

　　　　一生荣贵福盈余。

日入庙旺之地，主荣贵。

日亥　太阳光照烁天门，

　　　　玉玺为名象属君。

　　　　倘若化为官禄曜，

　　　　少年平步立功勋。

亥为天门，日朝天矣，主人聪明英杰。

太阳躔度

日角　日躔角宿号天成，
　　　晚岁丰亨少亦贫。
　　　胆大心高超众庶，
　　　前程端拟大声名。

角属木，得十二度。

日亢　日躔亢宿号天柱，
　　　学问文章有今古。
　　　为人欢乐最贤豪，
　　　性识孤高名未遇。

亢属金，得九度。

日氐　日躔氐宿号天符，
　　　美貌堂堂出众徒。
　　　性快心高多自耐，
　　　江湖漂泊少年孤。

氐属土，得十六度。

日房　日躔房宿号天禄，
　　　洁静为人享清福。
　　　高才富学有声名，
　　　耿介超群还不俗。

房乃太阳之位，得五度。

日心　日躔心宿号天昌，
　　　白日生人福寿康。
　　　若至晚年尤享福，
　　　一生终是足衣粮。

心乃太阴之位，亦得六度。

日尾　日躔尾宿号天枵，

　　　白日生人富益饶。

　　　性急多才人莫敌，

　　　夜生鄙俗事烦骚。

尾属火，得一十八度。

日箕　日躔箕宿号天魁，

　　　俊义文章有大才。

　　　父母必须生贵子，

　　　官高位显列三台。

箕属水，得九度。

日斗　日躔斗宿号天明，

　　　刚勇方为胆气英。

　　　产业经营辛苦置，

　　　老年丰富享安平。

斗属木，得二十四度。

日牛　日躔牛宿号天机，

　　　机变尤长文藻驰。

　　　更得木生来赞助，

　　　荣贵声名天下知。

牛属金，得六度

日女　日躔女宿号天德，

　　　清秀聪明多智识。

　　　天文元象性孤奇，

　　　白日生人最为吉。

女属土，得一十度。

日虚　日躔虚宿号天司，

　　　耿直聪明胆气兼。

　　　白日生人多富盛，

　　　夜生逢此足迍邅。

虚日鼠太阳之位，得九度。

日危　日躔危宿号天隆，

　　　性直文章学问丰。

　　　管运资财难积蓄，

　　　老年方见免灾凶。

危月燕乃太阴之殿，得一十五度。

日室　日躔室宿号天福，

　　　胆气权谋性多欲。

　　　平生安乐少灾迍，

　　　父母康健延金谷。

室火猪，得一十七度。

日壁　日躔壁宿水金连，

　　　皓魄相同福自绵。

　　　禄马更来相会聚，

　　　果然折得桂花鲜。

壁水㺄得九度。

日奎　日躔奎宿号端守，

　　　富贵荣华年寿久。

　　　文章高贵众难加，

　　　白日生人福自有。

奎木狼得一十八度。

日娄　日躔娄宿号天宫，

大尹公卿将相逢。

年少便膺居鼎鼐，

生时值此必兴隆。

娄金狗得一十二度。

日胃　日躔胃宿号天解，

令德性贤位安泰。

脾疾冷涎身有寿，

日生却得年高迈。

胃土雉得一十五度。

日昂　日躔昂宿号天房，

耐事经营足食粮。

才略机谋多智策，

称为当世一贤良。

昂日鸡乃太阳之位，得一十度。

日毕　日躔毕宿号天强，

贤德才高万事昌。

音律善通忧虑少，

心多嗜欲行无良。

毕月乌乃太阴之位，得一十六度。

日觜　日躔觜宿号天钩，

足禄多能享世荣。

学问渊源才挺出，

此人名必播朝廷。

觜火猴借得一度。

日参　日躔参宿号天水，

冷淡持身欲不累。

多才多学富声名，

官宫有禄终须贵。

参水猿得十度。

日井　日躔井宿号天弼，

冠世文章增福力。

公侯卿监世间荣，

福禄恩波传子息。

井木犴得三十一度。

日鬼　日躔鬼宿号天流，

先代资财用不休。

巧计机关人莫测，

心闲多事出阴谋。

鬼金羊得二度。

日柳　日躔柳宿号天梁，

仕宦须令仕本乡。

金帛丰盈多积蓄，

晚年须见禄荣昌。

柳土獐得一十二度。

日星　日躔星宿号流泽，

卿相当朝须得力。

三方主曜旺高强，

富贵荣华声赫赫。

星日马太阳之位，得六度。

日张　日躔张宿号天正，

才智聪明文武并。

官星得力善星居，

禄贵兼全增吉庆。

张月鹿乃太阴之位，得一十六度。

日翼　日躔翼宿号天娄，

　　　贤德文才出智谋。

　　　若得木星同位此，

　　　定应官职守清幽。

翼火蛇得一十九度。

日轸　日躔轸宿号天阶，

　　　年少功名自鼎来。

　　　端洁为人须大量，

　　　定须九棘与三槐。

轸水蚓得一十七度。

太阳照宫

日命宫　太阳临命照，情重性能和。

　　　衣禄坚长久，灾疾自消磨。

　　　西沉无大福，东出福尤多。

　　　寿永临中末，初年劳碌过。

又曰：太阳原是火之精，

　　　躔度偏宜金水星。

　　　若在命宫官禄上，

　　　一生天下有才名。

此以太阳在命宫，主人通达，性刚健。

日财帛　日居财帛要阳宫，

　　　昼生为福夜为凶。

　　　只忧计孛来相克，

财帛尤闲寿不中。

日兄弟　弟兄有若雁同行，

岂使三宫陷太阳。

虽是同胞如手足，

分张各自置田庄。

日田宅　田宅宫中有太阳，

须知安位最高强。

膏腴万顷连阡陌，

荣祖荣宗福禄昌。

日男女　太阳独行子难当，

破损头男儿受殃。

若有吉星来辅佐，

二男异日贵非常。

太阳此宫主孤克无子，吉星相扶子贵。

日奴仆　奴仆之宫号陷方，

照临君父岂为良。

纵饶父体常清健，

亦恐身年寿早伤。

奴仆弱陷之宫，太阳不宜居之。

日妻妾　太阳临照在妻宫，

在望尊严德贵崇。

莫使忌星兴悖逆，

婚姻皇族也平中。

相生和睦，相克反目。

日疾厄　太阳来到八宫停，

身体康荣福自生。

设使忌星多犯克，

反伤眼目不光明。

日为天之目，犯克则伤目。

日迁移　第九宫中遇太阳，

更无凶曜在其傍。

好将平日胸中学，

对策天庭谒帝王。

若有天马贵人极好。

日官福　太阳若在十宫居，

抱负宏才仰大儒。

或有水金相辅佐，

官高职重掌机枢。

官福乃高强之位，有吉星助之，大贵。

日福德　太阳临福遇吉星，

更添命主必官清。

若有吉星来辅卫，

必然享福寿遐龄。

福德主星相生，有好星夹辅，主福。

日相貌　相貌宫中名恶弱，

吉星拱临合虚著。

惟怕罗睺月孛星，

喜与太阳相倚约。

（太阴）

太阴算法月篇

置积日减二算，以三千二百二十四一之为顺行，减积日行，余不满顺行数者，以九因之，以中数二百四十八数除之，除不尽者为残分，在一百二十四以下入疾历，二百二十四以上入迟历。

疾行　一日行十四度半强

平行　一日行十三度半强

迟行　一日行十二度半强

二十七日有奇行一周天，更行二日与日合朔。

太阴总论

太阴水精，为人臣之象，母之所配，行度有平迟疾，已具于前。自娄宿八度至十三度为正庙，有一家以毕初度至九度为正庙，自胃宿七度至十三度为次旺，躔危心张毕四宿为升殿，巨蟹为本宫，若夜生人值在圆望，皆为福德，如会金木水星临于身命二宫，或为堂禄星，更在庙旺宫，主贵，如值残晦则减力，忌火土，罗计同宫为蚀神，日生人为背宿，夜生人为向明。

太阴歌断

太阴乃是水之精，才出中天万国明。

初夜一轮光皓洁，人皆瞻仰快人情。

配母道，身从生，温柔丰美好仪形。

水日两曜相交换，贵位居宜始见荣。

岁德同宫贤圣善，外家送物不曾停。

夜火会，得延龄，昼生风瘫母须刑。

土星言语多迟呐，计罗眼目更无晶。

金好色，妻必淫，不贤内正非礼迎。

太乙若逢须庶出，紫气阿母会通僧。

居财帛，阴贵成，第三闲极母康宁。

自身一世多闲逸，棠棣虽疏好弟兄。

田宅位，好檐楹，子息宫中是女星。

奴仆出身多下贱，七宫妻妾貌娉婷。

疾厄无刑少灾疾，迁移偏是好游行。

若居官禄并福德，有官有福不虚称。

此宿若躔相貌宫，堂堂俊丽好仪容。

太阴交会

月木　月木同宫瑞世儿，

　　　文章更得贵人知。

　　　如当百六真祥瑞，

　　　男主封侯女作妃。

月火　月火同宫最不宜，

　　　平生好惹是和非。

　　　却因继母生灾厄，

　　　寿至中年七十稀。

此为水火相克，则少吉。

月土　月土会遇大为灾，

　　　偏产玩愚怪质骸。

　　　父母两重人天寿，

　　　忠臣失职窜天涯。

此为土掩月之光，晦昧如此。

月金　月金二宿喜相交，

　　　百六逢之庆瑞包。

　　　天产奇人扶社稷，

　　　官尊裂土与分茅。

月水　月水相逢是福媒，

人生遇此赋天才。

温纯德厚荣尊爵，

百六当之瑞庆来。

月金月水本同一体，主人好貌、聪明、福贵。

月炁　月炁相逢大吉祥，

少年满腹尽文章。

若逢百六官高贵，

福庇生民庆且昌。

炁月同宫，乃谓之祥云捧月。

月孛　月孛元来喜太阴，

逢之必定长精神。

如逢百六加祥瑞，

为官必定主权人。

月罗　太阴天首喜相遇，

智将鹰扬塞外威。

只恐望宵主叛逆，

祸临百六主伤悲。

天首，罗星也。

月计　太阴天尾望宵同，

爰产奸凶不孝忠。

不在望时终有怪，

投河毒药或瘟逢。

计为天尾星。

太阴入宫

月子　月居子上号天姬，

女贵男荣百事宜。

若是夜生深有庆，

日生还恐福倾危。

月在子宫化为天姬星，夜生人主贵。

月丑　太阴居丑曰天机，

挂影扶疏耀素辉。

巳癸出人如得此，

官高禄厚更荣闲。

天机星主人荣贵。

月寅　太阴寅上名天昧，

白日生人光太晦。

在望如逢计火侵，

为人秽浊还多退。

天昧星主人有祸害。

月卯　月临卯上号天琼，

与日相逢最吉通。

嫌怕计都同此地，

夜生反吉变为凶。

天琼星主吉，卯为月之喜宫。

月辰　太阴辰位曰天璇，

金若同宫瑞自然。

更得孛星相会照，

为官为福又长年。

天璇星主官显。

月巳　数当阳极渐阴生，

玉鹿天星月化成。

珠玉不特多蓄积，

更兼官显有声名。

玉鹿星主显达。

月午　离宫逢月号天衣，

此位朝居倍有辉。

设若太阳同此位，

身荣衣锦故乡归。

太阳太阴同此宫，主享福。

月未　太阴在未号天圭，

千载欣逢明圣时。

月孛更来同会照，

蟾宫折取最高枝。

未乃月之乐宫，化天圭，主大贵。

月申　太阴晋分曰天潢，

与水同居福禄昌。

纵有孛星相照破，

也须荣贵富而康。

月化天潢，主大富贵。

月酉　天柱之星属太阴，

喜居酉位福原深。

夜生管取多祥泰，

一世优游祸不侵。

酉乃月之乘旺，化天柱星，主人富厚。

月戌　月临戌上名天辅，

喜到奎娄为妙度。

玉兔扬辉倍有情，

禹门快跃朝天步。

戌乃月入庙，又化天辅星，主大贵。

月亥　天哗变化太阴星，

　　　散彩中宵分外明。

　　　吉宿同宫宜贵显，

　　　少年及第播清名。

月到亥宫化为天哗星，主少年科第大显。

太阴躔度

月角　月躔角宿号天贵，

　　　学问渊源须大智。

　　　多才慈惠更温良，

　　　夜里生人最为利。

日亢　月躔亢宿号天玑，

　　　富贵荣华人好异。

　　　平生安乐足丰荣，

　　　妻妾容颜更奇美。

亢属金，与月会则金月皆有貌，主吉。

月氐　月躔氐宿名天劫，

　　　性急多嗔又乘劣。

　　　日生兵火须逢难，

　　　若是夜生衣禄绝。

月房　月躔房宿号天祥，

　　　文昌学问更蕃昌。

　　　出众机谋多计巧，

　　　平生衣禄寿须长。

中华传世藏书

钦定古今图书集成

精华本

古今图书

星命篇

二二七

月心　月躔心宿号天辖，

　　　运用机谋智未全。

　　　少年未脱生涯计，

　　　如临晚景始安然。

心乃月之本位，主平等。

月尾　月躔尾宿号天宗，

　　　勇智多谋胆气雄。

　　　穿窬剽掠心常有，

　　　见木方教免祸凶。

月箕　月膀箕宿号天财，

　　　冠古穷今学问该。

　　　但得对宫逢吉曜，

　　　文星得地应儒魁。

月斗　月躔斗宿号天封，

　　　伟望威名学问通。

　　　君子逢之须得禄，

　　　小人遇此走西东。

此为木月清贵之格。

月牛　月躔牛宿号天荫，

　　　作事施为要沉审。

　　　性直温良少苦辛，

　　　才过中年便安稳。

牛金牛会月，有相生之义。

月女　月躔女宿号天宝，

　　　学问聪明多智巧。

　　　文章冠世早登荣，

迁官必定居廊庙。

月虚　月躔虚宿号天常，

　　　有貌多才更善良。

　　　衣食丰盈仓库实，

　　　声名闾里自揄扬。

月危　月躔危宿号天文，

　　　磊落襟怀少比伦。

　　　为人玷污多奸巧，

　　　图画机关行不真。

月在危，化天文星，主人巧智多奸。

月室　月躔室宿号天鸾，

　　　形貌清奇富且安。

　　　更得木星同位立，

　　　直须奏对近天颜。

月壁　月躔壁宿号天华，

　　　语言謇滞事沉思。

　　　若遇蚀神兼月孛，

　　　主须生长在寒微。

月奎　月躔奎宿铭肝肠，

　　　不劳余力至员郎。

　　　要得吉神居十位，

　　　定应台辅佐君王。

月水相生主此。

月娄　月躔娄宿号天垣，

　　　旺庙之中福禄全。

　　　君子迁官居禄显，

小人衣食旺庄田。

月金会度主此。

月胃　月躔胃宿号天印，

　　　十度之中贵无并。

　　　更兼金木又同行，

　　　金榜题名官一品。

月土会度主此。

月昴　月躔昴宿号天光，

　　　平生官禄不寻常。

　　　聪明才貌超今古，

　　　异日须为给谏郎。

月毕　月躔毕宿号天明，

　　　峻宇雕墙乐太平。

　　　更得金星来照助，

　　　少年乃第占魁名。

毕月乌，月之本度，所以为吉。

月觜　月躔觜宿号天女，

　　　富足之人更有官。

　　　贤淑生来形貌美，

　　　此身自在不胜欢。

觜火猴度下火升殿，主吉。

月参　月躔参宿号天官，

　　　俊义宏才学问宽。

　　　富足慈仁心好善，

　　　贵人和色对天颜。

水月同度，主人多智有才貌。

月井　月躔井宿号天充，

　　　　夜生轻巧性奸雄。

　　　　爱说是非心不定，

　　　　文章必定是虚空。

月鬼　月躔鬼宿号天鸾，

　　　　好乐之宫每事安。

　　　　得力相生官位吉，

　　　　公卿要路上金銮。

鬼金羊度，月之本宫。

月柳　月躔柳宿号天觚，

　　　　德行清高爱读书。

　　　　聪俊文词人最重，

　　　　声各扬赫帝王都。

月行柳度，二三度为月挂柳梢，五度之外非是。

月星　月躔星宿号天节，

　　　　欢乐虽多病磨折。

　　　　贪悭财物行无良，

　　　　性急多嗔有灾厄。

月张　月躔张宿号天曹，

　　　　才力经营志气高。

　　　　形貌端方荣贵早，

　　　　晚年又见福坚牢。

张月鹿月之本度。

月翼　月躔翼宿号天迤，

　　　　虽然禄位也艰辛。

　　　　骨肉分离难保守，

又知寿夭是元因。

月轸　月躔轸宿号天理，

　　　勇智多端文学取。

　　　少年辛苦老丰隆，

　　　赫奕声名传万里。

太阴照宫

月命宫　月照人无俗，孤多自有成。

　　　　掌财宜市贾，托贵有权名。

　　　　性急招言妒，妻良赘可膺。

　　　　若能员夜照，财禄自兴荣。

　　　又曰：照命分明有太阴，

　　　　　　生来财禄不劳寻。

　　　　　　凶神若也来相犯，

　　　　　　到老无成枉用心。

太阴喜独行则吉，凶神相犯，变吉为凶。

月财帛　月居财帛福为深，

　　　　　更加庙旺足珠金。

　　　　　食神若也相兼照，

　　　　　纵有家资祸更侵。

食神食月之神，月遇之则食。

月兄弟　兄弟亲疏如手足，

　　　　　若值太阴大为福。

　　　　　只恐女多并异胞，

　　　　　南北分居难并屋。

太阴女主之象，以多女论。

月田宅　太阴田宅若相逢，

　　　　　自立荣华万事通。

　　　　　阴贵又增招满益，

　　　　　迁移三处振家风。

田宅宫无凶星相犯，主吉。

月男女　阴偶临宫识者稀，

　　　　　女先男后始为奇。

　　　　　不惟英俊无刑克，

　　　　　更见高高折桂枝。

月乃为人之母，故吉。

月奴仆　六位名为奴仆宫，

　　　　　为官须有吉星逢。

　　　　　月守是宫先克父，

　　　　　昼生夜照母先凶。

夜生人吉，昼生人反此。

月妻妾　太阴西没最为佳，

　　　　　明静之宫无点瑕。

　　　　　更若尊星相对望，

　　　　　必生贵子佐皇家。

主妻美丽清洁。

月疾厄　太阴临照八宫存，

　　　　　毕世灾危杳不闻。

　　　　　忌曜莫教同此位，

　　　　　双阵浑似月遮云。

日月为天眼，月在疾厄以目论。

月迁移　太阴得在九宫中，

三合加临照命同。

偏利迁移商贾客，

必困阴贵得财丰。

月官禄　太阴官禄作身宫，

朗朗光华福倍隆。

更在庙方功愈重，

贵因皇戚得侯封。

要在庙旺之宫，方有此贵。

月福德　阴耦来临福德宫，

雍容道德贵尊崇。

更有吉星来本位，

为官须坐玉堂中。

吉星同度，主有大福。

月相貌　相貌宫中有太阴，

命中吉曜喜相侵。

忽然忌曜来相犯，

甘旨空持养母心。

有吉星主吉，有凶杀则凶。

（紫气）

紫气算法炁星篇

置积日减一千二百八十八，以一万二百二十八大数除之，不尽为残分，转一当十，以二百八十为一度，二十八为一分，次下除为秒。平行一日行三分五十七秒。

紫炁总论

天乙紫炁续木之余，在天无象，以木德最厚，立此名以追步其余光，用之效久不废，其行度无伏见迟疾退留，自奎宿十一度至十五度为正庙，或言觜宿庙，又言牛宿庙，躔室牛为旺尾箕为乐，若人身命宫值之，更在庙旺，无凶照破，处世富贵，福寿双全，仁慈道德，好善乐贤，能解计孛火土之难，若临陷没，亦九流僧道，其星为孤星，主人心孤身寡，一生好静，为人之寿星，又为文人解宿，但守身命为人豁达之操，对照则为福德，但癸人见之减力，六辛人为天禄。

情性清慈吉祥之曜，主道艺之流，若人生时临照，主富贵长寿，遇凶而不成灾，凡二十九年行一周天。

紫气歌断

紫气众星中最善，形相分明人仰羡。

心怀仁义性温柔，作事与人为方便。

无妒毒，多谨愿，少病利官长寿算。

好耽僧道立身孤，举措施为慵更懒。

太阳近贵作闲人，月会母亲先化幻。

夜火同时医与巫，土木更来尤懒慢。

金同妻妾是娼尼，水会智能称俊彦。

彗星分得贼人财，天首僧尼讼争战。

天尾星同有机变，财位横来财宝现。

三宫姊妹或为僧，田宅高田主巨富。

奴仆门下出缁流，子息须知女先见。

西没宫中妻密情，更与别人情似线。

八宫终不染时灾，官位不曾见州县。

九宫游贾福宫闲，相貌为人性良善。

紫气交会

炁孛　紫气欃枪两会期，

庆来百福尽相宜。

官居柱石人间瑞，

泽及生民万汇依。

炁罗　紫气罗睺喜会同，

人生刚毅足英雄。

挥戈却自平奸虏，

笑取功勋反掌中。

炁计　炁曜还同见计都，

家多财帛富庄租。

此宫人产天然福，

百六逢之万祸祛。

紫气入宫

炁子　紫气齐瓶号玉清，

只宜恬淡养精神。

命宫遇者伤妻子，

散诞清闲僧道人。

炁在子宫化为玉清星，主修道清高。

炁丑　炁星在丑曰天元，

生世无灾福庆全。

更得吉星相会照，

前遮后拥是神仙。

丑宫化为天元星，主吉。

炁寅　炁居寅上名天饬，

独享清闲人不识。

容貌端严冠众伦，

落纸烟云挥彩笔。

化天饬星，主有文章。

炁卯　炁星在卯号天空，
　　　克害妻儿年少终。
　　　不是僧尼并艺术，
　　　一生孤独更飘蓬。

化为天空，主孤独无积。

炁辰　华盖从知炁在辰，
　　　此星虽独却堪亲。
　　　优游享用无灾咎，
　　　啖柏餐松物外人。

化华盖，主清庙。

炁巳　炁居双女号天相，
　　　家积珠珍主富藏。
　　　福厚清闲并寿永，
　　　只愁妻子见刑伤。

主富而刑妻。

炁午　紫气临周号玉肌，
　　　人生逢此诚为美。
　　　太阳设若同宫分，
　　　富贵荣华世无比。

化玉肌主子孙荣贵。

炁未　炁居未位名天廪，
　　　润色文章铺秀锦。
　　　更得主星在高强，
　　　家多珍玉丰腴甚。

化天廪主富足。

炁申　炁入申宫曰紫微，

　　　　此宫庙旺最为奇。

　　　　一生独享清闲福，

　　　　作事临危又不危。

化紫微清高受福。

炁酉　紫炁金牛号凤凰，

　　　　一生享福最安康。

　　　　文章锦绣闻天下，

　　　　若占高强入庙堂。

酉为金牛，化凤凰主富贵。

炁戌　炁在白羊名玉贯，

　　　　空房独守谁为伴。

　　　　同宫最怕火罗侵，

　　　　破败家财心绪乱。

戌为白羊，化玉贯忌火罗。

炁亥　亥宫紫炁名天贵，

　　　　禀性清闲无所累。

　　　　木土那堪会舍行，

　　　　少年显达功名遂。

化为天贵，主享福。

紫气躔度

炁角　炁躔角宿号天休，

　　　　机智清闲艺术优。

　　　　僧道逢人多吉庆，

庶人一不击若虚舟

炁亢　炁躔亢宿号天僮，

性善文章艺术通。

不独为官并富旺，

神仙快乐福无穷。

气氐　气躔氐宿号天环，

云水留心自得闲。

耿介孤高人自傲，

只宜仙道坐山间。

心留云水，性染烟霞。

炁房　炁躔房宿号天冲，

清福平生孰与同。

道释白衣消息好，

资财衣禄却丰隆。

处世优游，丰衣足食。

炁心　炁躔心宿号天德，

元象天文须会德。

儒门释典自能通，

子孙虽有终须克。

物外逍遥，闲中风月。

炁尾　炁躔尾宿号天渊，

心性豪强克陷缠。

谋略威权人莫测，

声名忠义史书传。

胆壮心雄，威名赫赫。

炁箕　炁躔箕宿号天循，

智识机谋果毅深。

性直文章声远播，

贵人相遇有知音。

心性刚果，文思深长。

凭斗　凭躔斗宿号天斛，

飘然孤洁为清福。

文章忠直外安闲，

朋友柔和衣食足。

心逸身安，清名林下。

凭牛　凭躔牛宿号天轮，

尊重清高害六亲。

金火逢之官显赫，

如逢木月富豪人。

闲中风月，个里乾坤。

凭女　凭躔女宿号天瑞。

耿介孤高性独明。

但得吉星居十位，

必为廊庙福苍生。

秉直敦素，独显清朝。

凭虚　凭躔虚宿号天文，

清秀为人近至尊。

骨肉难为自孤洁，

达人僧道乐衡门。

优游岁月，洞达风流。

凭危　凭躔危宿号天侗，

章服平生与贵同。

说地谈天心晓悟，

逍遥乐道在崆峒。

身居隐逸，笑傲烟霞。

氖室　氖躔室宿号天元，

道释儒流性自然。

经术从来胸臆悟，

文才洞彻事神仙。

闲中乐道，性里谈元。

氖壁　氖躔壁宿号天觉，

机智文章更多学。

更能筹算悟天机，

举措能为应不错。

多学多文，能谋能干。

氖奎　氖躔奎宿号天乙，

性直忠良又烦急。

平生多是不安闲，

不受人欺财聚积。

心直而性急，忙里且生财。

氖娄　氖躔娄宿号天虚，

骨肉无缘克害疏。

自是缁黄遮体服，

清闲衣食乐虚无。

空门而守静，禅榻以安闲。

氖胃　氖躔胃宿号天音，

衣禄生来必称心。

妻子宫中难聚会，

四方交友自同襟。

非术士之客，亦九流之士。

尾昴　尾躔昴宿号天端，

重厚为人命亦寒。

耿介性情难得犯，

家门忠孝百行安。

声名颇重，仁义同和。

尾毕　尾躔毕宿号天吉，

天乙居中加福力。

为人清秀善为文，

官禄星扶进爵秩。

貌俊神清，文而且贵。

尾觜　尾躔觜宿号天福，

衣食安然百事足。

金珠财宝自天来，

妻子难为带孤独。

足食而优游，鳏寡且孤独。

尾参　尾躔参宿号天琼，

终是为官贵且荣。

性直忠良参相位，

文章事业四方闻。

振声名于天下，扶日月于枫宸。

尾井　尾躔井宿号天令，

文武双全才更敏。

参枢给谏尽功名，

官职崇高年寿永。

怀文武之全才，包机谋之大略。

昴鬼　昴躔鬼宿号天荣，
　　　积善之家有此人。
　　　富贵崇高声远振，
　　　官途起越旺门庭。

乐富贵以安然，在官家而度日。

昴柳　昴躔柳宿号天平，
　　　好静温良免祸生。
　　　衣食平平无破败，
　　　子孙终是不相亲。

禀性孤高，生平淡薄。

昴星　昴躔星宿号天强，
　　　命中若遇定孤孀。
　　　财旺家门自兴盛，
　　　若为僧道寿延长。

宿梅花之纸帐，坐禅榻之风光。

昴张　昴躔张宿号天芒，
　　　克害妻儿命里当。
　　　纵有高才心又急，
　　　晚年力可免恓惶。

一生孤寂寞，半世且郎当。

昴翼　昴躔翼宿号天牢，
　　　命宫若值定孤高。
　　　生计为谋多费力，
　　　若为僧道自逍遥。

邀山间之明月，乐林下之清风。

炁轸　气躔轸宿号天嗟，

　　　　孙子丰隆后必乖。

　　　　命若逢之身独喜，

　　　　此人衣食稍宽怀。

紫气照宫

气命宫　炁星临命照，游艺最相宜。

　　　　任重防倾阻，名高财业微。

　　　　初年多费力，聚散六亲离。

　　　　最好中年后，兴荣向老时。

　　　　又曰：紫气临宫学冠伦，

　　　　　　　如为忌曜号孤神。

　　　　　　　虽然不是天庭客，

　　　　　　　也作禅门第一人。

　　　紫气主孤，虽贵而无子，逢空主为僧道。

炁财帛　紫气木星虽吉曜，

　　　　第二宫中不为妙。

　　　　克己待人是此星，

　　　　宫主强时财可毂。

　　　主财虚耗散，专为别人求。

炁兄弟　紫气来临兄弟时，

　　　　孤星却主两分离。

　　　　虽然暂且同相聚，

　　　　反目无情各所之。

　　　无则自立，有则各分离。

炁田宅　当生紫气四宫行，

福荫双亲保寿龄。

看取耆年精力健，

都缘强位老人星。

田园乐逸，黄耇无疆。

炁男女　炁星来照子孙宫，

颖悟聪明更美容。

迈祖超宗荣贵显，

家门昌盛福无穷。

秋水精神儿女貌，冰清玉洁子孙容。

炁奴仆　仆宫紫炁两同行，

落陷孤高总欠情。

奴仆成行难保住，

自家炊爨自家亲。

独行独坐无人伴，自炊自煮乏亲临。

炁妻妾　七宫妻妾炁相逢，

必主当年有克凶。

若在命中及官禄，

方袍员顶或孤从。

玉笙金磬长相守，纸帐梅花独自眠。

炁疾厄　解灾脱难最高强，

紫气生平免祸殃。

道德日彰君子泰，

超群发秀寿延长。

添君子之志，解小人之灾。

炁迁移　第九宫中有寿星，

堂堂眉宇美精神。

岂知天上清高秀，

下照尘寰有道人。

在天上神仙之府，主人间道德之人。

炁官禄　紫衣师道九流人，

官禄宫中紫气辰。

若是孤高兄弟散，

任他清贵作高真。

受天帝之玉牒，作紫府之元君。

炁福德　俊雅超群紫炁星，

来居福德福频频。

必然显达应三主，

若是为官在大臣。

立鸳鹭之班，居凤凰之池。

炁相貌　相貌宫中紫气临，

精神潇洒福原深。

如何晚景身康健，

寿宿当年在此任。

福如东海之深，寿比南山之盛。

（月孛）

月孛算法孛星篇

置积日加一千二百三十五，以三千二百三十五大数除之，商数一千五十列上位，其余不尽者为残分，用七因之，上位商数以二十一因之，加八，下位以六十二为一度，不满者不入分秒，平行一日行十一分二十九秒。

月孛总论

太乙月孛乃水之余，在天无象，古人以水星在天，其行最疾，为福为祸最多，立此名以推步其余光，用之有验，久而不差。其行度无伏见迟疾，自井宿十九度至二十一度为庙，躔柳宿初度至六度为偏庙，虚危参为乐，躔胃为旺，若人身命值之，更在庙旺宫，皆为禄，主果断雄武，亦大贵人喜行阴宫，夜生忌于他星同，只宜独行，为灾为福力大，如遇火土罗计同宫变福为祸，君子遇之时有不仁，女人见之淫荡无禁，在疾厄宫主隐癖之疾，六丁人为囚星，六乙人为天禄。

此星多暗昧不明，兴危亡之灾，主头风之疾，遇凶则助凶，遇吉则助吉，大约九年行一周天。

月孛歌断

彗星威烈形似黑，眉目精神光灼烁。

神威镇猛少言词，胆气粗雄心性恶。

能运谋，多礼乐，最有心机难测度。

财多聚散一身孤，父母家财多索寞。

金牛巨蟹及双鱼，宝瓶宫中好安著。

堂堂容貌有威权，富贵峥嵘人惊愕。

日月会，事安著，父母凶狂先盖椁。

木来必定助威权，金会贪淫妻爱谴。

男为巫术女为尼，水到穿窬入楼阁。

土火乱世号英雄，紫气更能修合药。

天首会，好劫掠，天尾法场世抛却。

居财临宅破家资，兄弟奴宫难检约。

疾厄肠风内主灾，西没五位都丧却。

官宫凌辱夭天年，十一宫中偏福薄。

九宫飘泊相不全，依此推之终不错。

月孛交会

孛罗　孛星若会罗睺宫，
　　　勒石燕然纪大功。
　　　常人遇此必多灾，
　　　百六逢之定主凶。

孛计　月孛计都不可逢，
　　　人生淡泊主贫穷。
　　　偏招宿疾风痨厄，
　　　百六逢之不善终。

月孛入宫

孛子　孛星在子名天酷，
　　　禀性凶顽还有福。
　　　遇者妻儿有克伤，
　　　权谋机变般般足。

孛在子宫，化为天酷星。

孛丑　孛居丑位曰天柔，
　　　钦任雍容拱斗牛。
　　　化作刑囚终祸害，
　　　若为福禄备加休。

孛在丑，化为天柔。

孛寅　孛临人马名天后，
　　　癸乙生人多主寿。
　　　若为官禄富文才，

一举登科金印绶。

孛在寅，化为天后。

孛卯　孛星变曜玉垣星，

　　　　卯位朝君福非轻。

　　　　那更化为官禄曜，

　　　　少年金榜定标名。

孛在卯，化为玉垣星。

孛辰　辰宫月孛名天惨，

　　　　太白同宫应福减。

　　　　若遇水星相逐行，

　　　　生来必主多刑陷。

化为天惨星。

孛巳　孛居巳上号孤鸾，

　　　　男女逢之必寡鳏。

　　　　忌曜若临须减力，

　　　　吉星来照也艰难。

化为孤鸾星。

孛午　孛星临午名玉气，

　　　　此地朝君长富贵。

　　　　变为禄贵与官魁，

　　　　名显身彰应品位。

化为玉气星。

孛未　孛入秦州名太乙，

　　　　稳步蟾宫名第一。

　　　　一生荣显少灾迍，

　　　　俊迈聪明超众职。

在未化为太乙星。

孛申　孛星申位名天毒，

　　　　禀性顽愚常碌碌。

　　　　恋酒迷花无了期，

　　　　也教卖尽黄金屋。

在申化为天毒星。

孛酉　孛到酉宫名活曜，

　　　　不常喜怒性情拗。

　　　　太阴到此与同行，

　　　　灾祸消兮居显要。

在酉化为天曜星。

孛戌　孛星到戌名死气，

　　　　至老孤贫苦未休。

　　　　身命七强如落陷，

　　　　牵连官事作冤仇。

到戌化为死气星。

孛亥　孛星临亥曰天聪，

　　　　此位朝天入帝宫。

　　　　虽有灾殃终不害，

　　　　若为官禄亦亨通。

孛在亥化为天聪星。

月孛躔度

孛角　孛躔角宿号天垒，

　　　　情性聪明丰貌美。

　　　　贪淫好酒心不贤，

杀害伤妻须克子。

丰姿飘逸人聪巧，乐酒眠花性更奢。

孛亢　孛躔亢宿号天微，

　　　　心毒如蛇事事危。

　　　　易喜易嗔心不定，

　　　　此生定是损妻儿。

作恶如狼虎，行藏似鼠蛇。

孛氐　孛躔氐宿号天金，

　　　　凡事施为细且纤。

　　　　更得官星来救助，

　　　　朱衣紫绶万人瞻。

处世俗而且细，成功业得安然。

孛房　孛躔房宿号天瞻，

　　　　身命逢之乐自然。

　　　　武略文韬居显宦，

　　　　功名更立主威权。

孛心　孛躔心宿号天祇，

　　　　官职荣迁禄位宜。

　　　　百里郎官名位著，

　　　　参谋半刺著绯衣。

立纲常而有理，施国法且多为。

孛尾　孛躔尾宿号天该，

　　　　家道兴隆庆自来。

　　　　身命逢之官禄至，

　　　　将军公辅蕴三才。

修德以兴家，蓄威而镇国。

孛箕　孛躔箕宿号天华，
　　　　燕国相逢定性奢。
　　　　官禄连迁趋贵显，
　　　　金珠财物富豪家。
惰性奢华，官尊而富。

孛斗　孛躔斗宿号天嚣，
　　　　面上波涛口讷调。
　　　　不是过房须有克，
　　　　贪花爱酒赌钱消。
面起风波，而口中和美。

孛牛　孛躔牛宿号天风，
　　　　孤寡徒刑性更凶。
　　　　若教疾病缠身上，
　　　　免得生离不善终。
孤陋寡闻，而多生疾厄。

孛女　孛躔女度名暗星，
　　　　毒害癫狂损六亲。
　　　　柳陌花街游冶客，
　　　　只愁老后更伶仃。
心怀狠毒而好贪淫，到老而孤。

孛虚　孛躔虚宿号天智，
　　　　万事施为皆遂意。
　　　　宫班富贵旺门庭，
　　　　只恐六亲无一二。
有兴家创业之能，遂利求名之志。

孛危　孛躔危宿号天娇，

命若逢之旺一家。

不是官荣须富盛，

妻宫子位不吁嗟。

旺门庭而有福，居富室乐妻孥。

亭室　亭躔室宿号天杖，

及到双鱼为正旺。

逢之富贵必超荣，

定作朝廷公与相。

着朱衣而过天门，主富贵而增荣显。

亭壁　亭躔壁宿号天巴，

旺地逢之到一家。

身命逢之徒说好，

到头不免事如麻。

一生平淡而一世凄惶。

亭奎　亭躔奎宿号天便，

卖尽田园赌尽钱。

不是酒兮须博弈，

贪花浮浪苦忧煎。

主穷困而少达，酒色以忘身。

亭娄　亭躔娄宿号天邪，

年少浮游浪里花。

宽缓性情心不定，

平生终少病灾加。

主虚浮而度日。

亭胃　亭躔胃宿号天翰，

性急情宽事少闲。

只恐为官年不永，

若居贫困寿如山。

贫而有寿而身劳碌。

孛昂　孛躔昂宿号天喜，

命若逢之姿貌美。

妻宫损克两三重，

禄位须逢升玉陛。

主人清秀而风流，若至迁官并进职。

孛毕　孛躔毕宿号天诰，

富贵生平主有声。

超越仕途云路早，

朱衣紫绶相儒名。

生平多富贵，一路显芳名。

孛觜　孛躔觜宿号天真，

秀气文章自立身。

年少登科官进早，

性情容易便生嗔。

英俊聪明而少年发达。

孛参　孛躔参宿号天铨，

官禄须逢抵不难。

妻子宫中须有克，

更兼夭寿在苍颜。

主克妻而寿夭。

孛井　孛躔井宿号天诳，

衣禄生来须大旺。

资财恐是别人收，

有子终须还破荡。

贫而且蹇，与人少睦。

孛鬼　孛躔鬼宿号天诧，

　　　巨富官荣两无价。

　　　为人毒害更英雄，

　　　先有声名大权伯。

主有贵有权。

孛柳　孛躔柳宿号天冲，

　　　将相功勋禄万钟。

　　　威望从来台宪任，

　　　蜚声腾达显英雄。

名荣爵显，位尊德重。

孛星　孛躔星宿号天戎，

　　　定断妻儿三两重。

　　　执拗为人心猛勇，

　　　生来衣食老无终。

一生贫苦，老后无终。

孛张　孛躔张宿号天权，

　　　妻子宫中未保全。

　　　衣食生来自丰足，

　　　性情高尚作忠良。

平生耿介，处世优游。

孛翼　孛躔翼宿号天哗，

　　　此是星辰到本家。

　　　喜怒不常多色欲，

　　　心如狼虎毒如蛇。

主凶狠。

孛轸　孛躔轸宿号天轼，

　　　　恋酒贪花好游奕。

　　　　家财破尽好行偷，

　　　　若不投军须有克。

非戎贝之客，即穿窬之人。

月孛照宫

孛命宫　月孛照人命，初年灾破频。

　　　　机术心自有，权谋术数精。

　　　　早年防反复，中岁立方成。

　　　　夜生阴位照，财禄有声名。

夜生人遇之主吉。

又曰：月孛须知是恶星，

　　　逢之祸患卒难行。

　　　若还入庙宫中者，

　　　必定前程有大成。

与太阴同宫，主贵。

孛财帛　孛照财宫真可畏，

　　　　须防人赖暗为灾。

　　　　限逢恶曜君须忌，

　　　　吉宿临宫主横财。

在此官主失财耗散。

孛兄弟　兄弟不宜见孛星，

　　　　大小无分手足情。

　　　　若有三人三路去，

　　　　　　四人亦作四方行。

主不和。

孛田宅　第四宫中月孛临，

　　　　　定遭疫疠气相侵。

　　　　　忧煎失业田庄尽，

　　　　　到老仓箱乏寸金。

主虚乏耗散。

孛男女　子孙宫里孛星攻，

　　　　　状类根甘蒂苦同。

　　　　　假似门庭当旺盛，

　　　　　也须不肖辱先宗。

主儿女不肖。

孛奴仆　奴仆惟推最弱宫，

　　　　　孛星照临愈为凶。

　　　　　当生禄主如全陷，

　　　　　衣食奔波守困穷。

主走失，不吉。

孛妻妾　望门克妇妇家贫，

　　　　　月孛如何更绝情。

　　　　　亥戌丑申未酉位，

　　　　　夫妻和顺定无因。

主妻无义。

孛疾厄　疾厄宫中月孛来，

　　　　　少年伏剑染非灾。

　　　　　喜事不闻年岁久，

　　　　　近来常听哭声哀。

主多疾连延。

孛迁移　孛到迁移为恶宿，

　　　　口舌阴谋被辱凌。

　　　　迍厄败家他处死，

　　　　路横尸首不能兴。

主妒害破败。

孛官禄　月孛光芒号彗星，

　　　　众星一见敛威名。

　　　　庙方若作天元主，

　　　　贵拥貔貅百万兵。

主有权柄。

孛福德　福德宫中要好星，

　　　　如何孛照有和平。

　　　　光威自觉年来减，

　　　　困顿须知目下生。

无益于人，有损于己。

孛相貌　十二宫中有孛星，

　　　　形容粗丑俱知闻。

　　　　性情不定如狂妄，

　　　　举止无凭似少神。

第十七章　星命汇考十七

《张果星宗》十五

（罗睺）

罗睺算法罗星篇

置积日加五百六十，以六六千七百九十四逆游数除之，逆游数别列上位记之，其余不尽者为残分，以五因之，却加入上位逆数二，以九十三为一度，又不满者入分秒。

平行　日行五分三十七秒

罗睺总论

天首罗睺，续火之余，乃历家之交初，故曰"罗睺"，对照则曰"计都"，交初交终乃日交会之次，交深则有蚀，古人以日月交蚀，国家见之尚有祸福，凡人命限见之，岂无休咎。在天无象，其行度无伏顺留逆，罗睺阳曜利于昼在午宫，星宿三度至五度为正庙，箕宿为乐，在双女阴阳宫为正庙，轸宿十二度至十五度为正旺，昴心二宿亦为次旺，若人身命二宫值之，更在庙旺之宫，可为雄锐贵品之格，主人特达慷慨，性不受触，若陷没与火土孛同宫，多主为刑暴屠沽之流，贵命见之，则有武断之威，小大不宜见之。六乙人为囚星，六癸人为天禄。

此星性急，宿怨交仇不能兴义，能作妖孽，主血光斩截，招寒热瘴气，不逢忌

罗睺歌断

罗睺性格最为高，形相狰狞胆气豪。

不奈是非无妒毒，日生阳位始坚牢。

逢庙地，有持操，荣加旌节有旗旄。

富贵只宜阳位立，阴宫私合苦煎熬。

日月会时人见蚀，须忧父母死难逃。

金会助权好兵武，更防因色病成瘵。

水到财多逢贼盗，木来才调好风骚。

土逆四支不是足，火持好杀弄枪刀。

兄弟不宜财破荡，四宫卖却祖东皋。

子息位，苦啼号，六宫妾本名春桃。

妻位妻权中主克，九宫同禄厄难逃。

官禄遇刑福德绝，相貌为军破疾遭。

罗睺入宫

罗子　罗睺子上名天暴，

　　　禀性刚强心太躁。

　　　同舍如还见木星，

　　　德及边方弭贼盗。

性急而心躁，边鄙以施能。

罗丑　赤道之星本是罗，

　　　此星居丑竟如何。

　　　若为官禄无凶宿，

　　　官职高兮禄亦多。

威而有仁，品级高迁。

罗寅　罗居寅上号天威，
　　　掌握兵戎拥帝畿。
　　　光耀朝廷羌虏服，
　　　功成齐奏凯歌归。

领百万之兵，为北门锁钥。

罗卯　罗星在卯号天权，
　　　雄镇边陲势独专。
　　　入庙奇星威望重，
　　　坐令羌虏翕然安。

罗辰　罗入辰宫名八败，
　　　火金会舍多灾怪。
　　　伤妻克子陷双亲，
　　　不天也须刑与害。

罗巳　巳上罗睺为地隔，
　　　八煞宫中成水厄。
　　　虽然吉曜与同流，
　　　性格轻盈招盗贼。

罗午　午上龙宫罗可羡，
　　　名至朝参登玉殿。
　　　驰名方面掌藩垣，
　　　威镇四夷能制乱。

罗未　罗睺在未名天厄，
　　　与月同宫为病贼。
　　　最喜木星相会行，
　　　家中金玉多财帛。

罗申　罗入申宫为伏断，
　　　　独守空房无侣伴。
　　　　会照如逢月孛星，
　　　　耽迷酒色心情乱。

罗酉　罗居酉位号天文，
　　　　掌握兵机立大勋。
　　　　甲癸生人逢此曜，
　　　　文章显赫佐明君。

罗戌　戌宫天卫是罗睺，
　　　　骨肉多伤大可愁。
　　　　设若同宫逢水宿，
　　　　少年必定主刑流。

罗亥　罗居亥上号文昌，
　　　　年少多才特异常。
　　　　天首元来居帝阙，
　　　　官尊爵大令名彰。

罗睺躔宿

罗角　罗躔角宿号天模，
　　　　性直机谋出众徒。
　　　　家道自如心莫妄，
　　　　限扶终久是良图。

谋略深远，每事如心。

罗亢　罗躔亢宿号天般，
　　　　藏物心怀亦且宽。
　　　　特达机谋人仰羡，

晚年衣食恐难安。

少年颖异，老后无终。

罗氏 罗躔氏宿号天携，
　　　命若逢之必损妻。
　　　头女长男须要克，
　　　资财却免散东西。

主虚花刑克。

罗房 罗躔房宿号天从，
　　　大富资财胆气雄。
　　　文武兼全官五品，
　　　兵刑之任福偏浓。

富而且贵。

罗心 罗躔心宿号天辰，
　　　巨禄高才出众人。
　　　巧计多知刚果毅，
　　　威名远服四夷宾。

威镇四夷。

罗尾 罗躔尾宿号天畋，
　　　命里逢之有重权。
　　　上将论功心好杀，
　　　何愁此地不为官。

罗箕 罗躔箕宿号天聪，
　　　庙旺之宫禄早逢。
　　　百万兵师归统御，
　　　金吾卫上及三公。

主兵权。

罗斗　罗䐗斗宿号天磨，
　　　　命若逢之福亦多。
　　　　智慧机谋能出众，
　　　　也须财利带奔波。
心性虚灵，平生劳碌。

罗牛　罗䐗牛宿号天鞯，
　　　　刚毅能力主重权。
　　　　相貌丰隆髭满面，
　　　　妻儿先损谩机圆。
有官有职，克子克妻。

罗女　罗䐗女宿号天巡。
　　　　午亥生人立大勋。
　　　　廊庙之中须大任，
　　　　其他衣食且平平。

罗虚　罗䐗虚宿号天镠，
　　　　甲命生人位列侯。
　　　　身命若逢衣食旺，
　　　　到头终是喜清幽。
先贵而后隐。

罗危　罗䐗危宿号天樗，
　　　　肥厚身材更有鬏。
　　　　藏事心机财亦旺，
　　　　自成自立免忧虞。
刻苦成家，先难后易。

罗室　罗䐗室宿号天䑜，
　　　　出众超群有大权。

作事操持心耿直，

若逢酉命是高贤。

尚志好礼，异于土俗。

罗壁　罗䜈壁宿号天持，

机智文章计出奇。

通达天文荣且贵，

多能多寿誉名驰。

名誉文章，且富贵芳声。

罗奎　罗䜈奎宿号天威，

情性焦烦不受欺。

猛烈为人心鲠直，

狼贪婪妒食衣肥。

直而贪滥。

罗娄　罗䜈娄宿号天志，

抗直伤人兼有义。

多招闲是与闲非，

衣食生来心未遂。

一生平淡。

罗胃　罗䜈胃宿号天怿，

记问渊源性刚直。

小人此位亦威权，

君子逢之进官职。

文武兼通，终能富贵。

罗昴　罗䜈昴宿号天蜻，

出众机权多好胜。

初年须破晚方成，

果毅操持有权柄。

先主凶，而后主吉。

罗毕　罗䮘毕宿号天危，

言语猖狂惹是非。

克害妻儿君莫怨，

平生衣食也随时。

罗觜　罗䮘觜宿号天申，

亥命逢之是喜神。

家道兴隆金玉富，

为官应许侍枫宸。

罗参　罗䮘参宿号天津，

禀性清闲心洞明。

筹策自能知道释，

众人钦仰振威名。

胸中蕴藉，方外声名。

罗井　罗䮘井宿号天空，

怒地平生运不通。

若得木星同在度，

木罗相爱却无凶。

先难而后易，始贫而终安。

罗鬼　罗䮘鬼宿号天昌，

机变文章志气扬。

形貌魁崇腰且厚，

子孙应是保安康。

足富贵而优游。

罗柳　罗䮘柳宿号天鳏，

爱乐林泉智在山。

胸次文章才广博，

犹如僧道喜清闲。

隐逸之士。

罗星　罗躔星宿号天圆，

命若逢之权自专。

法令兵刑堪任重，

文韬武略两皆全。

智能之士。

罗张　罗躔张宿号天目，

命若相逢多发福。

威名远播镇边疆，

帅相居朝荣贵禄。

文出而武归。

罗翼　罗躔翼宿号天愚，

心毒藏机语不虚。

巧妙性情容貌美，

贵人亲近得安居。

主人伶俐近贵。

罗轸　罗躔轸宿号天神，

武职之官此位逢。

生杀之权心自纵，

金吾节度两班同。

怀报国之心而居大位。

罗睺照宫

罗命宫　罗睺临命位，权势自能高。

少达中有滞，财名晚岁牢。

若然入怒地，成败屡经遭。

昼遇限宫见，迎恩见贵豪。

又曰：罗睺在命若何看，

　　文武兼贪信不难。

　　但得一星金与木，

　　若非票笔即登坛

此星得地主大吉，高贵。克吉，凶不可言。

罗财帛　财帛之上是罗睺，

　　己财须得即方休。

　　更若狂图多富积，

　　如何不破被奸偷。

主平等，亦主虚耗。

罗兄弟　第三宫内有罗睺，

　　悖逆乖违可自忧。

　　宗派同源恩义等，

　　只因凶曜一时休。

须有不如无，有则多凶恶。

罗田宅　罗睺天首最凶残，

　　祖业虽多守则难。

　　可惜田园千万顷，

　　都因凶曜见阑珊。

主无祖业，有则多败。

罗男女　罗睺临照子宫时，

　　戏彩盈门岂所宜。

　　恰似花繁红艳盛，

寂然少有一留枝。

罗奴仆　罗睺难与善星交，

奴仆之宫愈怒号。

假使尊严崇道德，

反居陋巷自箪瓢。

主奴仆不安。

罗妻妾　罗睺凶宿名天首，

不占高强对宫守。

是惟一世有灾迍，

孤寡难婚更粗丑。

主妻妾灾疾。

罗疾厄　天首罗睺第八宫，

世间何事比其凶。

直饶食禄重重贵，

面首须防有病攻。

主多疾而有损。

罗迁移　罗睺凶曜号权星，

临照迁移回禄惊。

得在旺宫为禄主，

必因提荐贵身荣。

回禄乃火星也。

罗官禄　罗睺原是贵权星，

四正居强最吉宁。

运限逢之多吉庆，

更延寿算享遐龄。

此宫主贵而寿。

罗福德　天首罗喉为福德，

　　　　　超群出众事乖张。

　　　　　合主瘟瘟兼盗贼，

　　　　　财空贫贱少年亡。

主人物异常，多疾而夭。

罗相貌　天首罗喉相貌方，

　　　　　别为阴德解其殃。

　　　　　更兼忌曜纵横见，

　　　　　若不相残即系梁。

主破相凶狠。

（计都）

计都算法计星篇

将罗喉定度，加半周天数。

计都总论

天尾计都，续土之余，乃历家之交终，故计都对时，则罗喉交初交终，计都阴曜利于夜，在双女宫轸宿十三度至十六度为正庙，双鱼宫壁宿四度至十度亦为庙，昴心二宿为乐，尾娄二宿为旺，六甲人为囚星，六壬人为天禄。

计都常与罗喉相对，号天尾，含蓄毒恶，主风痨血气灾咎，逆行于天，逢日月则蚀，一十八年一周天，罗喉过宫，计都亦过宫。

计都歌断

计都本名凶恶曜，双女白羊为好庙。

面颜似火胆如神，骨相堂堂粗勇貌。

有心机，多巧妙，夜同阴宫宜守照。

声名显赫有威风，掌握兵符权最要。

在他宫，力半效，聚散资财立身闹。

经求博算及屠沽，心胆情怀多执拗。

见日月，真好笑，父母无终深可吊。

金来妻妾被人伤，土火徒流遂堪料。

水来盗贼不良人，木炁宫中为吉兆。

孛同斩首最为凶，财帛之中多计较。

三宫昆仲恶中亡，四位金居曾火燎。

子宜外姓及偏生，六位不堪乘马跳。

七宫妻克两三人，疾病躔身难治疗。

宫禄如逢狱里亡，十一宫中福不绍。

九宫沉滞相不全，此经妙处真元妙。

计都入宫

计子　计都入子号天凶，

　　　　性毒情贪又且穷。

　　　　惟有己壬人遇此，

　　　　又还为福主亨通。

在子化天凶。

计丑　丑上计都名四喜，

　　　　身居牛斗威权起。

　　　　只愁妻子见刑伤，

　　　　若是为官在朝里。

在丑化四喜星。

计寅　计都寅上号天渊，

反祸为祥吉庆全。

壬巳生人若逢此，

生来享福更延年。

在寅化天渊。

计卯　计在氐房名玉柄，

　　　人逢此宿多祥庆。

　　　虽然值杀及刑囚，

　　　但管一生常富盛。

在卯化玉柄。

计辰　计入辰宫名暴败，

　　　为人凶狠多憎害。

　　　若还享福得清闲，

　　　只恐天年终不奈。

在辰化暴败。

计巳　计都在巳名天水，

　　　虽曰为凶亦为瑞。

　　　便为恶宿相会行，

　　　也须显达身荣贵。

在巳化天水。

计午　计都临午曰天峁，

　　　此是朝元遇者希。

　　　若得太阳同会照，

　　　白衣换取绿衣归。

在午化天峁。

计未　四鬼由来属计都，

　　　只嫌未位不相符。

太阴在位同居此，

不夭终须主配徒。

在未化五鬼。

计申　计居申位名天贼，

与水同居多否塞。

不夭终须一世贫，

伶仃飘荡成孤克。

在申化天贼。

计酉　酉宫计化为天悴，

惟有丁壬灾自退。

金命当之须少亡，

不然克陷身难避。

在酉化天悴。

计戌　计都戌上名天窨，

破荡资财不自量。

壬己生人为禄厚，

只愁妻子早年亡。

在戌化天窨。

计亥　乾宫居计名天武，

此位朝天无疾苦。

纵死为刑及耗囚，

也须官职膺封土。

在亥化天武。

计都躔宿

计角　计躔角宿号天冲，

五星逢之立见凶。

恶暴性情尤毒烈，

猖狂促寿法刑中。

凶恶无忌。

计亢　计躔亢宿号天戈，

军陈成功福未多。

不是兵机军健辈，

定须自缢与投河。

先主吉而后主凶。

计氐　计躔氐宿号天通，

东出尤宜十度中。

若对命宫声远著，

更逢吉曜福丰隆。

遇吉而主贵。

计房　计躔房宿号天迆，

兄弟难为并子孙。

昼日阳宫应且破，

随教祸害已临门。

刑害破家。

计心　计躔心宿号天噬，

狡猾无凶出贱卑。

性急谋高难耐事，

须知夭寿少年时。

谋为有计，心险年促。

计尾　计躔尾宿号明星，

百计千方巧性灵。

若是火同身且贵，

自然文学有声名。

此度得吉。

计箕　计躔箕宿号天世，

不招祖业自身孤。

心怀巧计多奸猾，

衣食生平亦少无。

计斗　计躔斗宿号天梁，

智慧聪明子息强。

会得文章须近贵，

佳名端可四方扬。

此度主吉。

计牛　计躔牛宿号天常，

丰采堂堂性格良。

更得善星同在度，

垂绅搢笏侍君王。

此度牛金牛，主大贵。

计女　计躔女宿号天迁，

为福须为土地官。

躔在度初为大贵，

迁官美任定非难。

主职近本方。

计虚　计躔虚宿号天流，

父母须逢骨肉售。

若见孛星同会此，

定知处处夜行偷。

此度主虚耗。

计危　计躔危宿号天游，

衣食艰辛事事忧。

克子损妻家破散，

平生孤苦不舒愁。

主人少乐多劳。

计室　计躔室宿号天真，

性烈官高位不轻。

若得木星来救助，

为官七品至公卿。

主清贵。

计壁　计躔壁宿号天鱼，

四度之间十度居。

正庙之中宫极贵，

十年之内位金吾。

金吾掌天子之禁。

计奎　计躔奎宿号天雄，

木月逢之近帝宫。

火土若逢凶且咎，

终为乱世贼臣中。

主奸恶。

计娄　计躔娄宿号天垣，

旺庙之中定主权。

体貌堂堂威望重，

功勋将相主王公。

主威武成功。

计胃　计躔胃宿号天刑，

　　　　日里逢之怕火并。

　　　　若不雕青文被面，

　　　　定须犯法必为兵。

此度主刑囚。

计昴　计躔昴宿要星扶，

　　　　初限元来懒读书。

　　　　只可就来刀剑上，

　　　　将军位列至金吾。

主兵职官。

计毕　计躔毕宿号天征，

　　　　天上呼为一典刑。

　　　　得地逢之终是吉，

　　　　前程远大有声名。

主刑名之职。

计觜　计躔觜宿号天扶，

　　　　僧道之人定是孤。

　　　　若见财星三合照，

　　　　不为牙僧贩商夫。

平常少福，劳碌孤苦。

计参　计躔参宿号天欢，

　　　　水宿相逢作美宫。

　　　　庶俗也当回避此，

　　　　定知毒恶不相安。

会水局主贵。

计井　计躔井宿号天冲，

命度逢之立见凶。

若在禄宫尤见喜，

提兵百万逞英雄。

惟宫禄旺官，主吉有威。

计鬼　计躔鬼宿号旌旗，

威武兵权立见机。

君子逢之官品贵，

小人剥面有凶危。

计柳　计躔柳宿号天灾，

命里逢之大见乖。

骨肉分离财破散，

父南子北不和谐。

此度多疾病，又不相和。

计星　计躔星宿号天鞍，

命若逢之有禄官。

庶俗化为文秀士，

凶星一见刃伤残。

士人主吉，庶人主凶。

计张　计躔张宿号天孤，

病苦贫穷莫叹吁。

妻子身边无一个，

耳聋眼疾作残夫。

主孤苦疾害。

计翼　计躔翼宿号天蛇，

性毒心凶身刺花。

恶事更兼重复见，

不然心乱好淫邪。

主心险性恶。

计轸　计躔轸宿号天强，

官职须教训练场。

节度兵刑须大佐，

才猷奋迅佐朝堂。

节度即今总兵之官。

计都照宫

计命宫　计都临照命，性暴逞才能。

背祖身孤立，依高附势行。

初年灾祸起，晚岁福宜生。

夜逢独位照，家门财业成。

又曰：计都暗曜最凶星，

日月无光可畏人。

得遇之宫加庙旺，

雍容台辅股肱臣。

计财帛　财帛之宫见计都，

忽然富贵变为虚。

莫教恶曜来侵犯，

致使家囊扫地无。

主财帛不兴。

计兄弟　昆仲宫中有计都，

参商义薄有嗟吁。

直饶四海皆同气，

各自营谋各自居。

主兄弟不睦。

计田宅　强宫之上计都侵，

福禄消亡祸自深。

祖业到头都不管，

空劳计较没身心。

主不住田宅。

计男女　儿女宫中见计星，

多因刑害大无情。

虽然亦有二三个，

也似枭鹰养不成。

主儿女悖逆无成。

计奴仆　计临奴仆不堪言，

不走还须损寿元。

月孛会时偷盗散，

家中消耗破田园。

主招贼盗偷财。

计妻妾　计都暗曜莫相逢，

何况加临对命宫。

举止乖张饶害克，

定知造物不相容。

主克妻，主妻不美。

计疾厄　次弱之宫名疾厄，

计都守此多刑克。

若逢吉曜更加临，

无病却为衣食迫。

主多疾贫薄。

计迁移　计都天尾照迁移，

　　　　利害之端仔细推。

　　　　出外迎祥因庙旺，

　　　　不然平照定倾危。

主出入不利。

计官禄　计都之宿最凶残，

　　　　官禄逢之利害间。

　　　　若在庙方须贵重，

　　　　丹墀廷诤逆天颜。

士庶少吉，居官多害。

计福德　天之首尾临福德，

　　　　平生凶事反为吉。

　　　　坦然不忍妄加人，

　　　　患难尤能拯危急。

旺宫招吉。

计相貌　计都加临最不宜，

　　　　平生恋酒被花迷。

　　　　忽然更有忌星照，

　　　　残疾应须损四肢。

此宫主伤残。

星辰妙度歌

日房　太阳东出度经房，

　　　腰下须悬金印黄。

月心　玉兔始生心宿度，

　　　桓圭衮冕侍君王。

土氐　镇星若也度躔氐，
　　　旌表门闾衣锦衣。

火心　荧惑正行心宿度，
　　　高牙大纛拥旌旗。

罗氐　首曜一星氐宿度，
　　　上将封侯十万户。

计房　尾星房宿最为嘉，
　　　沙漠扬威兼宰辅。

冰箕　辰星偏好度经箕，
　　　丹桂高扳第一枝。

火尾　荧惑之星躔尾宿，
　　　禹门一跃过天池。

孛箕　彗星寅位若躔箕，
　　　侍宸献策古今稀。

金箕　金星若躔箕宿度，
　　　功盖诸侯披锦衣。

月牛　太阴最喜度牵牛，
　　　极品功勋世罕俦。

木斗　岁星宿躔南斗会，
　　　论功列爵岂能酬。

火斗　火星行度经南斗，
　　　间世英雄真国宝。

金牛　太白次度到牵牛，
　　　朱紫分明应不朽。

土斗　土宿若也居南斗，
　　　富贵荣华应寿考。

孛斗　太乙如临南斗方，
　　　　尺璧寸珠未为宝。

土女　镇星好度女星居，
　　　　柱石功成镇帝都。

日虚　日宿正躔虚宿度，
　　　　官居辅弼掌君枢。

月危　太阴好处最宜危，
　　　　男必封侯女后妃。

计危　天尾度危偏福厚，
　　　　保安皇祚不倾危。

火^木_室　荧惑岁星居庙室，
　　　　福神永镇升平日。

水壁　水星度壁福偏浓，
　　　　突出千群推第一。

火娄　惑当生庙乐娄，
　　　　官高职重位分茅。

计奎　计曜若躔奎宿度，
　　　　扫除妖房烈难侔。

木奎　木到奎星须列爵，
　　　　文章锦绣佐王侯。

日奎　太阳旺度奎最便，
　　　　阃外英声衣锦裘。

土胃　镇星庙宫宜度胃，
　　　　佩玉鸣珂朝紫陛。

日昴　太阳遇昴福偏多，
　　　　超群必作人间瑞。

计胃　计都又喜经躔胃，

　　　　秉钺分符除僭伪。

罗昴　罗睺若还到昴乡，

　　　　樊哙霍光真此类。

氐觜　氐星最喜躔在觜，

　　　　极品官勋世罕如。

孛参　月孛到参皆曰庙，

　　　　贵持节钺若斯须。

火觜　火星觜宿福偏洪，

　　　　龙跃天池气概雄。

水参　水宿正行参宿度，

　　　　贵居廊庙至三公。

月鬼　太阴本庙居泰鬼，

　　　　累世绯衣居显位。

金鬼　金宿经躔于鬼度，

　　　　决定为官服朱紫。

木井　木星最好东井宫，

　　　　官既居高福又隆。

孛柳　孛宿若躔于柳度，

　　　　荣昌富贵福无穷。

罗张　罗睺本庙最宜张，

　　　　出将英声阃外扬。

土柳　土宿若躔于柳度，

　　　　虹霓胆气锦肝肠。

日星　君日周天庙在星，

　　　　功齐传说与阿衡。

月张　太阴又喜张星度，

　　　　官入中书势望腾。

火翼　火宿最好来躔翼，

　　　　佐助侯邦权要职，

水轸　水星到轸是真垣，

　　　　委任股肱扶玉历。

金亢　太白之星若躔亢，

　　　　辅佐皇朝明圣王。

木角　木星顺段躔龙角，

　　　　为官心定佐岩廊。

罗角　首曜一星度龙角，

　　　　六印一时都掌握，

炁角　天乙来归角亢方，

　　　　万里台星光烁烁。

喜宫歌

星辰本宫为庙堂，生我之宫为乐乡。

我生之宫为旺度，福与祸兮堪审详。

星克其宫名入制，其星若忌号刑伤。

本元星主居其位，贫乏之徒可较量。

十二宫中所爱星，此星入限最为亨。

细寻交后方为福，强弱宫中别重轻。

宫位庙旺并喜乐，士人唾手取功名。

忽然落陷兼留伏，镜上尘埃减半明。

如寅亥二宫属木，乃木之庙堂，余仿此。

入　庙

欲识星辰入庙宫，土丑罗寅火卯中。

金在辰宫计在巳，水罗午位总招荣。

孛星惟向未宫取，紫气申宫总一同。

日月戌上云入庙，计都木亥尽亨通。

乘　旺

更有诸星乘旺方，水子火丑孛寅当。

土罗计星卯中旺，辰宫土宿主荣昌。

水日巳宫金到午，木居未上紫申方。

太阴在酉太阳戌，金木之星亥上藏。

乐　宫

又看诸星好乐宫，只将主星认取踪。

土子丑兮木寅亥，火居卯戌最亨通。

金居辰酉皆为乐，水到巳申总一同。

惟有太阳独居午，太阴未上好相逢。

喜　宫

十二宫中有喜星，日寅月卯水辰清。

金居巳上土居午，木未火申便发荣。

殿　垣

更得星辰所好局，但得次舍星所属。

太阳太阴与土星，子午卯酉为殿局。

木星辰戌及丑未，水火寅申及巳亥。

罗计卯酉福偏奢，孛紫寅申邦国泰。

度　数

再识星躔度数侔，日躔奎宿月躔牛。

水星土亢金胃土，火星木氐喜遨游。

角躔罗宿娄躔计，月孛东井南日昴。

星行此地产公侯，列爵功勋题史记。

合　格

水土朝北在子方，土荧相会丑中藏。

金星助月未兼酉，金木逢龙角亢强。

金水会蛇居楚地，水阳相会午南方。

日金水木皆居亥，水土相会到申乡。

土日合照居于戌，命中相值贵儿郎。

五星六曜归躔分，时人须用细推详。

忌躔歌

火烧牛角水漂羊，土埋双女命寻常。

木打宝瓶须粉碎，金骑人马实恓惶。

行限之星如值此，终身贫苦走他乡。

忽临弱地为灾浅，如占强宫见祸殃。

若居官禄兼福德，伤官破福实难当。

或在第五并第七，刑妻害子细推详。

假令命在金牛宫，岁星当占宝瓶中。

第一吉星推木德，反遭难打性强凶。

又如命在天秤立，便看巨蟹甚星值。

第一凶星推月孛，当生守占反为吉。

吉星为祸凶为福，当从宫分测根源。

星在喜宫为吉断，星躔怒地作凶言。

日居朔日遇罗睺，月在计都同望夕。

阴阳二星最忌蚀，又怕五星为恶逆。

前法星分庙怒宫，须知星度在其中。

庙星在兮生贤哲，怒在何宫产祸凶。

五星留逆最不祥，善恶之中皆少力。

最紧五星明变段，庙旺俱全皆曰吉。

第十八章　星命汇考十八

《张果星宗》十六

洞微百六限说

　　天地万物莫逃乎数，二气运行，三辰流转，至于人物之休咎，莫不有不期然而然者，非人力所可为也。河图之数四十有五，洛书之数五十有五，古者圣人测其数以示将来，后世学者循其常而昧其本，大道日讹，诡论蜂起，盖红紫得以乱朱。原夫洞微限数一百六，布于周天十二宫内，然阔狭不等，同异互陈，命与禄数十有五，福与妻十有一，田宅子孙各四年半，而奴仆随之，财帛兄弟各五，而相貌独管十年，疾厄、迁移退以七、八。其所以若此者，实不外乎河洛之定数也。子午卯酉居阴阳之中位，命、禄、妻、田称为四强，管年四十有五而赢半岁，计日一百八十分，而四强各得四十五日，乃函洛书四十有五之妙也。寅申巳亥辰戌丑未八宫，当阴阳终始之地，管年五十有五而无奇，乃具河图五十有五之妙也。总十二宫计数百六，自然周流，无秋毫差错，二五之运，既不能离河洛之妙，则人禀二五之气以生，又安能舍百六之会哉。古今圣贤推阳九百之变，昭布经史，岂虚语耶，每于今之谈论天文者，推以洞微深会，辄臆度而不经，或结舌而莫究，若欲验其祸福亦难矣。仆因桑榆余暇，以异人所授，列为图说，将与同契者居易于定数，怡神于妙理，匪敢立异以沽名也。览者无晒焉。金赘野人元机子蔡绍申书。

限步之说

命宫以卯为首者，盖帝出乎震，太阳方升，从乎昼也。万物于此发生启蛰，为人共禀五行之积数，且宫禄十五，配以迁移八年，成二十有三，是应坤策二十有四而不完者渐亏也。复以疾厄七数定成三十者，是合二四六八十之地，积数三十者，夫妻属于酉宫西沉之地，日入于酉月生于庚，从于夜也。十一者天五地六中合之数，夫妻之义，阴阳之合也。配于奴仆男女各四年半者，戌亥之位，正阴之宫，数亏之极，应五行三数不完也。田宅者子之正位，一阳方生亦四年半者，阳气未有积也。兄弟财帛各得五年者，阳气已生乃得五行之正数也。自命宫至疾厄宫属乎昼，总六十六年以应一三，如乘五之数盈一年也。自夫妻至财帛宫属乎夜，总三十四年半以应七乘五之数，亏半年也。

洞微中五百六相乘数

一三五七九，一得五乘五，三得五乘十五，七得五乘三十五，九得五乘四十五，五与六合而生六数。

限度主论

夫限度主者，有限宫之主，有限度之主，二主皆要得地，不可失于偏废。如看命宫主命度主一样，如限宫主受伤，而限度主得生者，或限宫主得生，而限度主受伤者，如此则知一吉一凶存焉。或限宫限度主皆强者有之，或限宫限度主皆弱者有之，如宫两强者，必主发达。或宫度两伤者，定入幽冥。又有宫主受伤而度主得生者，亦死。又有宫主得生，而度主受伤者，亦死。何也？盖有刃星非合于宫即合于度故也。《经》云：无杀刃岂能伤乎，由此推之，则吉凶生死如反掌耳。如欲指命宫喜某星为恩以言福，如欲指命度怕某星为难以言祸，然此则百无一验也。斯乃执滞之学，不识变通之理，岂可与语哉。

行度假如

仙曰：世人多以宫主论行限，十不一应，可晒可晒。大凡行限先依量天尺上按定坐宫之度，次依洞微大限行去，专以生克制化为穷通岁天之别也。

假如角斗奎井安命，以木为主，行四水度或逢水孛，大发迹也。贵人得之，进爵加官。行四月度上亦好，逢金牛半吉，逢火发达，若逢土计，丧服重重。行四火度上，不宜见金主官灾破财，或作土木造宅。行四日度平平，无灾无祸。行四土度平坦发福，逢水孛骤发，逢金决死。行四金度无救，大凶，逢水孛反主大发，决因祸而致福，不宜见金则死矣。

又如亢牛娄鬼安命，以金为主，行四土度大发。行四日度，吉凶相伴，如有大凶，得贵人扶也。行四月四水度，见木则发，见炁主孝服，见火莫登高涉险，行四木度遇火罗决死，有水制之无妨。行四火度见土计，大发，见火必死。

又如氐柳胃女安命以土为主。行四火四日度，发迹，贵则加官，否则纳粟有名。行四月四水度，平平，逢木气则死，见火主造宅置田。行四金度，平平。行四木度，大凶，见水必死。

又如房虚昴星尾觜室翼安命，皆以日火为主。行四木度，大发。行四水度，见孛星主落水死。行四土度，主孝服，见火生男，见金生女。行四金度，亦骤发。

又如心危毕张箕壁参轸安命，皆以月水为主。行四火度见土，主跌死。行四木度，平平。行四金度，大发。行四土度见计，必死，见金亦好。行四日度，平平。见罗星主酒色之患，或因妇人破财。

已上星度论其得失、穷通、寿天，不过以生克制化而取，此乃举其例而推之，不可一概而论也。如本主倘行本度，亦有灾有福，又如水行水度，火行火度，前文不载，惟此二宿，观其气候，察其时势，若夫火极明则灭，水极盛则泛，尤要详观有无吉凶星辰守照，兼而断之。诀曰：更将宫度两参详，便是人间奇妙术。所谓宫主得生，度主受伤，有灾不死。又如度主得所，宫主受伤，刃星合度亦死，须观倒限篇。始得其详矣。

捷见限论

倒限则一例不同，不问坐命何宫何度。但一岁之中，只看限行至何度为率，如限行土度，则看土起得何经，或土起逢生，或土起值克，由此以决吉凶。

且如土躔木，木躔土，限至土度必死，若土木二度中，有金炁计火罗可解，有星会亦可解。若会金解，则是土生金，金去制木无害。若会木炁同行，则是二杀不攻一。或土计同躔，则是一杀不攻二。或逢火罗，则是泄木而生火，助土为吉。或木秉令及生旺之月，亦不可解也。

又如土躔火，火躔土，限至土度必发。倘土火二度中犯水孛计减力，火遇水孛受克，土遇水孛则相敌。火金战争，土金泄气。土遇计为主奴同舍。火会木炁则福厚。火罗同度，夏月生人乃谓火炎土燥，失之大骤，又云二母争权也。且如木躔金，金躔木，限至木度必死。若有火罗水孛炁星在金木二度中可解。若火罗与木同躔或单躔木殿，则是木生火，谓之灰飞烟灭，行木度亦死，若得冬令亦可解。但得夏月火罗犯金度可解。水孛解则金生水，水生木。炁解则是一杀不攻二。

又如木躔水，水躔木，限至木度必发。倘水木二度中犯土计火罗炁孛者，减力。如木会土计则相敌。如水遇土计乃相克。如木会火罗为泄气。如水遇火罗则相战。如木见炁谓主奴同舍。水孛同躔乃二母争权，更值冬生，名曰雪压寒梅，非但冬月，春生亦不宜矣。得水金相生，其福倍增。

且如金躔火，火躔金，限至金度必死。若有土计水孛罗在金火二度中，可解。若四五月火罗生旺，不可解。土计解则是泄火生金。水孛解则是金生水，水克火。罗解则是二杀不攻一。或罗伤金度，亦死。惟丑牛辰亢，非夏月火罗，则不可倒限。

又如金躔土，土躔金，限至金度必发。或金土二度中犯木炁水孛计者。减力。土见木炁则受制，金见木炁则抗敌。金见水孛乃泄气，土见水孛为战争。如金见计土同行，谓二母争权，乃姑息太过。金见土计单行，则福力尤佳，但秋冬亢牛二金遇土，又谓金埋土晦，反为无益矣。

且如火躔水，水躔火，限至火度必死。孛犯火度亦死。有木炁孛罗土计，在火水二度中可解。七八月及冬令，亦不可解。木炁解则是泄水生火。孛解则二杀不攻一。罗解则是一杀不攻二。土计解则是土克水。

又如火躔木，木炁火。限至火度必发。有土计金罗炁在火水二度者，则减力。如火见土计为泄气，木见土计则战争。火会金而相克，木会金则受制。木遇气则二恩不为恩，火遇罗则谓主奴同舍。如夏令火炎，木气太盛，反不为美。如遇水孛辗转相生，其福最厚。

且如水躔土，土躔水，限至水度必死。有金孛木炁计在水土二度中可解。若土得令生助，亦不可解。惟五月不忌，反以水孛伤土，则限至子午土度凶。金解，泄土生水。孛解一杀不攻二。木炁解则是水生木，木克土，谓曰疏土纵水。计解二杀不攻一。

又如水躔金，金躔水，限至水度必发。有火罗木炁孛在水金二度者，减力。水会火罗则相敌，金会火罗而相战。水见木炁乃泄气，金见木炁为仇怒。水会孛，谓主奴同舍。水金会土计，获福无量。冬月水冷金寒，纵相生而无益。

且如日躔木，木躔日，或炁日同在木土度，限至星虚二度必死。有火罗同度可解，则是泄木生火助虚日，春夏星度见之倒限，惟宜金星可解。又如日躔木，木躔日，或炁日同躔，限至房度必发。若木日度中有金罗则减力，以金克木，以罗泄木。

且如日躔火，火躔日，或罗日同躔木日度，限至昴度必死。有土计水孛可解，土计解则是泄火生昴日金，水孛解则是克火护昴日金。

又如日躔火，火躔日，或罗日同宫，限至虚度必发。若日火度中有水孛，则减力。

且如日躔水，水躔日，或孛日同躔日月水火度，限至房度必死。有木炁可解，木炁解则是泄水生房日火。木解较轻，炁解尤切。

又如日躔水，水躔日，或孛日同躔，限至星昴度必发。若日水度中有土计火罗，减力。

且如月躔土，土躔月，或计月同躔，限至四月度皆死。有金木水孛在土月二度中可解。金解则是泄土生月水。木解则是疏土助月水。水孛解则是抗土助月水。大凡夏末秋初，金令祸轻。惟毕月度怕火罗炁，犯之即死，若秋令尤重。

又如月躔金，金躔月，或金月同躔至月度必发。若金月二度中有火罗土计，减力。金见火罗，则金受制，月见土计，则月受伤。如金见土计则泄土生金，金能助月，倘冬生，月寒金冷，又非所宜也。

已上所论者乃限主互躔逢生，限主互躔值克前已定矣，又有限主互躔克彼，限主互躔生他，克彼者则为力损，生他者则曰泄气。凡限行至此二度，皆无益于我，如行限主入垣升殿，则又无所不利矣。

余奴伤主论

如炁伤木，或木炁同躔，限至木度决死。有水孛金在木度，可解。水孛则能生木，见金则能制炁。又如秋月斗角井度，最忌。奎度可解，余月亦同。

如孛伤水，或水孛同躔，限至水度决死。惟参壁箕度，忌之尤甚。犯轸祸轻，当水败失经，背令不忌。有木炁土计在水度，可解。木炁能泄孛，土计能制孛。

如罗伤火，或罗火同躔，限至火度决死。惟尾室二度，极怕遇之。翼度祸轻，惟正三四六八九十月，忌之为切。有水孛木炁在火度可解。水孛克罗，木炁生火。

如计伤土，或计土同躔，限至土度决死。有火罗木炁在土度，可解。火罗生土，木炁制计。

划度者，余奴伤主也。伤要伤正度，并无诸星相犯，或见流年奴星犯度，必主倒限。假如限行木度，木登木殿之中，并无火罗金杀犯度，遇流年紫气躔度、太岁、阳刃、飞刃、劫杀、的杀、天雄、地雌至其宫者，必死。余仿此推，百发百中。

凡诸星当令怕死不怕克，只怕泄，

凡一星为祸，诸星皆助，定倒限。凡日度单罗计木炁犯者，皆当倒限。

凡行限度主受伤，宫主亦受伤，逢之倒限。若宫主受伤，度主平静，但逢刃星合度，亦当倒限。若度主受伤，宫主得生，但灾不死，有刃合宫亦死，且如倒限，然须刃星合度、或行刃度，皆凶，用事宜详轻重。凡看命如五星得生，必有划度。如无划度，只将令星克他星度，方可倒限。且如二十八宿，皆要仔细逐一考察，若有一星失陷，定见灾危。假如金躔翼火，火躔亢金，谓之金强火弱，有灾不死。又如金躔室火，火躔娄金，倒限无疑。余依此例。

节要元文

水克火，火躔金，凶祸不测。火会土宿祸轻，火会木度不妨。

此论火为限主也。

金克木，木会土，反主凶灾。木与火同祸轻，木躔水宿不妨。

此论木为限主也。

土克水，水会火，凶堂叠见。水居木度祸轻，水入金垣不妨。

此论水为限主也。

火克金，金会木，凶灾叠见。金居水源无妨，金居土位不妨。

此论金为限主也。

木克土，土泊水，凶祸尤深。土居金度祸轻，土居火宿不妨。

此论土为限主也。

又曰：金躔火，火躔金，或金火同躔木火度，皆主金度死。若金火同躔水土度，见祸不死。

此论金为限主也。

木躔金，金躔木，或木金同躔土金度，皆主木度死。若木金同躔水火度，见祸不死。

此论木为限主也。

土躔木，木躔土，或土木同躔水木度，皆主土度死。若土木同躔金火度，见祸不死。

此论土为限主也。

水躔土，土躔水，或火土同躔火土度，皆主水度死。若水土同躔金木度。见祸不死。

此论水为限主也。

火躔水，水躔火，或火水同躔金水度，皆主火度死。若火水同躔木土度，见祸不死。

此论火为限主也。

当令不生抽气，土令不能生金，金令不能生水，水令不能生木，木令不能生火，火令不能生土，似此者不能解凶星之厄也。

此论得令之星不能生泄者，其义未详。

限度宜忌

四日度论

虚日忌水炁犯度，若木火互之，可解，冬忌水孛。

房日忌水孛犯度，若水气互之，可解。

星日忌木炁犯度，又春忌火罗计，夏忌水孛罗。

昴日忌火罗犯度，若火土互之，可解。

四月度论

危月忌计炁犯度，有金水互之可解。

心月忌计孛犯度，有木炁互之可解。

张月忌计罗犯度，春夏怕木炁，有金水互之可解。

毕月忌计罗犯度，夏令怕火，有金互之可解。

四木度论

角木忌炁金犯度，夏怕火，罗会水孛可解。

斗木忌金炁犯度，会水孛可解。

奎木忌金炁犯度，春怕水孛。

井木忌炁金犯度，夏秋怕金，季月怕土。

四火度论

尾火忌罗水，夏忌土计，卯尾怕水孛罗。

室火忌金罗土计，惟秋冬怕水孛，有木炁互之可解。

觜火忌土计孛，夏怕水孛为紧。

翼火忌土计孛，春怕罗，冬怕水孛，有木炁可解。

四土度论

女土忌木炁，见罗计犯度，尤凶。

氐土忌罗，炁水犯度，倒限。

胃土忌炁计犯度，更带刃锋倒限。

柳土忌木炁犯度，冬忌水孛。

四金度论

亢金忌火罗犯度，有土计可解。

牛金忌炁，夏忌水孛，八月忌计，季月忌太阳。

娄金忌水孛罗犯度，有木炁可解。

鬼金忌土计火罗犯度，有炁水互之可解。

四水度论

箕水忌土计孛犯度，有木可解。

壁水忌土计孛罗，金倒限，有木炁可解。

参水忌土计孛犯度，有金木炁可解。

轸水忌土计犯度，倒限。

倒限详论

倒限一说，尽在《捷见限论篇》中，然亦有疑难处。有未至其度而死者有之，

乃凶在前也。谓之凶迎。

或过其度而死者有之。

是凶在后也。名为凶送。

有当死而不死者有之，

有杀无刃，故不死。

有不当死而死者有之。

有刃无杀，亦主死。

须看阴阳二刃为平，

以乙丁己辛癸年为阴刃，以甲丙戊庚壬年为阳刃。

更会源流二刃为断。

源者本年刃也。流者行年刃也。

凡是不死者，无刃杀岂能伤乎。

有刃有杀，决死无疑。

《经》云："昼忌阳刃夜忌阴刃。"

阴刃昼行，阳刃夜值，或者不死。

有双刃迎送者，

阳刃飞刃，前迎后送。

有二刃夹身夹限者，

身指命言，左右二刃，夹拱是也。

有刃星撞冲，

撞冲指对照言，刃星克限尤凶。

有身投二刃，

或命限主坐二刃宫，或二刃星，守命限位。

有宫主受伤刃星合度，

限宫主受克，限度主掌刃亦死。

有度主受伤刃星合宫，

限度主受克，限宫有刃亦死。

有刃中包杀，

杀者克限度星也。又是刃宫刃度。

有杀中藏刃，

同上。

有刃中有刃，

刃度逢金，金星主杀，故名刃也。

强弱平分。

限宫主限度主，强者生，弱者死。

且如丙戊生人，

阳刃在午，飞刃在子。

大限行星柳虚女是也。

午属日，子属土，故以星日虚日女土柳土为刃度是也。

若星柳虚女度内有木炁计，即是刃中藏杀。

本炁能克土，又能蔽日，故谓之杀。

或土日度内有金，是谓刃中有刃，对合亦然，四正亦同。

又如甲乙庚辛生人，

甲年阳刃在卯，飞刃在酉，乙年阴刃在辰，飞刃在戌，庚年阳刃在酉，飞刃在
卯，辛年阴刃在戌，飞刃在辰。

行火金二度，

盖卯戌属火，辰酉属金，乃刃星是也。又尾室觜翼亢牛娄鬼是刃度也。

若水孛火罗关摄，是谓杀中藏刃，若此者皆忌之。

又如丁己壬癸生人，

丁己年阴刃在未，飞刃在午，壬年阳刃在子，飞刃在午，癸年阴刃在丑，飞刃在未。

正是土月为刃，

子丑居土，未乃太阴。

若土月度内，

氐女胃柳土度，心危毕张月度。

带木炁土计，亦谓刃中包杀，十有九死也。

二刃若然来夹命，

阳刃飞刃，夹命夹限。

强弱宫中夭折定，

宫度主强，宫度主弱。

还他强者是真机，

宫度主强者生。

弱者必入黄泉境，

宫度主弱者死。

宫主受伤刃合度，

宫主受伤刃合度死。

度主受伤刃宫死，

度主受伤刃合宫死。

更嫌刃杀两同来，

宫度主伤遇刃杀死。

迎送关中难值取，

厄星值难迎送者死。

刃合度兮又合身，

限行刃度刃星守命。

夹限夹身看首尾，

刃星夹命夹限必死。

伤前冲后暗合来，

前后俱刃伤限克命。

四正互加皆不许。

四正刃星互加亦死。

倒限拾遗

火罗同木曰飞灰，夏月限木死莫疑。

木孛不宜居土度，限经土宿有灾危。

水孛经躔犯火宿，限入火躔当损寿。

金躔见孛火罗同，限属金躔人莫救。

土计同躔水宿看，数逢水上为凶断。

金星秉令木之躔，限度木躔应住算。

水孛同躔水不利，计土同水又不忌。

木孛同躔木受殃，孛水同罗火不畏。

土计同躔土受亏，水孛同火又无疑。

火罗同居金神喜，水土孛同危解厄。

孛火罗能损金宿，土计水孛原无咎。

箕轸壁水木火垣，土计逢之应损寿。

参度本嫌孛与孛，土重亦能为祸主。

危张心怕土计临，孛至张危犹可畏。

心张二宿怕罗躔，毕月嫌罗孛计穿。

星虚二宿怕木孛，夏月之时又不然。

星度昴日火罗忌，不问四时皆不利。

鬼娄又怕火罗侵，夏月亢牛同一例。

四金奴炁皆伤我，水孛逢娄数难躲。

角井奎度忌火罗，又以奴炁为恶果。

斗中金炁不堪言，秋月忌计最堪怜。

室尾秋冬嫌水孛，又怕奴罗犯木躔。

翼觜水孛祸非小，更嫌土计来相扰。

亥奎辰角井斗间，春逢水孛皆刑夭。

大凡二杀不攻一，一杀分明不攻二。

限经失度太岁伤，刃杀纵无亦难度。

倒限总诀

且如倒限一说，根挨度数而推。

倒限即前土躔木、木躔土、限若至土度必死等例。

有杀刃者，遇太岁必伤。

杀者，克限度星也。刃者，阳刃、阴刃、飞刃、有刃、宫刃、星刃度，必须要看流年太岁，会合冲照，以决生死。

无杀刃者，总凶不死。

如限宫限度二主受伤，原守与流年无阳刃、阴刃、飞刃，又无太岁相干而不死。

子虚女度，木炁真凶。

虚日子宫正垣之土，女土乃偏垣之土，限行此处，皆怕木炁。

丑宫斗木，金亦为忧。

斗木乃偏垣之木，故限行此处，忌金克。

惟有牛金，独炁为害。

牛金乃正垣之土，所以遇炁为害。

箕水寅宫，木水两取，土当火令，水弱必伤，若逢春令秋冬，却又不能为害。

木为限宫之主，水是限度之元，故曰水木两取，生当夏令，火旺土强，遇土必伤，其余月分，又不待解而自明矣。

尾火度内，寅卯两端，寅宫属木，水孛祸轻，卯末尾初，罗水必死。

寅宫尾度乃木正垣，故遇水孛祸轻，卯垣宫度皆火，但逢水孛祸重，若犯罗奴两宫皆死。

心月之躔，最忌土计，房日之宿，怕见水孛。

房日卯宫，正垣之火，故怕水孛。

氐土火垣，木弱不克，辰宫末度，木氐必伤。

卯宫氐度乃火垣之土，虽遇木氐，内有生意存焉，惟有辰宫氐土者，乃是金乡泄气之土，所以一遇木氐，必伤之也何疑。

亢金坚实，不忌火罗，怕逢夏令。

金宫金度，故曰坚实，惟夏生火罗，倒限无疑。

角木焦枯，专嫌罗火，金亦为忧。

金宫木度名曰焦枯，不问四时皆畏火罗焚折，又忌金克。

轸占辰巳两宫，土计能伤巳宫之水，氐星能夺辰宫之轸。

巳宫之轸，水宫水度，土计皆凶，辰宫之轸，金宫水度，惟怕氐泄。

翼火水垣，冬嫌土计。

翼火巳宫正垣之水，故嫌土计倒限。

星日太阳，却忌木罗。

星日午宫，太阳正垣，故忌木氐火罗争掩。

午宫张月，木氐土计皆凶，巳宫张宿，怕见土计为殃。

午宫张度兼太阳论，故怕木氐土计也。巳宫张宿，水宫之月，惟怕土计。

柳土二宫，未柳忌计，午柳忌木。

未柳兼月，故忌计午，柳宫度皆怕木。

鬼金正垣，忌计忌罗。

忌计者兼宫论，忌罗者以度言。

井惧计土，又怕金旺。

计土伤宫，金旺克度。

参嫌奴孛，土亦为忧。

孛为余奴犯主，土是克限之星。

毕觜忌炁，又怕土计为灾，不问申酉二宫，最怕计炁焦渴。

毕月觜火二度，最怕土计。

昴日胃土，见木为凶。

木能蔽日，木能克土。

娄金火殿，又忌水星，设逢夏令，最嗔罗睺。

娄金戌宫，正垣之火，故忌水孛，如生夏令，又怕罗星伤其度也。

奎中金炁，皆是凶神。

金乃克度，炁为奴星。

壁水忌土，又怕奴孛。

土为煞星，孛为奴余。

室火木垣，金炁罗计皆凶。

金是伤官之炁，罗为奴星犯度。

煞若同行，其度不以为利。

此杀者，阴阳二刃、的煞、劫煞、天雄、地雌、飞廉、剑锋、值难等杀皆是。

更看命在何宫、限主何处，于斯消详，决不失也。

已上所论者，不过限行至某度遇某星以定祸福也。更看安命在何宫何度，又观限宫主限度主起躔何如，由斯消详推之，而万无一失。

划度元奥经

余奴怕伤主，泄气最为殃。

如限在箕水度，以水为主，水孛同躔一处，或孛前水后，谓之余奴抗主，或水星起于别宫，独孛占其本殿，亦谓伤主，虽限行箕水壁水轸水参水四正之度，皆为相关行，对顶度处见祸，却要生于春夏秋季月内是也。若生冬月，水星秉令则谓之奴主相扶，反吉论也。木火土星仿此例推之。若主起高强，虽余奴犯度，亦不为害。我去生他，挈去我之气脉为泄，五星背令，最怕逢之，如金见水李，木见火罗，水见木氘，火见土计，土见金星，四度相逢亦凶，限至泄星度与本宫宿亦凶。

二杀不攻一杀，忌党其刚。

如木胜氏土，氘亦躔女士是也。或氘躔胃土柳土亦是，谓之二杀，须要顶度亲切，亦要二杀两强，无生无克，则彼此抗敌，不暇攻我，宜仔细看，如此者又不死。又一杀受生，一杀受制，则强者便有侵克之祸矣，余仿此论。又如水在尾火字，亦在室火，如火在牛金罗，亦在娄金，如土在轸水计，亦在参水是也。杀者克限度之星也。如木克土，切忌水字同到党起木星，为祸更紧，限至土度即死。

对合亦为害，且要端的详。

对以冲照言，合以三方言，凡有一星伤限，又怕党杀，更会刃度，合即死，若杀星虽云对合，或自坐受制之宫，当活法断之。

须看合何处，凶吉在何方。

凡死者多是刃度方验。如日掌刃，则四日度皆刃也。如月掌刃，则四月度皆刃也。如土掌刃，则四土度皆刃也。如金掌刃，则四金度皆刃也。如火掌刃，则四火度皆刃也。故交刃杀并踏之限为真关是也。又遇流年杀与当生杀重并合命，冲限伤身者，必死之人也。如三合者在三度内方死，如对合者不过一度内而死矣。

关前节后死，关后节前亡。

初交限入宫者为初关也。当此之时，必死于本月节之后也。限行满宫者为末关也。当此之时，必死于本月节之前也。

中关节上死，末关节下伤。

中关者即刃星合度是也。当此之时，其人必死于本月节之日也。末关者，即满宫满度是也。凡行此度者，看算多少，若近一度一日死，二度二日死，三度三日死，四度即四日死也。

又怕流年煞，飞来更急忙。

飞来杀即流年阳刃、飞刃、劫煞、的煞，怕与当生会合，流年煞也飞来到限，并命伤身，必死无疑。

四正相关摄，不解三方殃。

四正即子午卯酉虚房昴星度之类，如四正有杀刃为险，须四正之吉星可授。若三方虽有吉星，无救于四险之强也。

三方有吉星，不救四险强。

三方即申子辰之类，如三方有杀刃为殃，须三方之吉星可解，若四正虽有吉星，无救于三方之厄也。

四正度有星，仔细辨凶吉。

四正者子午卯酉、寅申巳亥、辰戌丑未有四月度、四日度、四火度、四水度、四土度、四金度、四木度之类，要仔细检看，如一度处受克，则四度内皆殃矣。

又怕划度星，遇之并言实。

划度者则四余犯本主度也。如孛犯四水度，炁犯四木度，罗犯四火度，计犯四土度也。

子虚有土星，三冬人须卒。

子虚有土，人以为土星居垣为吉，殊不知三冬生人，水星得令之时，虚日中有火，乃败弱之火，即被水制，又以土星临之，火又生土，全为泄气，故主倒限。此论各宫正垣度数喜忌之分。

女土好齐瓶，九夏水为疾。

女土在子乃本官则吉，盖夏月水到其上则凶，夏月土旺，正受火生之势，乾燥，若见水到，谓之暴水，反能漂土败火，如见水必主死也。

丑牛有金星，遇土须当吉。

牛金见土则富贵，见水孛则死也。

尾火怕秋金，冬水伤房日。

尾火何须怕金，盖尾火在寅，初生之火本弱，秋金秉肃杀之气，至刚至坚，金在其上，反伤寅木，木减则火败，故谓之倒限。房日之中有火，冬月水到其上，即令星伤日下之火，或水日同躔度行房日，并主倒限。

秋土损亢金，计都又相逼。

亢金秋月至坚至刚，更见土计生之，是物极则反，主夭。

又有翼火蛇，遇木三冬灭。

翼火乃巳乡之火，巳乃水垣，其势本弱，所谓无焰之火也。木虽生火，而三冬之木，乃为湿木，而加于本弱之火，非惟不能生之，而反足以灭之矣。

星日与翼同，井鬼土计切。

星日与翼同者，星属午垣，乃太阳之殿，人知木掩太阳，在他时犹秉令司权，木不能为之掩，独三冬之日，为寒日故，惧畏木与翼火同也。井二十九度至鬼二度乃月之正垣，是以怕土计，秋生人决主倒限。

刃月最怕木，不死生重疾。设若富贵人，见之破屋宅。

角木遇之凶，斗木遇之吉。若犯奎井度，十有九人绝。

如六己生人，月为刃星，躔在四木度，纵不死亦多灾。斗木遇之吉者，以大月当斗为合格，故云为吉。而角木为金乡之木，杀气愈重。奎木为火乡之木，见金愈怒。井木为刃乡之木，又不言而可知也。

昴日忌火罗，参水怕孛泄。

昴日度有金是金垣也。最怕火罗犯其上，若两星同到则抗敌不死，但有重灾，一星到其上，十有九死，日生最重，夜生金火有情，不死有之。参乃水之正垣，不怕土计，又怕奴孛划度，冬令不忌，谓之奴主相扶。

娄金忌水星，孛亦能作孽。

娄金度者乃火殿也。盖水到其上，能杀金下之火，谓之水破火垣，冬季至凶，别季别论。若孛到其上，亦杀金下之火，如无救则主倒限也。

室火木之垣，金罗难说吉。

室火中有木，乃木之垣也。金能克木，罗亦能泄气，亦主不吉。

须看刃煞星，难忌并刑值。

刃者阳刃也。杀者克限度星也。难者八杀宫主也。忌者昼火夜土也。刑者三刑也。值者值难之类也。

更落空亡位，遇者寿元折。

空者六甲旬中也。限若遇之凶，煞加临则主死矣。或一星而掌数煞者，或两星而齐到者，又忌三合四正冲照，的死无疑。

春夏与秋冬，休囚并死绝。吉凶如影响，此是黄金诀。

已上四句须贯通而言之也。凡学者深求玩味，细密精微无不中矣。

诸煞秘要赋

天之星辰，苟求其故，可坐而知。地之神煞，欲究其微，不言而喻。

日、月、木、火、土、金、水为天星是也。阳刃、天雄、的煞、劫煞为地煞。

阳刃子午卯酉，劫亡寅申巳亥。辰戌丑未四凶煞，巳酉丑上三白衣。

子午卯酉四个最强之阳刃杀也。寅申巳亥四个亡神劫煞最是凶也。辰戌丑未，独居三杀连三位是也。巳酉丑三的杀，又曰白衣，又曰破碎是也。

申子辰生怕行巳午未限，寅午戌人忌行亥子丑位。亥卯未之申酉戌，巳酉丑之寅卯辰。恶曜险甚，薄命难禁。

已上皆说三杀是也。人命根基浅薄，限行至此，难逃此大凶也。

立命子宫限斗二，且看井七、胃二、张十四。

命立子宫，限行斗二，入寅为四角之宫，斗木难度难宫，必然不好，若申上井七度、戌上胃二度、午上张十四度有木星在此数度，或有木星正照斗二度内，重则必死，轻则刑克，在申宫合来必克子，在午宫合来必克兄弟，此一定之理无疑，倘木难逢太阳必克父，近太阴必克母。

安命卯位行轸九，必观女一毕五与奎初。难星倏忽来，寿算危乎此。

又如命坐卯宫二十五，行轸九水度，乃入巳宫，可看亥上对照奎，又看丑上女一度，皆不可有水孛来照，对度为难星满地之所，如此者死于二十五岁必矣。

午命防未申之井，酉宫畏戌亥之奎。

午宫立命未申转角之间，行限至此则凶，又井木是难度，若辰上氐初度、丑上斗二度、子上危十一度有木孛合吊，大凶，酉宫坐命，火罗为难，行限在戌，难宫出戍，交亥二十五年，三合四正难星又来，必为凶断，轻则伤刑。

四角命居雄哉奇伟，中州定位杰出魁罡。

四角者寅申巳亥也。主人雄伟敢为，中州者辰戍丑未也。立命于此，英杰豪气人矣。

四个马宫，最怕老人不寿。八宫阳刃，必然壮岁丧妻。

寅申巳亥亡劫之地，老人行此恐伤其寿，少年人行此吉。子丑卯辰午未酉戍乃阳刃之宫，少年人行此必丧妻子，老人限临必死。

劫亡出入皆凶，阳刃两头切忌。限行实怕两头，入了何愁中位。

劫杀亡神之宫，限入限出皆主凶也。阳刃两头，刃首刃尾，皆凶祸也。

甲如入卯尾二，氐一定防灾。乙若到辰氐初，轸十必为害。丙戍畏午张柳，庚怕毕五胃三。

甲生人卯为阳刃，入尾二，出氐一，必有灾，乙生人辰为阴刃，入氐初，出轸十，必为灾，丙戍生人午为阳刃，入张十四，出柳四，必有凶，庚生人酉为阳刃，入毕五，出胃三，必刑克疾厄。

妻在孤神寡宿，到老丧妻。子居阳刃劫亡，晚年无子。

孤神寡宿在妻宫，必克妻也。阳刃劫亡临子位，必克儿女也。

别夫离妇，阳刃杀中逢孛。剥官丧职，空亡限内遇计。

孛星逢阳刃同宫合，主夫克妻，妻克夫，生离死别未免也。计都行限更兼空亡，限行至此，为官罢职。

金孛插花，女人色欲。土罗持刃，男子凶顽。

金孛插桃花，土罗持阳刃，合此者女主色欲，男主凶顽。

嵝罗诡谲千般，花宫带孛。聪敏机关百变，刃上计逢。

孛坐咸池，计逢阳刃，合此者男主嵝罗诡谲，女主机关百变。

垄断牙行，身居天雄。刺胥史卒，命坐破军。

安身立命于天雄上，媒人牙行之辈也。破军即的杀破碎是也。坐命此宫，主刺配之凶。

卯刃带金，病痨伤寿。亡神逢字，溺水丧身。

卯宫属火，又是刃宫金星同位，必痨病人也。亡神宫见水字，必溺水而亡也。

劫杀在于寅宫，金来虎咬。亡神到于巳上，土会蛇伤。

劫杀在寅宫属虎，金难来必虎咬人也。亡神在巳宫属蛇，土难来主蛇伤也。

禄马空亡，任是豪家必莩。劫亡带鬼，纵他贵显遭刑。

禄马空亡限入此地，纵富必莩死也。劫亡上有难星，虽贵人亦恶死也。

早岁功名，空亡同于劫杀。老年富寿，正禄入于旺宫。少年发于帝旺之乡，老景荣于衰库之地。

劫杀逢空，禄临旺地，少年行旺，老景行墓，其吉可知矣。

精微一理，变化千般。浅薄休传，知音可得。能依此断，万无一失。